平成参勤交代の旅

上野堯史
Takafumi Ueno

ラグーナ出版

私の参勤交代の旅について

私は、歴史は時間と空間の産物であり、ある歴史の地点に立てば、歴史を追体験できると信じている。

参勤交代の道跡を辿る私の旅は2000年５月５日（日曜日）に始まった。当初は2002年の教員退職前に終えるつもりだったが、2007年まで延びてしまった。最大の遅延理由は、『鹿児島士人名抄録』（2005発刊）の研究を優先したためである。従って旅は2006年に再開した。以下、この一連の旅の基本的な考え方等を記す。

なお、前著『薩摩藩の参覲交替』（2019発刊）で用いた「参覲交替」は、今回は通称の「参勤交代」と表記する。

１．薩摩藩の参勤交代の経路は以下のようになる（前著による）。

①西海路……鹿児島から川内へ、川内から海上を平戸、玄界灘、瀬戸内海、そして東海道へ

②日向路……鹿児島から陸路日向細島へ、細島から瀬戸内海を経て東海道へ

③九州路……鹿児島から陸路北九州大里へ、山陽道もしくは瀬戸内海を経て東海道へ

２．私の旅のしかた

①参勤交代の道を昔通りに歩くのは現在では無理がある。まずは可能な限り昔の道を研究して歩くが、不都合があればその近くの道を歩く。こうしてできるだけ昔の旅を再現するようにした。

②例えば日向路で言えば、鹿児島・福山間は船便がないので、この間は鉄道・バスでとなる。このように、交通事情などで無理な時は適宜考慮するようにした。

３．私が歩いた道は日向路

私が日向路を選んだのは、現代ではこの方が早く江戸（東京）に着けると考えたからだ。九州路が本来であろうが、三太郎峠越えが困難と判断し

たことにもよる。また私が日向路を選んだもうひとつの理由は、加治木島津家より本家島津家を継いだ島津重年の宝暦３（1753）年の帰国路を逆に辿ろうと考えたからである。細島までは当時の記録を参考にして歩いている。

①鹿児島から福山への、本当は１日目に当たるべき船旅はしなかった。すでに鹿児島・福山間の陸路は歩いた経験があったので省略した。従って本書の旅の１日目は本来は２日目と解すべきである。
※白銀坂を通る道は姶良町歴史民族資料館主催の歩く会で経験した。また重富から国分・福山までの道は複数回歩いている。

②福山から細島までは主に新旧の国道10号を歩いた。旅全体で一番明確でない旅が宮崎県日向市までの道であった。道には昔の道などと記した標示など当時はほとんどない中で歩かねばならなかった。そのため歩きを再開した2006年再度検討して、新たな経路を構築して歩いた。特に宮崎県の有水（都城市高城町）から去川（宮崎市高岡町）に抜ける旧道は地元で近年研究されて整備も進んでいると聞く。

③細島から大阪方面への船便は現在もあるが、私はJRを利用して移動、兵庫県赤穂市坂越から本州での旅を始めた。坂越から相生へ出て山陽道を大阪へ、大阪からは淀川船便がないので、陸路伏見へ、そして東海道へ出るようにした。この大阪からの旅は東海道五十七次とされる。

④東海道は事前の研究がなくても歩けるぐらいに整備されている。ただ、標示などは東の江戸から西の京都へ上る形が多く、その標示には幾度も迷わされた。

⑤昔の記録では１日30㎞、時には40㎞以上も歩いているようだが、私は自身の体力に合わせて旅したので、１日は20㎞前後。また宿場から宿場までというきりのよい歩き方になっていない場合もある。

[参考図書等]

○『今昔東海道独案内』今井金吾著（1974、日本交通公社出版事業部）

著者の今井氏が地図に経路を正確に記しているので、それを２万５千分の１地図に書き写し、さらには市販電子地図を利用して約３千分の１の経路地図を作った。

○『江戸・東海道』平凡社編（1977、平凡社）

上記同様、地図がついている。

○『週刊 日本の街道　東海道』1～5、『週刊 日本の街道　山陽道』1～4（共に2002・2003、講談社）

その他インターネットの多くの旅の記録を参考にした。緯度・経度まで記した一里塚研究者の位置情報など大いに重宝した。

なお、本書の表記について。

旅の途上の地名や建物・施設名などは、歩いた時点のものを記している。市町村合併などによる変更後の表示を、編集段階で確認できた場合は「＊（変更後の表示）」のかたちで書き添えた（例：「福山町役場（＊霧島市役所福山市民センター）」）。また、説明が必要と思われる場合は可能な範囲で後注（※）をつけた。ただし本書に記した旅の経路は、その後の再開発などにより道そのものが変わっている可能性もあり、そのすべてを網羅していないことをおことわりしておきたい。

その他、表記はできるだけ統一したが、現地で見た表示を優先したために不統一になっているものもある（例：常夜灯／常夜燈など）。ご容赦いただきたい。

平成参勤交代の旅——目次

第1章　日向街道を歩く

1日目～5日目

1日目

平成12年

福山ー都城

2000年5月5日金曜日
（2006年12月1日修正）

福山町役場（＊霧島市役所福山市民センター）下の福山町浦町（＊霧島市福山町福山）を歩き、宮浦神社横から県道478号を上る。道の左側に酢の会社の大きな看板がある。その向かい側に日州街道標柱と街道案内がある。道は車進入禁止となっている急坂である（写真1）。ほとんど階段のような角度だ。案内板には「平成14年度」とあったので、私が最初に歩いた2000[※1]（平成12）年にはこの道は知らなかった。道が大きく左へ曲がるところから福山の海岸が見え、国分方面も遠望できる。私の住まいがある加治木や鹿児島はかすんで見えない。家々が道の右側にあるが、断崖上にある。夜は家から遠く鹿児島市の灯りが見えるはずだ。水道施設を過ぎてまもなく道は県道478号へ出る。そこに日州街道標柱がある。道はすぐ今度は左の筋道へ入り上る。上り口にまた日州街道標柱がある。ここは2000（平成12）年に歩いた時は今とは違う標柱があったと記憶している。道は県道が曲がりながら上るのに対し、直線的に上之茶屋（ウエンチャヤ）へと向かうので再び急坂である。ここも車進入禁止である。ただし上から来るのはいいらしい。上り切って県道に出たところが上之茶屋である。廃止されたバス路線のバス停が残る。ここには錦江湾を眺める休憩所（中茶屋公園）があり、駐車場もある。水道はあるが自動販売機などはない。藩政時代は茶屋で栄えたのが地名の由来だ（9時45分、1,490歩）。

写真1　ここから右の急坂へ

ここから30mほど県道を下り、すぐ島津忠将供養塔へ向かう坂へ入る。また急坂である。知人に聞いたところでは、最近は上の国道へ出ることができるし、歩こう会もこの前あったらしい。以前来た時は道は雑木に覆われて消えていた。そこで仕方なく県道を上り、1561（永禄４）年の廻合戦で知られる廻城入り口を過ぎて牧之原へ出たのだが。

木々の間の急坂を上って忠将供養塔登り口に着く。島津・肝付両氏が争った廻合戦では島津忠将ほか57人が戦死した。少し上の方に見えるがお参りは遠慮した。参勤交代の時はお参りしていたのだろう。小川の音が聞こえてきて、道が左右２方向に分かれている（10時08分、2,481歩）。

日州街道標柱がある。左方向が本来の道であるが、自衛隊演習地のため入れないので、私は道を右方向へ取った。急坂がまた続く。16％傾斜の警戒標識がある。この辺りの道の左側は自衛隊演習地である。また日州街道標柱があり、脇に林道終点の大きな案内があった。上まで覆っていた木々が消え、少し明るくなった道を上る。日州街道標柱をさらに２回見る。上り切ったところに農家の物だろう水タンクがあった。日州街道標柱と街道案内のところに立つ。すぐ先に見える国道504号へ出る。向かい側に宝瀬入口バス停がある（10時36分、4,568歩、写真２）。

写真２　手前の道が国道504号

ここで横断して真っすぐ進んでみたが、どうやら今は道はないようだ。引き返して国道504号を牧之原へと北へ向かう。鹿屋や大隅へ向かう主要道で大型車が行き交う。道の右側に物産販売所があるが客はほとんどいなかった。自衛隊演習地を道左手に見ながら真っすぐ進む。牧之原養護学校を過ぎてまもなく、国道504号が県道478号と交差する（11時23分、6,579歩）。

県道478号に従い右折する。道は広く整備されている。この道は、上之茶屋から自衛隊演習場を突き抜けてくる旧道の延長上にある。旧道からこの交差点を見るとそれがよく分かる（写真３）。ところでこの演習場一帯はかつての

写真３　旧道から交差点を見る。正面（県道478号）へが本来の道か

薩摩藩の福山牧（フクヤママキ）である。また1877（明治10）年の西南の役で西郷軍と官軍が死闘を繰り広げた場所でもある。県道478号を東へ進み、市街地へ入る。道はここで志布志へ向かう道と交差する。県道478号はここから北へ向かう。私は直進する。霧島市牧之原支所（＊福山総合支所）を中心に小学校や高校などがある。道はやがて国道10号へ出る。国道10号を東へ向かうと、すぐ県道63号と交わる交差点がある。この道は先ほどの町中心部で県道478号と接した志布志へ向かう道と合流する。

畑の広がる台地を歩く。車が多い。国道をしばらく進むと曽於市の境標示が見えてきた。それから200m先の道路右手に「門司まで412km」の距離標が立っていた。道が曲がり下り始める。下り切る直前に再び霧島市の境標示がある。そして上りかけたところから左へ入る道は佳例川へ向かう。

坂を上っていくと今度は右へ県道497号（長江柴建線）が分岐する。坂を上り切ったところに財部へ向かう道の案内標識があり、その入り口に曽於市の境標示がある。その角はコンビニである（13時07分、15,672歩）。

国道10号はまた広大な農地の中を進む。道の右側に歩道がある。食堂「農場の茶屋」のうどん・そばの看板があった。やがて道は下って、また上っていくと道案内があり、曽於市街（末吉）へ向かう県道501号に接する。手前のバス停に「末吉入口」とある。距離標は407.1kmだ。光神（コウジン）小学校前を上っていく。まだ整備中の道を行くと右手に高速道路入り口があるが、東九州自動車道末吉財部インターチェンジである。ここから300歩のところに「通山（トオリヤマ）宿場

写真４　通山宿場跡

跡」がある（写真４）。国道10号を挟んで両脇にあったと説明にある。ここは西南の役の戦場ともなった。1877（明治10）年７月24日、政府軍第四旅団はここで中島健彦率いる西郷軍を撃破し一挙に都城へ入る。先陣はここより北の財部から入った別働第三旅団だった。以後戦いの主戦場は宮崎となる（14時02分、19,857歩）。

歩道の消えた畑の中の国道10号を進む。道の左手に馬立（マタテ）へ向かう道が接するが、「ここは畩ケ山（ケサガヤマ）入口」と標示されている。この道は少し入ったところで馬立方面と分岐する。比較的大きな食堂の前を通り進む。曽於広域農道との交差点に「道の駅 すえよし」がある。国道10号をさらに進むと今度は深川小学校への案内が道の右手にある。道両脇に歩道があり、人家が途切れることはない。新原自治公民館前を過ぎて堂園バス停を経て下ると前方に都城を遠望できる。末吉町（＊曽於市末吉町）深川中心部に入る。柳迫バス停があり、ここの末吉町深川交差点で末吉財部線（県道500号）と交差する。交差点先に歩道橋があり、柳迫小学校がある（15時38分、28,805歩）。

道はゆっくりと下り始める。「宮崎62㎞都城５㎞」の案内標識のところから少し下ると宮崎県都城市の境標示がある。距離標394㎞を過ぎて下ると油田（アブラデン）交差点である。正面に永田病院がある。交差点にはコンビニがある。ここから道は上る。進むと天長寺橋があり、すぐ先の大岩田交差点で国道10号は国道269号と合流する。中樋通（ナカヒドオリ）橋、栄源寺橋を経て都城中心部へ入る甲斐元交差点に至る。市道と南の鹿児島県曽於郡松山町（＊志布志市松山町）へ向かう県道109号との変則の４差路である。国道10号は左へ大きく曲がって都城市役所へ至る（17時12分、36,903歩、写真５）。

写真５　都城市役所付近

※1　2000年５月５日に歩いてまとめた記録を元に、2006年11月10日の福山－牧之原の歩きと2006年12月１日の写真紀行も併せ文章にまとめた。

※距離、歩数はその日のスタート地点からの数値を示す。距離は当時の著者の歩幅をめどに計算している。

各順	地　　点	距離(km)	歩数（歩）	通過時刻（時：分）	所要時間（分）
1	福山町浦町、役場下	0.00	0	9：19	0：00
2	宮浦神社（県478号）	0.28	371	9：24	0：05
3	日州街道標柱・街道案内	0.47	617	9：28	0：04
4	日州街道標柱・県道へ出る	0.80	1,055	9：36	0：08
5	日州街道標柱・左へ	0.83	1,102	9：37	0：01
6	上之茶屋	1.12	1,490	9：45	0：08
7	休憩（中茶屋公園）	－	－	9：53	0：08
8	県道より島津忠将供養塔坂へ	1.16	1,541	9：54	0：01
9	忠将供養塔登り口	1.31	1,736	9：56	0：02
10	日州街道標柱（道の分岐点）	1.87	2,481	10：08	0：12
11	16％傾斜の警戒標識	2.15	2,856	10：13	0：05
12	日州街道標柱・林道終点の案内	2.33	3,103	10：17	0：04
13	日州街道標柱	2.50	3,329	10：20	0：03
14	日州街道標柱	2.81	3,737	10：24	0：04
15	上り切ったところ・農家の水タンク	3.10	4,128	10：30	0：06
16	日州街道標柱・街道案内	3.21	4,269	10：32	0：02
17	国504号へ出る・宝瀬入口バス停	3.43	4,568	10：36	0：04
18	休憩	－	－	11：02	0：26
19	国504号・県478号交差	4.94	6,579	11：23	0：21
20	県63号、町中心部	5.30	7,063	11：29	0：06
21	国10号へ	6.04	8,044	11：42	0：13
22	県63号交差	6.25	8,325	11：45	0：03
23	交差点不明	6.60	8,797	11：50	0：05
24	距離標（門司まで413km・都城まで21km）	7.96	10,606	12：07	0：17
25	大隅町境標示	8.66	11,542	12：17	0：10
26	福山町境標示	10.02	13,350	12：39	0：22
27	佳例川交差（バス停あり）	10.23	13,628	12：43	0：04
28	休憩	－	－	12：47	0：04
29	長江交差	10.78	14,362	12：53	0：06
30	財部への案内標識	11.71	15,607	13：06	0：13
31	アイショップ	11.76	15,672	13：07	0：01
32	休憩	－	－	13：15	0：08

33	食堂「農場の茶屋」	12.26	16,341	13：24	0：09
34	県501号（末吉へ）交差	13.43	17,901	13：40	0：16
35	通山宿場跡	14.90	19,857	14：02	0：22
36	馬立へ交差	16.18	21,563	14：26	0：24
37	曽於広域農道交差	17.77	23,686	14：46	0：20
38	深川小への案内	19.56	26,074	15：09	0：23
39	深川中心部（柳迫小、柳迫バス停）	21.61	28,805	15：38	0：29
40	太陽漬物	21.70	28,923	15：42	0：04
41	宮崎62km都城5km案内標識	22.52	30,017	15：54	0：12
42	休憩	－	－	15：58	0：04
43	宮崎県都城市境標示	22.74	30,320	16：01	0：03
44	距離標（門司まで394km）	24.07	32,082	16：20	0：19
45	休憩（油田交差点）	－	－	16：25	0：05
46	永田病院	24.71	32,935	16：32	0：07
47	大岩田交差点（国10・国269号交差、天長寺橋）	25.97	34,616	16：47	0：15
48	中樋通橋	26.41	35,210	16：53	0：06
49	甲斐元交差点（松山、国10号バイパス）	26.98	35,968	17：01	0：08
50	都城市役所	27.68	36,903	17：12	0：11
2000年5月5日　総距離数27.68km、総歩数36,903歩、総所要時間7時間53分					

２日目　　平成12年

都城－高城－高岡

2000年11月11日土曜日
(2006年12月２日修正)

この日歩いたのは、参勤交代一行の２日分[※1]である。まず、西都城駅で下車、都城市役所前の本日の出発地点へ向かった。８時06分に市役所前の国道10号陸橋下を発した。この時間帯はまだ店は開かず､休みなので人通りも少ない。広い国道10号の、これまた広い歩道を歩く。すぐに上町(カンマチ)の人物石碑・説明板の前を通る。中町を過ぎて前田橋（年見川）を渡ると前田交差点である（８時22分、1,456歩)。平江町の交差点は都城駅入り口になる。国道10号はJRの両線（日豊本線・吉都線）の高架下に至る（８時38分、2,970歩)。ここから少し東へ向かう。タイヨー川東店を過ぎて、都城川東郵便局に至る。沖水橋(沖水川）を渡り､吉尾(ヨシオ)町に入る。松之元交差点を過ぎてまもなく国道10号は高木原(タカギハラ)交差点から車専用になるので、脇道を取った。右側の歩道を歩いていたためであるが、左側を歩いていたら、真っすぐ進んでいったであろうと思う。その道と国道10号が合流した高城町桜木交差点が高城(タカジョウ)町入り口である(10時35分、15,093歩)。

上記道のりを2006年12月２日（土）に改めて歩いた。国道10号の旧道である｡高木原交差点から真っすぐ進み高速高架下をくぐる｡道は少し右へ曲がって都城高木郵便局前に出る。そこから真っすぐ進む。途中「高樱橋[※2]」があったので下をのぞくと川はない。川は付け替えたが橋は残されたのだろう。道の歩道がこの辺りだけないので歩きづらい。やがて再び国道10号バイパスと高城町桜木交差点で交差する(写真１)。この間は2,491歩である。この先真っすぐ行く道が旧道だと実感する。ここにコンビニがある。

役場入口（＊高城総合支所入口）交差点から高城町穂満坊(ホマンボウ)交差点[※3]に至る。タイヨーがあるので入る。ここで道をそれて高城町役場（＊高城総合支所)

に行く。高城の城がよく見える。道に復して歩く。参勤交代の記録に経由地か休憩地として出てくる香禅（コウゼン）寺がある。その先の有水（アリミズ）からは山道である（13時37分、27,877歩）。

参勤交代路はほぼ国道10号に沿う。しかし一部大きく異なるところがある。それは有水から去川（サルカワ）へ抜ける山道である。有水から市（イチ）野々（ノノ）を経て下った七瀬谷（ナナセダニ）バス停のところから右折して岩屋野へ行く。そこから国見山へ登り、和石（ヨレシ）へ下りて去川へ出るのである（写真２）。2006年12月２日、私はこの道を探ろうと去川から右折して車で和石へ向かった。和石は戸数も相当ある集落である。真っすぐ行き、「国道10号へ」とあるところから右折して行くと舗装が途切れ、農道となったので引き返した。後日、宮崎市高岡総合支所に聞くと、何と次の12月３日(日)には歩く会があったのだそうだ。私が急に出かけても歩くのは無理らしいことが分かった。

写真１　国道10号高城町桜木交差点へ（正面道に入る）

写真２　和石からの道が国道10号線去川に出る

歩道はほとんどない。四家（シカ）を過ぎると道は下り始めてボートピア高城に着く。ちょうどレースが終わったところかバスや車が出てくる。交通整理の係が私を優先してくれた。何回目かの登り下りの最後の登りでやっと東諸県郡高岡町（＊宮崎市高岡町）との境に出た（17時11分、48,288歩）。

ここからは下ってすぐ去川に着く。小学校の前に去川の関などの説明板があった(写真３)。唐崎トンネルを出て面早流（モサル）バス停の先で道左脇の旧国道10号に入る。日はもう落ちつつある。道の右下は大淀川である(写真４)。九州電力大淀川第２発電所を過ぎ、対岸の国道10号の車の灯りを見ながら歩く。

写真３　去川の関跡

写真４　大淀川、去川の関跡より下流

やがて柚ノ木崎（ユノキサキ）橋を渡ってきた国道10号に合流する。すっかり夜である。いささか帰りの電車が気になり始めた。道は広くなり、車が激しく行き交い、そして高岡町赤谷交差点で小林へ向かう国道268号と合流する。ここで国道10号に従い右折する。

綾入口交差点では綾町へ向かう県道358号が左へ分岐する。この辺りは郊外型の各種の店が並ぶ。しばらく進み、高岡町浜子交差点で右折して高岡市街地へ向かう。よく整備された道が続く。歩いている人はいない。途中でバス時間を確認していたのでよかったが、バス停を間違えてちょっと慌てた。バスは大の丸橋から穆佐（ムカサ）を通り、最後は国道10号[※4]を経て宮崎駅に着いた。

※１　７代島津重年の宝暦３年６月６・７日（西暦換算で1753年７月６日木曜日・７日金曜日）。

※２　竣工は1951（昭和26）年。

※３　2006年12月２日の再訪では、高城町桜木交差点から穂満坊交差点少し先まで車で旧道を移動、写真を撮った。表の記録は後日、初回の歩きと2006年の記録を合わせ、距離・歩数・時間を調整したものである。

※４　国道10号は山中ではもちろん歩道はないし、しかもトンネルは狭い。歩くのは厳しいので勧められない。

※距離、歩数はその日のスタート地点からの数値を示す。距離は当時の著者の歩幅をめどに計算している。

各順	地　　点	距離(km)	歩数（歩）	通過時刻（時：分）	所要時間（分）
1	都城市役所	0.00	0	8：06	0：00
2	前田交差点	1.04	1,456	8：22	0：16
3	都城駅入り口	1.90	2,675	8：35	0：13
4	高架下（日豊本線・吉都線）	2.11	2,970	8：38	0：03
5	ヤマダ電機	2.35	3,305	8：41	0：03
6	タイヨー	2.54	3,564	8：44	0：03
7	距離標（門司から388km）	2.60	3,651	8：45	0：01
8	都城川東郵便局	3.11	4,380	8：52	0：07
9	ふぁみり庵	3.46	4,864	8：56	0：04
10	ナフコ、JTほか	3.62	5,090	8：59	0：03
11	沖水橋	3.74	5,265	9：00	0：01
12	ハンズマン	4.21	5,928	9：07	0：07
13	距離標（門司から386km）	4.62	6,501	9：12	0：05
14	距離標（門司から385km）	5.64	7,932	9：25	0：13
15	松之元交差点（国221号分岐）	5.80	8,164	9：27	0：02
16	都城圏域地場産業振興センター	6.51	9,169	9：36	0：09
17	距離標（門司から384km）	6.67	9,384	9：39	0：03
18	距離標（門司から383km）	7.67	10,794	9：51	0：12
19	国10号旧道・バイパス分岐（高木原交差点）	8.95	12,602	10：10	0：19
20	国10号旧道高速下	9.52	13,408	10：18	0：08
21	都城高木郵便局	9.83	13,836	10：22	0：04
22	高城町入り口（高城町桜木交差点）	10.72	15,093	10：35	0：13
23	東岳橋	11.87	16,709	10：50	0：15
24	高城町郵便局	13.26	18,662	11：09	0：19
25	国10号合流	14.08	19,820	11：20	0：11
26	休憩	－	－	11：45	0：25
27	距離標（門司から377km）	15.22	21,427	12：00	0：15
28	観音池入口交差点	15.69	22,097	12：06	0：06
29	距離標（門司から376km）	16.21	22,822	12：13	0：07
30	観音寺口バス停	16.52	23,264	12：18	0：05
31	距離標（門司から375km）	17.10	24,073	12：26	0：08
32	高城町中方交差点	17.27	24,311	12：29	0：03

33	休憩	–	–	12：35	0：06
34	石山小入口交差点	17.77	25,017	12：43	0：08
35	香禅寺交差点	18.53	26,092	13：00	0：17
36	香禅寺バス停	18.60	26,188	13：19	0：19
37	休憩	–	–	13：22	0：03
38	萬年橋	19.80	27,877	13：37	0：15
39	距離標（門司から372km）	20.02	28,184	13：42	0：05
40	有水中学校	20.54	28,919	13：49	0：07
41	距離標（門司から371km）	21.03	29,612	13：55	0：06
42	距離標（門司から370km）	22.07	31,072	14：08	0：13
43	案内標識（延岡122km宮崎36km）	22.49	31,662	14：14	0：06
44	距離標（門司から369km）	23.09	32,520	14：22	0：08
45	コンビニ・七瀬谷バス停	23.43	32,993	14：27	0：05
46	距離標（門司から368km）	24.10	33,932	14：36	0：09
47	距離標（門司から367km）	25.12	35,379	14：50	0：14
48	ＹＡＭＡＡＩ	25.55	35,974	14：57	0：07
49	距離標（門司から366km）	25.96	36,557	15：03	0：06
50	案内標識（延岡118km宮崎32km）	26.26	36,972	15：08	0：05
51	距離標（門司から365km）	26.87	37,834	15：19	0：11
52	四家鉱山バス停	27.20	38,305	15：24	0：05
53	距離標（門司から364km）	27.85	39,218	15：33	0：09
54	高城町四家交差点	28.76	40,500	15：45	0：12
55	距離標（門司から363km）	28.91	40,707	15：49	0：04
56	距離標（門司から362km）	29.87	42,059	16：03	0：14
57	距離標（門司から361km）	30.81	43,387	16：16	0：13
58	距離標（門司から360km）	31.83	44,824	16：32	0：16
59	ボートピア高城入り口	32.14	45,263	16：36	0：04
60	距離標（門司から359km）	32.85	46,264	16：48	0：12
61	八重橋	33.50	47,172	16：59	0：11
62	境谷橋（高岡町）	34.29	48,288	17：11	0：12
63	西谷橋渡り終わり	34.70	48,869	17：16	0：05
64	去川バス停	35.17	49,526	17：22	0：06
65	唐崎橋渡り終わり	36.47	51,359	17：41	0：19
66	唐崎バス停	36.65	51,607	17：43	0：02

67	唐崎トンネル	36.93	52,009	17：47	0：04
68	唐崎トンネル出る	37.29	52,509	17：55	0：08
69	面早流バス停、旧国10号へ	37.57	52,911	17：59	0：04
70	国10号へ合流	39.37	55,445	18：22	0：23
71	川口橋	40.14	56,527	18：34	0：12
72	Ｒショップ（＊食道家離伸）	40.51	57,054	18：37	0：03
73	高岡町赤谷交差点	41.35	58,239	18：50	0：13
74	綾入口交差点、綾町へ	42.63	60,038	19：08	0：18
75	高岡町浜子交差点（県359号へ）	42.96	60,501	19：14	0：06
76	高岡麓バス停	44.01	61,972	19：31	0：17
2000年11月11日 総距離数44.01km、総歩数61,972歩、総所要時間11時間25分					

3日目

平成14年

高岡－都於郡－佐土原

2002年11月19日火曜日
（2006年12月10日修正）

2002年12月1日は、鹿児島地名研究会で高岡筋のことを話すことになっているので早く歩きたかったが、天候も悪く、やっと今日（11月19日）になった。加治木駅から宮崎駅までJR日豊本線で4,400円余り。駅前から高岡へはJR小林行きの赤いバスで約40分。バスを下りて県道24号へ向かう。役場前の交差点（＊宮崎市五町交差点）から北へ、国道10号バイパス下を通って柴手橋へ。ここから天ケ城公園を仰ぐと日向高岡城が見える（写真1）。坂を上り始めてすぐ国富町の境標示。まだ2㎞弱だ（9時25分、2,659歩）。

写真1　柴手橋から天ケ城を望む

下ると視界が広がる。遠くに元富士通の工場[※1]、さらにはるか向こうには九州山系の高山を望む。そこに至るまでにある山はほとんど丘程度で、鹿児島で普通見る風景とはまったく違う。大隅半島や南薩台地なら同じイメージのところもあるかも。広域消防本部（＊宮崎市北消防署西部出張所）前の直売店でトマトを試食、おいしいので買い求めた[※2]。ここ国富町嵐田は本庄川に沿って豊かな田園が広がる。本庄橋を渡って道は国富町市街地方面と県道24号バイパスに分かれる。見ると歩道がなさそうだし、その先はトンネルだったので、左折して国富町本庄へ向かった（10時04分、5,909歩）。

坂の途中に本庄高校があり、上り着いたところに本庄小学校があり、稲津の乱[※3]で知られる義門寺がある。県道24号はここで県道26号と合流し、右折して進む。道沿いの市街地に本庄古墳がある（写真２）。私は国富町六日町交差点から左折して県道24号に沿って下っていった。まもなく市街地下のトンネルを出てきた県道24号バイパスと合流した。ここまで約７㎞。三名（サンミョウ）橋を過ぎると坂道になる。施設エデンの園のところまでで約９㎞。ここの坂を上り切ったところにある六野（ムツノ）集落を通り過ぎる。歩道が切れた道を上り始めて六野競技場（＊国富町球技場）への案内表示があるところを過ぎると、道脇に西都市境標示がある（11時53分、16,355歩）。

写真２　本庄古墳（国富町）

ここから200m（茶屋交差点）で右折､県道18号へ入る。県道24号を真っすぐ行くと西都市中心部である。県道18号は歩道もあり、またバスも通る。ただ、歩いている時には見なかったが｡下って西の三財からの県道325号と合流直進する。少し上ると都於郡町頭（トノコオリマチガシラ）バス停がある。下って市街地に入る。商店や都於郡郵便局、都於郡小学校がある。大安寺池前のＴ字路交差点で県道18号は北の西都市中心部へ､県道325号は東の佐土原へ向かう（写真３）。ここまで約16.5㎞､22,860歩、４時間09分。史実[※4]に従えば本当はここを終点としてよかった。

写真３　都於郡、正面を右折

〈以下2006年の記録（都於郡中学校前から左折）〉

2006年12月10日（日）、高速宮崎道を走り、一ツ葉有料道路を経て佐土原総合支所へ着いた。駅伝大会のために一ツ葉有料道路は高校生や役員、警官があちこちに集っていた。総合支所の駐車場に車を置き､バスの時間が合わず､

歩き始める都於郡まではタクシーで行った。道々運転手から合併事情など聞いた。10時05分、無人の都於郡中学校前から左折してグラウンド横を上る。

以下、時間は2002年11月19日に中学校前に達した13時20分を元に時間を換算して記録する。

中学校前から狭い農道を上る。すぐ道の左側に中学校グラウンドがあった。車が連続４台下ってきた。今度は親子連れが犬を連れて歩いてきた。以後歩いている人は見なかったが、車の往来は割合多い。道はすぐほぼ平坦となる。道の両側は畑で、また農家や工場がある。畑にはダイコン、ニンジンがよく成長していた。道斜め左側に白いものが見える。近づくとダイコンの切り干しであるが、まるで雪が降り積もったような白さである。道の右側には時折、分岐がある。やがて東九州自動車道の陸橋を渡る。道は、はるか眼下を走る。ここからは遠く西都市が望める（13時41分、25,400歩、写真４）。

道は広くなったり、狭くなったりする。林の中の道を下っていくと、道の右側の分岐点に「伝佐野原聖地」の標示があった。さらに下っていくと道の左側に住宅地があり、その前に鶴府(ツルフ)公園があった。そこにある水源池には「仲間原(チュウゲンバル)」の字があった。道は広くなり、先に国道219号バイパスが見えてきた。その手前の岩崎橋を渡り、すぐバイパス高架下をくぐる。佐土原市街地に入ると道路上に佐土原歴史資料館「鶴松館(カクショウカン)」と記した案内があり、その先に「高月院入口」と小さな案内があった。道の奥をのぞいたが見えなかった。車は多い。この国道219号は東春田交差点で右折する（14時29分、30,438歩）。

写真４　陸橋から東九州自動車道を望む

写真５　佐土原城跡・鶴松館（宮崎市佐土原町）

その道沿いに佐土原城址があり、今は鶴松館がある（写真５）。この日は先を急いでいたので行かなかった。

※1　2020年現在、ソーラーフロンティアの工場が建っている。
※2　トマトを食した販売店は2006年12月にはなかった。
※3　稲津の乱：1600（慶長５）年９月、関ヶ原の戦で敗れて帰ってきた島津義弘を討たんとした伊東家稲津祐信が蜂起、10月１日ここで滅亡する。
※4　史実では1753（宝暦３）年６月３日、島津重年一行は都農からここ都於郡まで来て一泊、翌４日は高岡に泊している。

※距離、歩数はその日のスタート地点からの数値を示す。距離は当時の著者の歩幅をめどに計算している。

各順	地　点	距離(km)	歩数（歩）	通過時刻（時：分）	所要時間（分）
1	高岡バス停	0.00	0	9：00	0：00
2	宮崎市五町交差点（県24号）	0.29	393	9：04	0：04
3	国10号バイパス下	0.65	898	9：09	0：05
4	柴手橋	0.95	1,320	9：13	0：04
5	国富町境標示	1.92	2,659	9：25	0：12
6	明光社前（平坦地）	2.67	3,703	9：37	0：12
7	広域消防本部	3.68	5,100	9：51	0：14
8	休憩	－	－	9：55	0：04
9	国富町嵐田（本庄川・本庄橋）	3.87	5,372	9：58	0：03
10	県24号バイパス入り口	4.26	5,909	10：04	0：06
11	本庄高校前	4.67	6,479	10：09	0：05
12	本庄小学校・義門寺	5.18	7,181	10：16	0：07
13	県26号仲町交差点	5.24	7,264	10：18	0：02
14	国富郵便局	5.45	7,565	10：24	0：06
15	歩道切れる	5.91	8,200	10：31	0：07
16	バイパス合流点	6.97	9,673	10：46	0：15
17	深年川・三名橋	7.58	10,523	10：54	0：08
18	県355号国富町三名交差点	8.05	11,174	11：07	0：13
19	歩道切れる	8.18	11,357	11：09	0：02
20	エデンの園	8.89	12,336	11：13	0：04
21	新地石油店（中の原バス停）	10.21	14,180	11：30	0：17
22	六野みずな会直売所	10.88	15,098	11：40	0：10

23	六野球技場案内標示	11.30	15,687	11：46	0：06
24	西都市境標示	11.78	16,355	11：53	0：07
25	茶屋交差点（県18号へ）	12.00	16,660	11：56	0：03
26	坂の上のT字路	12.64	17,550	12：05	0：09
27	長園入口バス停	12.77	17,730	12：07	0：02
28	今市バス停	13.32	18,493	12：14	0：07
29	江藤酒店	13.66	18,965	12：19	0：05
30	八木佐野バス停	13.77	19,114	12：20	0：01
31	休憩	－	－	12：35	0：15
32	梅ヶ当バス停	15.15	21,035	12：47	0：12
33	県325号との交差点	15.68	21,771	12：54	0：07
34	都於郡町頭バス停	15.84	21,993	12：56	0：02
35	都於郡町バス停	16.11	22,366	13：00	0：04
36	大安寺池前のT字路右折（県325号へ）	16.46	22,860	13：09	0：09
37	休憩	－	－	13：15	0：06
38	都於郡中学校から左折	16.81	23,337	13：20	0：05
39	日高工業	17.54	24,361	13：31	0：11
40	T字路（右分岐路あり）	17.68	24,549	13：33	0：02
41	T字路（右分岐路あり）	18.09	25,114	13：37	0：04
42	東九州自動車道陸橋	18.29	25,400	13：41	0：04
43	道端に祠（以後見かける）	18.90	26,242	13：50	0：09
44	「まつぼっくり→」の標示	19.04	26,431	13：52	0：02
45	T字路（右広い分岐路あり）	19.18	26,632	13：54	0：02
46	「伝佐野原聖地」案内標柱	19.43	26,978	13：58	0：04
47	鶴府公園（団地入り口）	20.27	28,150	14：09	0：11
48	追手川（放水路）・岩崎橋	20.94	29,077	14：17	0：08
49	国219号高架下	21.02	29,187	14：18	0：01
50	「高月院入口」の案内	21.37	29,676	14：23	0：05
51	東春田交差点（右へ国219号分岐）	21.92	30,438	14：29	0：06
2002年11月19日　総距離数21.92km、総歩数30,438歩、総所要時間5時間29分					

４日目　平成14年

佐土原－高鍋－都農

2002年11月27日水曜日
（2006年12月10日修正）

鶴松館（カクショウカン）は宮崎市佐土原町の佐土原城址にある歴史資料館である。ここから国道219号を北へ向かうとすぐ佐土原の小学校前陸橋があり、また佐土原神社が左側にある。真っすぐ進んで東春田交差点から県道44号へ右折する。すぐ追手川に架かる欄干橋を渡る。西佐土原バス停付近には銀行などあり、商店街である（写真１）。新城バス停近くの道に、南にある鬼子母神社、大光寺への案内標識が出ている。県道44号は佐土原町田中交差点を左折して北へ向かう。その角はコンビニで、県道をはさんだ向かい側はスーパーのようだ。コンビニで買い物をして休憩する（９時04分、2,264歩）。

写真１　佐土原の市街地（佐土原町上田島）

田園の中の広く整備された道を進み、一ツ瀬川に架かる一ツ瀬橋を渡る。残念ながらこの長い橋には歩道がない。橋の最初の半分は河原で畑などがある。次の半分は橋型が違う。この辺りから下に川が見える。下流方向をはるか望むと国道10号の日向大橋らしき橋を見ることができる。

一ツ瀬橋の終わる辺りに河川敷ゴルフ場があり、「一ツ瀬川県民ゴルフ場」と標示がある（写真２）。橋を渡り終わって、県道44号は真っすぐ走るが、私はそこから左に入り、県道44号に沿う農道を選んだ。農道の十字路を越えて集落を抜け、また農道の十字路を越えて集落に入り、小川を越えて進むと新田（ニュウタ）新町（シンマチ）交差点に出て県道44号と合流する（９時51分、5,949歩）。

写真２　一ツ瀬川の河川敷ゴルフ場

ここは変則的な５差路で、私が歩く県道44号は今歩いてきた農道の正面にあるので、歩いてきたのが正解と感じた。ここから上りとなり、道が大きく左へ曲がるところに一真下新田（イッシンシモニュウタ）保育園がある。そこを過ぎてまもなく右に上る山道が見えたので県道44号を離れて入る。坂は急だがすぐ上り切る。畑、杉山を過ぎると右側にブランコなど置いてあるところに出たが、私有か公有か不明だ。その向かい側が金刀比羅宮である。進むと人家が続き、T字路があり、左に分岐路がある。県道44号に向かう道だろう。道の左側に溜水（タマリミズ）地区集会所がある。すぐ先で里道は十字路となる。やがて道は集落を抜けて、小川を越えて、道を上っていくと県道44号に合流する。そこに航空自衛隊新田原（ニュウタバル）基地がある（10時23分、8,649歩、写真３）。

写真３　新田原基地

基地の土手と金網の塀に沿って県道44号を歩く。歩道はないが歩きやすい。基地の東端に至ると「眺鷲台（チョウシュウダイ）」と標示があった。ここで右に入る道があり東へ延びる。

県道44号はここで大きく左へ曲がる。道の東側にも金網で囲まれたところがあるので基地の一部かと思う。右に分岐する道があり、基地の道かは不明だが進入禁止ではなかった。また分岐路がある。やがて少し上ったところで土手が消えて金網越しに基地全体が見渡せるようになる。ここで県道44号から離れて東へ進む里道に入る（10時47分、11,067歩）。

時折来る車に気をつけながら下る。下り切ったところで南から来る県道309号と合流する。左手に「のぞみ保育園」がある。すぐ鬼付女（キヅクメ）川に架かる第二平伊倉橋を渡る（写真４）。県道は左へ曲がるが、私は道を直進して里道に入る。車が結構往来する。湯風呂川を越えて山道へ入り、すぐに県道44号に合流する。直前に道にすごいスピードで車が入ってきた。この道が県道309号への近道のようだ。県道44号を上る。上り切って平坦となった道を歩く。右への分岐路がある。新富町の国道10号に向かう道である。道を下って工事中の日置川を越えて上っていく。平坦となった道を歩く。そばとゴルフの旗が並ぶが道からは確認できなかった。やがて新富町立富田小学校追分分校に至る。その先の交差点に高鍋町境標示があった（11時51分、17,459歩）。

写真４　第二平伊倉橋（来た道は写真右奥）

道路の右側にきれいな緑地があった。芝生のようだがなぜかカラスがたむろしていた。ここで県道44号は大きく左へ曲がるが、直進方向に道があった。地図で確かめると高鍋の町中に出るようだ。高鍋城跡へは県道44号で進むほうがいいのだが、迷った揚げ句に直進の道を選んだ。下っていくと高鍋町リサイクルセンターがあったが閉鎖されているようにも感じた。この道の右は山で、左は谷である。木々の途切れたところでは高鍋の町や県道が望める。道はよく意味の分からぬ名の付いた建物の脇を通り、県道305号に合流する。道路向かい側に圓福寺があった。宮田川に架かる欄干橋を渡ると高鍋町宮田交差点である（12時24分、20,981歩）。

県道305号はここで県道44号と接して終わるが、私は直進して市街地へ進む（写真５）。すぐの道左脇、「乗合馬車高鍋駅」と刻まれた石柱に明治44年とあった。一直線に続く市街地を歩くと火産霊（ホムスビ）神社があった。中央通交差点を直進する。ここを左へ行くとすぐ役場や城跡へ、右へ行くと高鍋駅に突き

写真５　高鍋町宮田交差点より市街地へ

当たる。称専（ショウセン）寺が右手にあった。宮崎交通高鍋バスセンターが左手にあるが、こっちは裏側で反対側が正式な入り口だ。進んで高鍋町小丸（オマル）交差点を直進する。商店街は生きているのだが、パチンコ屋が一番客を集めているようだ。やがて商店街が尽きて、道は国道10号と結ぶ県道19号と接する。そこに小丸小橋がある。これが「小橋」だったので次を「大橋」という意味が分かった。すぐ小丸出口交差点で中心部から来た道と県道19号は合流して大橋へ向かう。小丸川手前の大きなパチンコ屋との間に旧道が残されていた。その先に元の橋があったことは対岸に同じく旧道が残っていて分かった。小丸大橋には「平成15年３月完成」と記されていた（13時00分、24,334歩、写真６）。

写真６　小丸大橋口より下流を見る

約500歩で橋を渡り切る。県道19号は小丸大橋北詰信号から堤防に沿って左折、上流へ向かう。私は少し進んで旧道跡の道に入り、坂本バス停から左折して鬼ヶ久保へ向かった。この辺は歩道がある。右手に持田古墳の案内板があり、近くに愛宕神社があった。坂道となる。車が国道並みに行き交う。しかもすごいスピードである。曲がり角は運転者に見えないので気を使う。左側に歩道があるところに出たので車の合間を見て渡る。坂が終わるかというところに左から上ってくる山道があった。意味のある道かも知れない。坂を上り切るところに川南町の境標示があった。ところが鬼ヶ久保バス停を過ぎ、左手に総合農業試験場茶業支場への道が分岐すると、そこの電柱には高鍋町の案内が。さらにそのすぐ先の小道入り口には国指定「川南古墳群」の案内板がある。ここから200歩弱で国道10号と接する。高鍋町鬼ヶ久保交差点である（13時37分、28,002歩）。

高鍋町鬼ヶ久保交差点を左折し、ほぼ平坦な国道10号を歩く。「日本三大開拓地川南合衆国」の看板がある。茶業試験場のあるところらしく、一帯はお茶畑で販売所もある。真っすぐ歩道を歩いていくと左手に川南町立国光原（コッコウバル）中学校があり、向かい合うのが宮崎県立農業大学校である。川南町川南交差点から右折すると川南漁港へ向かう県道364号となる。

国道10号を直進していくと道は下り始め、下り切ったところで国道10号から分岐した右の道に入り、市街地に向かう。中須橋（中須川）、垂門橋（平田川）を渡り、左へ曲がって少し上る。そこに川南町の案内があった。道は上っては平坦を繰り返す。市街地はやや寂れた感じである。やがて珍しい名前の交差点に至る。「トロントロン」という。バス停も同じだった（14時55分、34,139歩、写真７）。

写真７　バス停「トロントロン」

この道を上って少し下ると、国立病院機構宮崎病院前で国道10号と合流する。川南町新茶屋交差点を過ぎて塩付（シオツキ）郵便局、川南町塩付交差点に至る。塩付は古い地図に佐土原からの経路としてある。下って名貫（ナヌキ）橋（名貫川）を渡って上ると名貫橋バス停手前に種田山頭火の句碑がある。そのすぐ先の信号から右の旧国道10号へ入る。しばらく歩くと道は下って都農（ツノ）町市街地となる。夕方の町にある人影は、下校する女子高校生がバス停に数名いるだけ。遊んでいた女の子に確認して北新町交差点で右折して都農駅へ向かった。役場入口の案内を見て銀杏並木が夕陽に映える中を直進する。都農郵便局、都農高校入り口を経て歩く。酒屋があったが、とりあえずはと都農駅へ向かった。駅に着いたら次の電車まで30分余りあるので、さっきの酒屋へ行って缶ビールを買い、駅前のベンチでいっきに飲んだ[※1]（駅到着16時46分、46,111歩、写真８）。

写真８　都農駅

※1　トイレが男女共用で着替えもできず、駅の裏でそっと着替えた。駅前には旅館もあった。

※距離、歩数はその日のスタート地点からの数値を示す。距離は当時の著者の歩幅をめどに計算している。

各順	地　点	距離(km)	歩数（歩）	通過時刻（時：分）	所要時間（分）
1	鶴松館	0.00	0	8：41	0：00
2	佐土原小学校前陸橋	0.17	237	8：43	0：02
3	東春田交差点（右折、県44号へ）	0.44	634	8：47	0：04
4	西佐土原バス停	0.61	889	8：51	0：04
5	新城バス停	1.30	1,906	9：00	0：09
6	佐土原町田中交差点（コンビニ）	1.54	2,264	9：04	0：04
7	休憩	－	－	9：13	0：09
8	一ツ瀬川・一ツ瀬橋	2.25	3,306	9：23	0：10
9	一ツ瀬橋終わり	2.83	4,149	9：32	0：09
10	県44号より左の農道へ	3.10	4,550	9：37	0：05
11	農道十字路	3.38	4,956	9：41	0：04
12	農道十字路	3.63	5,329	9：45	0：04
13	小川越える	3.78	5,548	9：47	0：02
14	新田新町交差点（県44号合流）	4.05	5,949	9：51	0：04
15	一真下新田保育園下	4.20	6,172	9：54	0：03
16	県44号より右の山道へ	4.55	6,688	10：00	0：06
17	坂上り切る	4.74	6,962	10：04	0：04
18	金刀比羅宮	5.02	7,372	10：08	0：04
19	T字路（左分岐路あり）	5.27	7,745	10：12	0：04
20	溜水地区集会所（里道十字路手前）	5.36	7,878	10：14	0：02
21	川越える	5.70	8,373	10：19	0：05
22	県44号に合流（新田原基地）	5.89	8,649	10：23	0：04
23	眺鷺台・右にも道	6.54	9,615	10：33	0：10
24	T字路（右分岐路あり）	6.88	10,109	10：38	0：05
25	T字路（右分岐路あり）	7.24	10,637	10：43	0：05
26	T字路（県44号より分岐路へ入る）	7.53	11,067	10：47	0：04
27	鬼付女川・第二平伊倉橋	8.30	12,199	10：58	0：11
28	直進（県309号は左へ）	8.43	12,385	11：01	0：03
29	川越える（湯風呂川）	8.71	12,806	11：06	0：05

30	県44号に合流	8.97	13,179	11：10	0：04
31	T字路（国10号への分岐路右へ）	9.80	14,407	11：22	0：12
32	川越える（日置川）	10.20	14,999	11：27	0：05
33	富田小学校追分分校	11.24	16,523	11：41	0：14
34	交差点（高鍋町境標示）	11.88	17,459	11：51	0：10
35	Y字路（県44号より右へ）	12.20	17,934	11：56	0：05
36	高鍋町リサイクルセンター	12.51	18,395	12：00	0：04
37	県305号に合流	14.11	20,748	12：21	0：21
38	宮田川・高鍋町宮田交差点	14.27	20,981	12：24	0：03
39	火産霊神社	14.70	21,606	12：32	0：08
40	中央通交差点	14.89	21,884	12：35	0：03
41	称専寺	15.03	22,093	12：37	0：02
42	高鍋バスセンター	15.40	22,646	12：43	0：06
43	高鍋町小丸交差点	15.76	23,171	12：48	0：05
44	小丸小橋	16.11	23,681	12：53	0：05
45	小丸出口交差点（県19号）	16.26	23,901	12：56	0：03
46	小丸大橋（県19号）	16.55	24,334	13：00	0：04
47	小丸大橋北詰交差点（県19号は左折）	16.95	24,914	13：06	0：06
48	坂本バス停	17.18	25,261	13：10	0：04
49	愛宕神社	17.45	25,652	13：14	0：04
50	左に歩道がある	18.38	27,020	13：27	0：13
51	左に山道がある	18.51	27,218	13：29	0：02
52	川南町境標示	18.68	27,459	13：32	0：03
53	高鍋町鬼ヶ久保交差点	19.03	28,002	13：37	0：05
54	国光原中学校入口交差点・農業大学校	20.34	29,927	13：59	0：22
55	川南町上番野地交差点	21.35	31,410	14：15	0：16
56	休憩	－	－	14：20	0：05
57	川南町市街地（旧国10号へ）	22.04	32,417	14：29	0：09
58	平田川・垂門橋	22.57	33,198	14：36	0：07
59	トロントロン交差点	23.46	34,139	14：55	0：19
60	国10号バイパス合流、病院	24.11	35,096	15：04	0：09
61	川南町新茶屋交差点	25.27	36,797	15：18	0：14
62	休憩	－	－	15：23	0：05
63	川南町塩付交差点	26.49	38,592	15：39	0：16

64	名貫川・名貫橋	28.73	41,893	16：09	0：30
65	都農町市街地へ分岐	29.38	42,843	16：18	0：09
66	北新町交差点、右折、駅へ	30.48	44,455	16：32	0：14
67	役場入口の案内標示	30.60	44,636	16：34	0：02
68	都農郵便局	30.88	45,049	16：38	0：04
69	都農駅	31.60	46,111	16：46	0：08
2002年11月27日　総距離数31.60km、総歩数46,111歩、総所要時間8時間05分					

小丸大橋から上流を見る

5日目

平成15年

都農－細島（日向市）

2003年12月26日金曜日

朝、起きたのは6時20分、6時37分の特急には間に合わない。しかし、歩きたいと思い始め、家を自転車で出たのが8時38分、8時46分加治木駅発の特急きりしまに乗って出かけた。10時25分宮崎駅着。前の席で化粧していた女性も急いで降りていった。10時38分の延岡行き普通列車に乗る。平野の続く宮崎を列車はスピードを上げて走る。宮崎は1町1駅である。それも速さの理由だろうか。高鍋で待ち合わせに8分も止まった。都農駅に着いたのは11時25分。駅で降りたのは老婦人と私。1台のタクシーは予想通りに老婦人が乗っていった。私は都農町役場まで歩くことになった（写真1）。

写真1　都農町役場

役場を出発したのは11時48分、帰りの電車を考慮すると歩き始めるにはギリギリである。役場を出てまもなく旧国道10号に出て右折し市街地を歩く。銀行、商店が連なるがシャッター店も多い。歩行者はほとんどいない。都農橋（都農川）を越える。川岸は芝生公園となっている。道のすぐ左手に日

写真2　都農神社

向国一之宮の都農神社がある(写真２)。ここから坂を上る。上り切ったところに都農小学校、その東側に都農中学校がある。過ぎて少し下ると国道10号本線に合流する（12時06分、1,906歩)。

都農ワイナリーを左手に望みながら歩く。右手には海が見え、リニアモーターカー実験線[※1]が見える。日差しは強く、長袖１枚で十分である。行き会うのは自転車通学の中学生で、よく挨拶してくれる。都農町丸溝交差点の前に「レストランつの」があり、車が多く並ぶ（12時31分、4,706歩)。

心見(ココロミ)橋（心見川）手前から旧国道10号と思われる道に入る。自転車に乗って挨拶して過ぎた女子２人に聞くと国道10号につながると言うので安心して歩く。人家もある。坂が急になるところの左手に道がある。そこに「山陰(ヤマゲ)一揆[※2]記念碑」の案内板があった（写真３)。坂を上がって国道10号に復し、進むと都農東小学校がある。東都農駅の案内標識、東都農バス停を通り過ぎてすぐ征矢原(ソヤバル)へ通じる県道301号との交差点があった。都農町だけ１町２駅か。この付近の国道10号は延岡方面へは１車線、宮崎方面へは２車線、しかも広い歩道つきである。都農町寺迫交差点を過ぎてまもなく日向市境標示を見るが、どうやらまだ道路反対側だけのようである（13時13分、9,146歩)。

写真３　山陰一揆記念碑の案内板

田久保側道橋（田久保川)、宮の下交差点を過ぎる。車は多い、したがって道路向かいのコンビニに行けないありさまだ。美々津(ミミツ)駅入り口分岐路を過ぎて、ガソリンスタンド、「味のおぐら」と続く。道は少し左へ曲がりながら下る。下りきって石並橋（石並川）を渡る。右に病院がある。国道10号は右へ

写真４　美々津大橋へ

曲がりながら約200ｍ上る。歩道橋があり、右に美々津郵便局、左に美々津小学校、少し先に距離標「281㎞」がある（写真４）。やがて耳川に近づくと同じく「280.2」とあった。

耳川に架かる美々津大橋を渡る。この耳川は1578（天正６）年の耳川合戦で知られる。またその300年後の1877（明治10）年、西郷軍を追って官軍別働第二旅団が、８月に水かさの増えたこの川を苦労して渡る。神武天皇にまつわる逸話に基づく立磐（タテイワ）神社などが橋の上から見える。美々津は江戸時代の面影を残す港町である。その町を歩けるようにか、美々津大橋は最後は歩道が橋の下へ、町中へと続く。家々の間を人一人会うことなく過ぎて、Ｔ字路を左折、JR日豊本線幸脇（サイワキ）踏切を渡る。見上げると幸脇小学校がある。Ｔ字路を右折して坂を上って国道10号へ出る。本当はここから少し先を左に入って幸脇峠に向かうべきだったかも知れない。坂を上って下ったところに「道の駅日向」があったが、人も少なく、私の歩く国道の歩道からの下り口もない（14時40分、18,056歩）。

下って再び上り坂となるところに眼鏡橋バス停があったが、名の由来らしいものはなかった。幸脇峠からの道はここで国道10号に合流する。ここからすぐ先にある遠見跨線橋で真下の線路を眺めていたら、自転車の高校生がものすごいスピードで下っていった。峠を下ったところで急に視界が開け、金ヶ浜海水浴場が見えた。ここでコンビニに入り、ビールと食べ物を買い求めた。しばらく歩いてバス停のベンチで休憩３分。たまたまバスが来て違うと手を振ったが逆に止めることになった。※３ 日向市平岩の国道10号を歩く。右手に日向灘を望めるところもある。坂を上がって下り始めたところの左にJRを跨ぐ人道橋があり、ここ宮の上バス停付近で国道10号とJR日豊本線が最接近する。下ったところにお倉ヶ浜海水浴場への立派な道があった。なぜか洒落た公衆電話ボックスがある（15時47分、24,704歩）。

どうやら歩行は最終段階の始まりだ。会社や店の連なる道沿いに名産の日向碁石の会社が幾つかあった。先に長江交差点が見えたが、少しでも近道をと国道10号から狭い市道へ入る。突き当たりを右折して細島港への道に出てひたすら歩く。先を急ぐ身には行けども行けども道は遠く感じられる。陽は私の影を長くし、薄いジャンパーでは寒いくらいだ。すれ違うのは自転車に乗った生徒たちだ。塩見川の大瀛（タイエイ）橋を渡るころは、すれ違う車も点灯していた。橋の手前に富高海軍航空隊跡のプロペラがある。日知屋（ヒチヤ）小学校を過ぎて江良4丁目交差点を右折し、やっと最終道に入る。細島の町に入る直前にジャスコ（＊イオン）があった。小川を越えて町へ入る[※4]（写真5）。町はかつての繁栄を偲ばせるのに十分である。細島小学校、細島郵便局を過ぎて細島保育所の手前を左折して港へ出た。結局、支所もあったが富島漁協（＊日向市漁協）ビルを終点と決めた（17時23分、35,156歩）。

写真5　細島の町

すぐ帰りの電車が気になり、電話ボックスからタクシーを呼んだ。渋滞のなか1,400円余りで日向市駅についた。電車は帰りの勤め人で混んでいた。宮崎駅で改札を出る時に「乗車券がない」と言われた。検札を通過したのにと思ったが1,200円余り取られた。通らずに乗り換えていたらよかった。再び特急きりしまで加治木駅に着き、自転車をこいで家に帰り着いたのは21時10分だった。

※1　2011年以降は太陽光発電所になっている。
※2　山陰一揆：1690（元禄3）年、延岡藩の山陰村の百姓が高鍋藩へ逃散、藩主有馬氏は糸魚川へ転封された。
※3　バス停で乗りたくない時は背を向ければいいのだそうだ。
※4　2006（平成18）年12月15日(金)、宮崎に写真撮影に出かけて、ここ細島の町を散策し、細島みなと資料館も見学した。ここは高鍋屋で、薩摩屋はもっと東のところで今は民家になっている、とのことだった。この周辺は複数の宿屋があり、賑わったのだという。

※距離、歩数はその日のスタート地点からの数値を示す。距離は当時の著者の歩幅をめどに計算している。

各順	地　点	距離(km)	歩数（歩）	通過時刻（時：分）	所要時間（分）
1	都農町役場	0.00	0	11：48	0：00
2	都農小学校	1.08	1,582	12：03	0：15

3	国10号合流	1.30	1,906	12：06	0：03
4	コンビニ	1.53	2,250	12：10	0：04
5	日向19km案内標識	1.74	2,546	12：12	0：02
6	距離標（門司まで289km）	1.87	2,744	12：15	0：03
7	距離標（門司まで288km）	2.82	4,141	12：27	0：12
8	都農町丸溝交差点	3.21	4,706	12：31	0：04
9	旧国10号へ、心見橋	3.95	5,807	12：42	0：11
10	都農東小学校	4.40	6,456	12：48	0：06
11	東都農バス停、征矢原への県301号へ分岐	4.70	6,901	12：53	0：05
12	距離標（門司まで286km）	4.83	7,094	12：55	0：02
13	距離標（門司まで285km）、都農町寺迫交差点	5.80	8,517	13：07	0：12
14	日向市境標示	6.22	9,146	13：13	0：06
15	田久保側道橋	6.64	9,762	13：19	0：06
16	宮の下交差点、距離標（門司まで284km）	6.77	9,949	13：21	0：02
17	コンビニ、高松バス停	7.46	10,959	13：30	0：09
18	距離標（門司まで283km）	7.78	11,428	13：35	0：05
19	美々津駅へ分岐点（入らず）	8.60	12,636	13：45	0：10
20	味のおぐら	8.70	12,791	13：47	0：02
21	美々津中学校入口交差点	9.43	13,861	13：57	0：10
22	美々津大橋	9.77	14,355	14：02	0：05
23	美々津大橋下へ出て、国10号合流へ	11.34	16,673	14：26	0：24
24	距離標（門司まで279km）	11.92	17,526	14：35	0：09
25	「道の駅 日向」	12.28	18,056	14：40	0：05
26	距離標（門司まで278km）	12.96	19,051	14：49	0：09
27	遠見跨線橋側道橋、たぶ峠	13.11	19,265	14：52	0：03
28	金ヶ浜海水浴場、コンビニ	13.88	20,405	15：03	0：11
29	金ヶ浜バス停	14.42	21,205	15：13	0：10
30	休憩	－	－	15：16	0：03
31	距離標（門司まで276km）	14.92	21,934	15：24	0：08
32	岩脇中学校	15.81	23,236	15：35	0：11
33	お倉ヶ浜海水浴場入り口	16.80	24,704	15：47	0：12
34	距離標（門司まで274km）	16.89	24,838	15：48	0：01
35	左へ県226号が分岐（日向工業高校入り口）	17.75	26,098	15：58	0：10

36	距離標（門司まで273km）	17.91	26,330	16：01	0：03
37	赤岩新橋	18.44	27,103	16：08	0：07
38	県15号お倉ケ浜交差点	18.75	27,568	16：12	0：04
39	中の原交差点	19.68	28,937	16：23	0：11
40	日向市財光寺交差点先で右斜めへ	20.54	30,204	16：36	0：13
41	塩見川・大瀛橋	20.87	30,686	16：41	0：05
42	日知屋小学校	21.40	31,465	16：47	0：06
43	ジョイフル（江良4丁目交差点）、右折	21.79	32,126	16：52	0：05
44	細島小学校	23.36	34,435	17：14	0：22
45	細島漁港	23.85	35,156	17：23	0：09
2003年12月26日　総距離数23.85km、総歩数35,156歩、総所要時間5時間35分					

日向市細島の「細島みなと資料館」（旧高鍋藩宿高鍋屋）。野口雨情も泊まったという

第2章　山陽道を歩く

6日目～14日目

6日目

平成18年

坂越－相生

2006年6月11日日曜日

鹿児島中央駅を7時18分発新幹線で出発、8時09分八代駅でリレーつばめに乗り換え、博多に9時45分に着いた。新大阪行き新幹線で博多を出たのが9時59分。姫路に着いたのは12時14分、すぐ駅前のホテルにチェックインした。付き添いの局も歩くと言っていたので、ホテルで聞いてJR山陽本線経由で兵庫県赤穂市坂越（サコシ）に向かった。坂越駅前から出発点と決めた坂越港まで歩くことにした(写真1)。駅前からきれいなカラー舗装の歩道が真っすぐ伸びるが、両側には商店街はなく、自転車に乗った数人の中学生がいるぐらいだった。大木の桜並木の茂る下を歩き、千種（チクサ）川の坂越橋を渡る。渡り終わったところはT字路で、道路向こうに繋ぐ地下道を通り、坂越トンネルに入る道（県道32号）を歩く。トンネルの狭い側道を車を気にしつつ、300m余り歩く。トンネルを出て旧道らしき道へ左折する。きれいなレンガ色の舗装路を歩き、両脇の古い家並みを眺めつつ、出発点と決めた坂越港交差点に着く[※1]（写真2）。

写真1　坂越駅から南へ

写真2　坂越港は右

写真３　坂越の家並み

すぐ旧坂越浦会所に入る。上がって見るように勧められたが、立ち話で済ませた。相生に行くには私の歩く峠越えの道と、海岸線をぐるっと回る道があるとのことだった。この出発点を出たのが14時38分。観光客らしき人がちらほら見える。江戸時代の面影を残す家々を見ながら例の舗装道路を上る（写真３）。お寺や「坂越まち並み館」を眺めながら下ると「木戸門跡」があった。トイレもある（14時46分、638歩）。

保育所前を通り国道250号へ出る。眼前に千種川、遠くに市街地を望む。

道を右折して峠を目指す。車は猛スピードで走る。高野（コウノ）交差点を過ぎてすぐ、地図に従い、道を左へ取り、ユニチカ工場を見ながら田端（タナバタ）集会所への道を下る（15時03分、2,291歩）。

ここで35分の休憩を取ったようにしてあるが、この道が間違いで結局道が分岐するところまで戻り、お付きの者の信頼を失った時間である。高取峠を歩き始めるが何しろ車が猛スピードで下ってくる。歩道がないので危険だ。カーブごとにナンバーが書かれているが、なんの足しにもならない。本来はトンネルを造るべきところだ。とにかく事故に遭わないように用心に用心を重ねて上っていく。時々休憩する広場がありほっとする。峠の頂上に赤穂藩の急使を模した銅像があった。

峠を越えたところで相生市に入る。下りは少し道幅が広く、カーブも緩やかになった。自転車で上ってくる人がいたので気をつけるようにと激励した。下り切ったところに相産高校という交差点があり、相生（アイオイ）産業高校が近くにある。しばらく国道250号をそのまま進む。工和橋を渡って国道250号は右へ折れるが真っすぐ道を進む。相生市那波

写真４　相生の家並み

西本町の丘の台交番を過ぎた向かい側から左へ入り、住宅地の間の狭い旧道を歩く。家並みは昔の雰囲気を残している（写真４[※2]）。相生駅前道路との交差点で今日は終了とする。ここまで３時間02分、11,876歩。

お勧めは坂越港の浦会所から国道250号を海岸沿いに歩くこと。車が少ないと思われるから。

※１　坂越港には昔日の面影はないようだ。島津氏（薩摩藩）の細島～坂越・大坂方面の利用は全25例、船旅は10日前後を要した（詳細は拙著『薩摩藩の参覲交替』参照のこと）。
※２　写真は歩いてきた道を振り返って写したものである。

※距離、歩数はその日のスタート地点からの数値を示す。距離は当時の著者の歩幅をめどに計算している。

各順	地　点	距離（km）	歩数（歩）	通過時刻（時：分）	所要時間（分）
1	旧坂越浦会所	0.00	0	14：38	0：00
2	坂越まち並み館	0.37	489	14：43	0：05
3	木戸門跡	0.48	638	14：46	0：03
4	国250号	0.85	1,131	14：51	0：05
5	田端集会所への入り口	1.72	2,291	15：03	0：12
6	休憩	－	－	15：38	0：35
7	墓入り口	1.89	2,512	15：50	0：12
8	休憩	－	－	15：58	0：08
9	高取峠	3.72	4,957	16：28	0：30
10	相生市境標示	3.84	5,124	16：30	0：02
11	小川（高取延命地蔵菩薩）のところ	4.44	5,916	16：38	0：08
12	カーブ№6・電話ボックス	4.89	6,514	16：44	0：06
13	はりまシーサイドロード看板	5.21	6,944	16：48	0：04
14	相産高校交差点	6.09	8,115	16：58	0：10
15	工和橋北交差点（直進）	6.70	8,929	17：06	0：08
16	左へ入る（丘の台交番向かい側）	7.47	9,962	17：16	0：10
17	休憩	－	－	17：20	0：04
18	神崎与五郎孝行井戸（那波本町17）	7.80	10,400	17：24	0：04
19	那波荒神社	8.31	11,076	17：30	0：06
20	芋谷川・芋谷橋	8.63	11,507	17：36	0：06
21	相生駅前道路との交差点	8.91	11,876	17：40	0：04
2006年6月11日　総距離数8.91km、総歩数11,876歩、総所要時間3時間02分					

７日目　　平成18年

相生－姫路

2006年６月12日月曜日

相生駅を降りて前日終了点に向かう。歩き始めたのは６時56分。「是より左あかう城下みち」の標柱のところへ出る（写真１）。右折して道を進み、相生市大石町９番より再開発住宅の方の旧道へ入る。普光沢川（フコサガワ）橋を渡り、大石町交差点を横断して直進する。相野産業前の交差点で左の小道へ入り進む。

写真１　「是より左あかう城下みち」とある

道の右側に「竹室庄左衛門頌徳碑」がある。さらに進んで橋を渡ると円岡公園（赤坂１丁目14）がある。ここから少し上りとなる。日露戦役ほかの碑があるところを過ぎて老婦人から「旧国道２号」と聞く。新幹線高架下に至る（７時45分、3,974歩）。

車を避けつつ工事中の西池へ着く。たつの市に入る。旧道※1を進むと小さな馬路（ウマジ）川があり、荒神（コウジン）橋があった。神社は北側に見える。すぐ片島本陣趾があった（写真２）。旅宿跡らしい建物が続く。道は高田鉄工所の間を東へ向かう。広い道に出たのでしばし休憩する。揖保川ときめきセンター近くは道路

写真２　片島本陣趾

工事中だった。道は工事中の橋を渡ると旧道の面影のままとなる[※2]。JR竜野駅に着く（8時37分、8,197歩）。

写真３　正條（明治天皇正條行在所・井口家）

揖保川中学校の自転車置場が見えたが、なぜか皆同じ自転車であるように見えた。やがて正條宿（ショウジョウシュク）に入る。明治天皇正條行在所や本陣井口家などがあった（写真３）。石柱があったので由来を聞くが周りにいた人は分からないとのことだった。揖保川堤防へ出たが車が頻繁に往来して歩くのが怖い。堤防を少し歩くと「正條の渡し場跡」の標柱があった。堤防上の車を避けて小川沿いに国道２号へ出る。すぐ揖保川大橋を渡り始める。中央付近で下流のJR山陽本線や山陽新幹線を撮影しようとしたら、急にデジタルカメラのメモリーカードがいっぱいになったと出た。操作の間を休憩とした。川を渡り終わって直進して、三星食品（＊ニトリ）から右折する。道はUCC兵庫工場前で左折、左右の工場の間を進む。道は犬が吠える工務店に突き当たり右折する。JR踏切手前で左右に水田の広がる道へ左折する。「揖保の糸」の文字は見えないが、手延べそうめんの龍の桜工場前を進む。揖保小学校に至る（9時43分、12,946歩）。

乗願寺、賓林寺を経て墓が左側角にある十字路を横断する。林田川堤防へ出て国道２号（＊県道725号）の誉鳩橋（ホンキュウ）を渡る。橋を渡り終わって右折して堤防を歩く。道はすぐ左折するがしばらく休憩する。太子町（タイシチョウ）を歩き始める。阿宗（アソウ）神社道標のところに着く（10時40分、16,368歩）。やがてフェンスが見え、私は学校かと考えたが、東芝の工場の駐車場だった。交差点の北側には

写真４　太子町の街道

大きな工場が見えた。東芝工場社宅の角で休憩した。眼前を若い男がパソコンバッグを肩に通り過ぎた。再び歩き始める。神戸燐寸、犬が吠える太子堂を過ぎて直進（写真４）、国道179号に合流する。国道を進み、「姫路12㎞」の案内標識のところで休憩した。足が痛いので癒す（11時22分、19,386歩）。

東出歩道橋で国道を左側へ横断、太田小学校へ向かう道へ入る。旧道を進み、太田の地蔵、黒岡神社参道入り口を経て再び国道179号へ合流する。国道からガソリンスタンド裏の道へ入る。再び国道へ合流して用水池堤防を歩くがこれはミスだった。山田交差点のところまで引き返して山田へ向かう。山田中心部に「明治天皇山田御小休所」があった。ここから短い上り坂が続く（写真５）。坂を上りきる直前に高さ80㎝ぐらいの「山陽道山田峠」標柱があった。下る途中に順海寺があり、道の下方にホテルサンシャイン青山が見える。下って青山西５丁目交差点で国道２号を左側歩道へ横断、コンビニでお茶、氷を求めて休憩した（13時01分、27,168歩）。

写真５　山田の坂から国道2号を望む

国道を東へ進み、青山５丁目に入ったところの分岐点で道を左の旧道へ。道はやがて県道724号に出るが、直進して夢前（ユメサキ）川堤防へ出る。堤防を歩いて国道２号の夢前橋を渡り、夢前橋東詰交差点を過ぎてすぐ左へ県道516号に入り少し歩く。左に下手野道標を見ながら十字路を右折、市道を直進する。西今宿１丁目交差点で国道２号に合流、姫新線上の跨線橋を通って西兵庫信用金庫のところからまた旧道を歩く。姫路高岡郵便局横に「西國街道」標柱があった（写真６）。車崎橋（水尾川）を経て国道２号に合流、米田町交差

写真６　「西國街道」標柱

点を渡り、姫路船場別院本徳寺へ向かう。寺の南角から左折して、県道62号を左折、白鷺橋南交差点を右折、西二階町商店街に入る。今日の終点はこのアーケード街を通り過ぎた大手前通りとした（15時19分、38,504歩）。

※1　旧道は広い県道442号の左側歩道より入る。
※2　今は工事が終わり、道幅が広くなり、私が歩いた時の面影が薄れている。

国宝姫路城

※距離、歩数はその日のスタート地点からの数値を示す。距離は当時の著者の歩幅をめどに計算している。

各順	地　　点	距離(km)	歩数（歩）	通過時刻（時：分）	所要時間（分）
1	相生前日終点	0.00	0	6：56	0：00
2	標柱「是より左あかう城下みち」	0.19	249	6：59	0：03
3	鮎帰（アユカエリ）川・陸（クガ）橋	0.31	402	7：02	0：03
4	大石町（再開発住宅）	0.57	751	7：06	0：04
5	普光沢川橋	0.71	943	7：08	0：02
6	大石町交差点	0.89	1,181	7：10	0：02
7	休憩（創価学会相生文化会館）	−	−	7：14	0：04
8	相野産業	1.23	1,638	7：18	0：04

9	古池大谷川と円岡公園（赤坂1-14）	1.42	1,881	7：22	0：04
10	相生那波野郵便局	2.14	2,849	7：32	0：10
11	北澤酒店（那波野）	2.44	3,246	7：36	0：04
12	出口商店（那波野）	2.67	3,560	7：40	0：04
13	戦役の碑（日露戦争ほか）	2.81	3,738	7：42	0：02
14	新幹線高架下	2.99	3,974	7：45	0：03
15	西池	3.75	4,991	7：58	0：13
16	原西バス停	4.05	5,390	8：03	0：05
17	馬路川・荒神橋	4.29	5,720	8：06	0：03
18	片島本陣趾	4.38	5,839	8：08	0：02
19	高田鉄工所	5.17	6,883	8：19	0：11
20	広い道へ出る	5.38	7,171	8：22	0：03
21	休憩	－	－	8：26	0：04
22	揖保川ときめきセンター	5.71	7,603	8：30	0：04
23	竜野駅	6.15	8,197	8：37	0：07
24	揖保川中学校	6.64	8,851	8：44	0：07
25	明治天皇正條行在所・本陣井口家	6.93	9,228	8：49	0：05
26	休憩	－	－	8：52	0：03
27	揖保川堤防	7.13	9,499	8：55	0：03
28	正條渡し場跡	7.26	9,680	8：58	0：03
29	小川沿いに国2号へ	7.46	9,945	9：01	0：03
30	揖保川大橋（中央）	7.69	10,249	9：04	0：03
31	休憩	－	－	9：13	0：09
32	揖保川大橋（渡り終える）	7.93	10,567	9：16	0：03
33	三星食品角右折	8.24	10,978	9：21	0：05
34	UCC兵庫工場	8.47	11,288	9：25	0：04
35	JR踏切手前左折	8.83	11,765	9：31	0：06
36	播州手延そうめん龍の桜	9.25	12,331	9：37	0：06
37	揖保小学校	9.71	12,946	9：43	0：06
38	乗願寺	10.32	13,752	9：53	0：10
39	寶林寺	10.60	14,130	9：58	0：05
40	十字路（道左側に墓地）	10.97	14,620	10：02	0：04
41	林田川・誉鳩橋	11.46	15,276	10：09	0：07
42	林田川堤防	11.69	15,585	10：13	0：04

43	休憩	–	–	10：32	0：19
44	阿宗神社道標	12.28	16,368	10：40	0：08
45	東芝駐車場	12.71	16,946	10：46	0：06
46	休憩	–	–	10：53	0：07
47	神戸燐寸	13.14	17,509	11：00	0：07
48	太子堂	13.32	17,749	11：02	0：02
49	十字路（北に国179号・県725号合流点）	13.50	17,991	11：07	0：05
50	鵤変電所前の十字路	13.75	18,331	11：10	0：03
51	国179号合流	14.24	18,976	11：17	0：07
52	「姫路12km」の案内標識	14.54	19,386	11：22	0：05
53	休憩	–	–	11：27	0：05
54	太子町東出歩道橋・国道左側の道へ	15.30	20,388	11：38	0：11
55	太田小学校	15.56	20,743	11：44	0：06
56	JA前の交差点	15.89	21,174	11：48	0：04
57	大津茂川	16.17	21,551	11：53	0：05
58	太田の地蔵	16.33	21,762	11：55	0：02
59	黒岡神社入り口	16.47	21,960	11：58	0：03
60	国179号合流	17.49	23,320	12：13	0：15
61	ガソリンスタンド裏道へ左折	17.63	23,502	12：15	0：02
62	国179号原交差点	18.46	24,608	12：28	0：13
63	国179号山田交差点	18.96	25,278	12：38	0：10
64	明治天皇山田御小休所	19.19	25,577	12：42	0：04
65	坂道入り口Ｙ字路、左側の方へ	19.43	25,897	12：45	0：03
66	「山陽道山田峠」標柱	19.69	26,250	12：50	0：05
67	順海寺（ホテルサンシャイン青山の上）	19.96	26,601	12：55	0：05
68	国2号合流・青山西5丁目	20.38	27,168	13：01	0：06
69	休憩	–	–	13：07	0：06
70	青山歩道橋	21.30	28,392	13：21	0：14
71	青山5丁目分岐路左へ	21.61	28,812	13：26	0：05
72	稲岡神社参道入り口	22.18	29,568	13：36	0：10
73	県724号へ出る	22.61	30,134	13：44	0：08
74	夢前川・夢前橋、国2号	22.79	30,385	13：47	0：03
75	夢前橋東詰交差点	23.06	30,745	13：51	0：04
76	県516号へ左折	23.15	30,856	13：53	0：02

77	下手野道標、十字路右折	23.28	31,037	13：56	0：03
78	西今宿1丁目交差点（国2号合流）	24.03	32,031	14：07	0：11
79	国2号跨線橋（姫新線）	24.16	32,208	14：09	0：02
80	西兵庫信金、左へ入る	24.79	33,041	14：16	0：07
81	北在五丁・西丁茶屋中標柱	24.97	33,289	14：20	0：04
82	「西國街道」標柱・姫路高岡郵便局	25.15	33,523	14：23	0：03
83	東今宿交差点	25.65	34,195	14：30	0：07
84	「手づくり郷土賞」記念碑	26.02	34,688	14：36	0：06
85	水尾川・車崎橋	26.31	35,076	14：40	0：04
86	国2号合流、車崎東交差点左折	26.76	35,672	14：47	0：07
87	国2号米田町交差点右折	27.75	36,988	15：01	0：14
88	本徳寺外れ左折	27.98	37,294	15：06	0：05
89	T字路左折	28.10	37,460	15：08	0：02
90	西二階町商店街・古美術伏見堂	28.54	38,045	15：15	0：07
91	西二階町商店街終わり・大手前通り	28.88	38,504	15：19	0：04
2006年6月12日　総距離数28.88km、総歩数38,504歩、総所要時間8時間23分					

8日目

平成18年

姫路ー宝殿

2006年６月13日火曜日

写真１　早朝の二階町商店街

昨日の終点とした西二階町商店街から大手前通りを隔てて二階町商店街が続く（写真１）。今日はここから歩き始める。商店街のアーケードを通り過ぎ、道は姫路元塩郵便局を過ぎてＴ字路で左折する。国道２号坂田町交差点を横断、直進する。広い道路（城南線）に出るが、信号がないので左折して信号のあるところから渡り右折、直進予定地点（姫路市大黒壱丁町31）に戻り左折、すぐＴ字路となるので右折（大黒壱丁町26）、直進する（７時03分、1,730歩）。

国道372号を横断し、東光中学校正門を過ぎ、すぐ光蓮寺角を右折して、川沿いに南下、広い道路（城南線）を横断する。神屋町４丁目に入り、最初の十字路を左折してJR播但線高架下をくぐり、国道312号を横断する（７時25分、3,676歩）。

京町２丁目に入った最初の十字路の三栄自動車手前で左折したが、そのまま進み左へ折れるべきだった。自分の地図と異なる動きをしてしまった。結局地蔵院前で右折、突き当たりで右折して国道２号市川橋西詰交差点に出る。市川橋（440歩、写真２）を渡り切ってすぐ吉野家前の市川橋東詰交差点を横断して堤防上の県道517号の歩道のない道を行くが、通勤の車が多く行き交うので、最初は開店前のパチンコ店の駐車場を歩く。道は立山アルミ工業を曲

写真２　市川橋から上流を望む

がってＴ字路となるので右折する。道は狭く、車がすれちがうのもやっとなので、家々の入り口や側溝上に避けて、車をやり過ごしながら歩く。JR神戸線、ついで山陽新幹線の二つの高架下を通って左斜めへ、四郷（シゴウ）町山脇を用水路沿いに歩く。十字路を直進する。交差する県道517号はここから南へ向かう。道の左手に水田、右手に家々が続く。四郷町山脇の西御着公園に着く（８時12分、7,773歩）。

大きな製革工場前を歩くと「国分寺参道跡」のプレートがある。播磨国分寺跡のことだ。また御着城跡まで600mともある。新幹線高架下からJR神戸線横田西踏切を渡る。しばらくまた左手に水田、右手に家々が続く。国道312号を横断、姫路信用金庫脇を直進する。天川橋を渡って約300歩、御着本陣跡に着く（８時43分、9,742歩）。手前の徳證寺門前には地図入りの史跡説明板がある（写真３）。

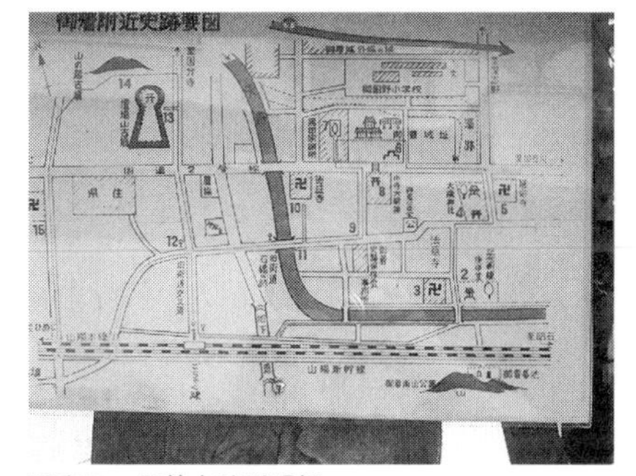
写真３　御着史跡説明板

御国野町御着を通り過ぎ、別所町佐土（サヅチ）に入り、播但連絡道路高架下で休憩する。佐土川に架かる佐土橋を渡り、御着変電所の高圧線鉄塔手前からレンガ道に導かれ、国道２号別所・佐土歩道橋を渡る。レンガ道を直進して別所小学校へ向かう。途中に弁慶地蔵がある。

写真４　別所町小林池付近

別所小学校入り口に着く。別所公民館を過ぎて左手に小林池、大池の二つが並ぶ池の脇の道を歩く（写真４）。飯塚鐵鋼を過ぎて、六騎塚へ至る。突き当たりを右折していったん国道２号へ出て播州倉庫脇から畦道を旧道へ戻るが、本当は突き当たりを左折して播州倉庫北側を回るべきだった。距離的にはほぼ同じである。

道は高砂市に入る。えのき公園、豆崎公民館を過ぎて道は国道２号へ出る。阿弥陀歩道橋から右折して県道212号へ入る。左に大日池がある。JR曽根駅への道を横断して、県道555号高架下を進み、鹿島中学校前へ出る（10時13分、17,261歩）。

道の左側に鹿嶋神社への案内があり、右には地蔵院があり、そこに「明治天皇御遺跡」の石柱があった。阿弥陀小学校跡、阿弥陀東集会所を過ぎて、県道395号を横断、すぐ橋を渡り直進する。道はやがて阿弥陀町北池で国道２号へ出る。阿弥陀歩道橋を渡ってすぐ国道から左の分岐路へ進み、高砂市阿弥陀町魚橋へ入る。正蓮寺があり、保育園児が遊んでいた。また門前には「月の砂漠」碑がある。魚川橋を渡り、県道389号を少し歩いて、高砂北ランプ東の高架下を抜けて神爪（カヅメ）に入り県道387号を歩く。覚正寺を過ぎてまもなく山片蟠桃（ヤマガタバントウ）ゆかりのプレートがあった（写真５）。説明もある。道は途中から県道388号となり、JR宝殿駅手前の踏切を渡って本日の終点、宝殿駅へ着いた（11時17分、23,283歩）。

写真５　山片蟠桃ゆかりのプレート

※距離、歩数はその日のスタート地点からの数値を示す。距離は当時の著者の歩幅をめどに計算している。

各順	地　点	距離（km）	歩数（歩）	通過時刻（時：分）	所要時間（分）
1	二階町商店街入り口	0.00	0	6：43	0：00
2	但陽信金	0.30	395	6：48	0：05
3	姫路元塩郵便局	0.74	979	6：54	0：06

4	国2号坂田町交差点	0.85	1,125	6：56	0：02
5	T字路（姫路市大黒壱丁町26）右折	1.30	1,730	7：03	0：07
6	東光中学校	1.71	2,270	7：08	0：05
7	京口歩道橋（城南線国府寺町交差点）	1.91	2,537	7：12	0：04
8	JR播但線高架下	2.22	2,951	7：17	0：05
9	国312号・県516号交差点	2.76	3,676	7：25	0：08
10	京町2丁目・三栄自動車	3.31	4,410	7：33	0：08
11	東郷歩道橋（市川橋西詰交差点）	3.66	4,867	7：38	0：05
12	市川橋	3.83	5,103	7：40	0：02
13	市川橋東詰交差点、右折	4.16	5,542	7：44	0：04
14	市川橋東詰バス停、右折	4.60	6,124	7：49	0：05
15	JR神戸線・山陽新幹線高架下	4.78	6,372	7：57	0：08
16	四郷町山脇	5.14	6,848	8：02	0：05
17	交差点、四郷町山脇216	5.50	7,322	8：08	0：06
18	西御着公園	5.83	7,773	8：12	0：04
19	水瀬製革所	6.17	8,217	8：17	0：05
20	山陽新幹線高架下・JR神戸線踏切渡る	6.43	8,565	8：22	0：05
21	国312号・御国野南交差点・姫路信金	6.90	9,191	8：28	0：06
22	休憩	－	－	8：37	0：09
23	天川・天川橋	7.08	9,435	8：39	0：02
24	御着本陣跡	7.31	9,742	8：43	0：04
25	大歳神社・延命寺	7.57	10,093	8：47	0：04
26	福乗寺	7.75	10,331	8：49	0：02
27	播但連絡道路高架下	8.31	11,073	8：56	0：07
28	休憩	－	－	9：05	0：09
29	佐土川・佐土橋	8.48	11,299	9：07	0：02
30	別所・佐土歩道橋下	8.73	11,637	9：11	0：04
31	弁慶地蔵	9.10	12,124	9：16	0：05
32	安養寺参道入り口	9.51	12,675	9：22	0：06
33	別所小学校	9.65	12,859	9：24	0：02
34	蓮池（小林池・大池）	10.11	13,467	9：30	0：06
35	飯塚鐵鋼前の交差点	10.27	13,692	9：32	0：02
36	六騎塚	10.59	14,111	9：37	0：05
37	国2号天川歩道橋	11.13	14,839	9：45	0：08

38	播州倉庫脇道終わり	11.37	15,147	9：50	0：05
39	えのき公園・豆崎公民館	11.86	15,813	9：57	0：07
40	国2号合流	12.14	16,182	10：01	0：04
41	阿弥陀歩道橋・県212号	12.29	16,383	10：03	0：02
42	県555号陸橋下	12.56	16,737	10：07	0：04
43	鹿島中学校	12.95	17,261	10：13	0：06
44	地蔵院	13.30	17,728	10：18	0：05
45	阿弥陀小学校跡・阿弥陀みらい公園	13.58	18,095	10：22	0：04
46	県395号横断	14.00	18,661	10：27	0：05
47	魚橋西交差点	14.63	19,499	10：35	0：08
48	正蓮寺「月の砂漠碑」	15.30	20,390	10：46	0：11
49	法華山谷川・魚川橋	15.84	21,111	10：54	0：08
50	国2号高架下	15.99	21,310	10：56	0：02
51	覚正寺	16.37	21,824	11：01	0：05
52	山片蟠桃ゆかりのプレート	16.62	22,157	11：04	0：03
53	小川・用水	16.88	22,494	11：08	0：04
54	JR神戸線一の坪踏切	17.34	23,111	11：14	0：06
55	JR宝殿駅	17.47	23,283	11：17	0：03
2006年6月13日　総距離数17.47km、総歩数23,283歩、総所要時間4時間34分					

高砂市の街道（正面）

9日目　平成18年

宝殿－土山

2006年6月14日水曜日

この日は姫路城見物をした後、神戸三宮に移動した。妻を神戸空港へ送った後、三宮のホテルへ行き、少しでも歩こうと考えてJR宝殿駅へ向かうことにした。宝殿駅から歩き始めたのは16時18分。駅前の通りを東へ向かう（写真１）。高砂市から加古川市へ変わる。旧道脇には自転車駐輪場がいくつかある。少し南を国道２号が並走する。妙見宮鳥居、川西小学校前の４差路を渡り進むと、町の電器屋、酒屋などある。真っすぐ進んで国道２号に合流。交番があり、左手に日本毛織（ニッケ）印南（インナミ）工場がある。加古川橋西詰交差点で県道79号と交差する（16時47分、2,814歩）。

写真１　宝殿駅前の街道

加古川の河川敷には散歩用に道があり、芝生はサッカーでもできそうな幅で続く。加古川橋東詰交差点まで660歩ほど、すぐ左へ入る。ニッケ銀羊苑、渋谷ミシン商会を経て加古川一番街寺家町（ジケマチ）商店街に入る（写真２）。商店街は買い物客は少なく、店舗も古いようだ。17時過ぎなのでやたら自転車での

写真２　加古川市寺家町

往来が激しい。県道18号の広い通りを越えて引き続き加古川一番街寺家町商店街を歩く（17時08分、4,668歩）。

こちらは買い物客が多く、また明るく小ぎれいな店並みが続く。駅前通りとの交差点を直進する。広い通りを横断してメガネストア脇の道路へ入る。すぐ「胴切れの地蔵」、龍泉寺を経て加古川町平野で国道２号へ合流する。別府川手前の平野東交差点から60mほど進んだところで脇道に入り、別府川に架かる二号橋を渡り、直進する。道は国道２号の近くを並走する。野口町坂元の観音寺を経て教信寺に着く。ここに「西国街道」と「風土記の道」の標柱が立つ。野口神社を過ぎて進むと大きな団地に突き当たる。部外者は進入禁止とあるのでJR線路の方へ左折、宮東第一踏切手前で右折し、線路沿いに歩く。加古川サティ（＊イオン）を過ぎて広畑東踏切前の弁当屋（＊ふみ食堂、閉店）から平岡町新在家の旧道へ入る。播州信用金庫を経て東加古川駅前広場に至る（18時25分、11,157歩）。

ここで土山までの距離を調べて行けると判断したので進む。西谷八幡神社を経て国道２号に合流する。右手に平岡小学校がある。上田接骨鍼灸院手前から左へ入る。長松寺、高畑薬師堂、五社大神社を経て平岡町土山へ入る（写真３）。工場脇（＊イオン、ほか）を歩き、JR勝負（ショウブ）下（シタ）踏切を渡る。土山公会堂を過ぎ、喜瀬川に架かる土山橋を渡る。JA加古川南を経て平岡東小学校正門に至るがここでやっと歩道を歩く。それまでは車が来るたびによけることが多かった。今日の終点は土山駅前通りと交差する地点とした。明日歩く道の先にジャスコ（＊イオン）が見える。この付近から明石市だが標示は見えない。そして目の前の県道84号は国道２号やJR土山駅へ向かう車で渋滞していた（19時26分、16,356歩）。

写真３　加古川市平岡町土山

車を避け、行き交う自転車や人に気を使いつつ、駅へ急いだ。歩く道は明石市だが、すぐの国道２号土山交差点付近では加古川市、最後には加古郡播磨町となり土山駅に至る。

※距離、歩数はその日のスタート地点からの数値を示す。距離は当時の著者の歩幅をめどに計算している。

各順	地　　点	距離(km)	歩数（歩）	通過時刻（時：分）	所要時間（分）
1	JR宝殿駅	0.00	0	16：18	0：00
2	県43号高架下	0.52	681	16：25	0：07
3	妙見宮鳥居・松下酒店	0.87	1,149	16：29	0：04
4	川西小学校近くの4差路	1.26	1,670	16：35	0：06
5	国2号合流・交番・日本毛織（ニッケ）工場	1.76	2,345	16：42	0：07
6	加古川橋西詰交差点（国2号と県79号交差）	2.12	2,814	16：47	0：05
7	加古川橋東詰交差点（すぐ左に入る）	2.61	3,470	16：54	0：07
8	ニッケ銀羊苑・渋谷ミシン商会	2.78	3,700	16：58	0：04
9	加古川一番街寺家町商店街（県18号西側）	3.20	4,265	17：04	0：06
10	加古川一番街寺家町商店街（県18号東側）	3.51	4,668	17：08	0：04
11	加古川市民センター	3.77	5,019	17：13	0：05
12	寺家町交差点	3.94	5,243	17：16	0：03
13	メガネストア脇の道	4.29	5,709	17：22	0：06
14	胴切れの地蔵	4.35	5,790	17：23	0：01
15	龍泉寺	4.48	5,964	17：25	0：02
16	国2号合流	4.74	6,319	17：29	0：04
17	吉野家（道の向かい側）	4.95	6,590	17：32	0：03
18	別府川・二号橋	5.19	6,919	17：37	0：05
19	観音寺（野口町坂元）	5.88	7,833	17：48	0：11
20	教信寺・「西国街道」標柱	6.45	8,600	17：56	0：08
21	野口神社東角	6.93	9,232	18：04	0：08
22	藤和東加古川ハイタウン（西側）	7.06	9,408	18：07	0：03
23	JR宮東第一踏切前（右折する）	7.20	9,591	18：09	0：02
24	ハイタウン東側角	7.45	9,926	18：12	0：03
25	JR広畑東踏切前、弁当屋の前の道へ	7.68	10,227	18：15	0：03
26	播州信金	8.17	10,888	18：22	0：07
27	JR東加古川駅	8.37	11,157	18：25	0：03
28	休憩	－	－	18：27	0：02

29	火の見櫓（平岡町西谷）	8.97	11,953	18：37	0：10
30	西谷八幡神社	9.32	12,423	18：43	0：06
31	国2号合流（平岡小学校）	9.40	12,524	18：44	0：01
32	休憩	－	－	18：45	0：01
33	Y字路を左へ入る（上田接骨鍼灸院）	9.78	13,027	18：50	0：05
34	長松寺	10.03	13,364	18：54	0：04
35	高畑薬師堂	10.19	13,576	18：57	0：03
36	五社大神社	10.47	13,949	19：01	0：04
37	JR勝負下踏切	10.75	14,328	19：05	0：04
38	土山公会堂	11.38	15,170	19：13	0：08
39	喜瀬川・土山橋	11.52	15,357	19：15	0：02
40	JA加古川南	11.75	15,663	19：18	0：03
41	平岡東小学校	12.04	16,049	19：23	0：05
42	土山駅前通り十字路（明石市）	12.27	16,356	19：26	0：03
2006年6月14日　総距離数12.27km、総歩数16,356歩、総所要時間3時間08分					

加古川橋から上流を写す、見えるのはJR鉄橋

10日目

平成18年

土山－明石

2006年6月15日木曜日

朝8時49分、雨の中、明石市魚住町清水を歩き始める（写真1）。すぐ土山綜合市場があり、少し離れているが隣り合わせるようにジャスコ（＊イオン）がある。県道514号を横断する。ここから明石西インターが近い。車を気にしながら真っすぐ進み、清水川を渡る。病院や小学校が望める。瀬戸川を渡って西福寺から少し上りとなる。清水神社を過ぎる（9時26分、3,143歩）。

写真1　明石市魚住町清水

魚住小学校の門の前には警備員らしき人物が2人もいた。小学校手前にも池があり、学校は十七号池に囲まれているはずだがはっきりしなかった。池に沿い歩く。魚住町長坂寺の道を上りながら長坂寺を探していたら、「長坂寺遺跡」の標柱があったきりだった。この辺りから下りとなる。障害者施設をつくるとの看板があり、住所は「長坂寺字横山」とされていた。池と池の間の道を下り切ったところに天理教長池分教会がある。その先には道の右側に長坂寺鉄筋住宅がずらりと並ぶ。道に金ケ崎自然公園（＊金ケ崎公園）標

写真2　「左大山寺道」石柱（街道は右へ）

示があるところを過ぎ、正覚寺前を少し行ったところに「左大山寺道」の石柱があった（10時15分、7,277歩、写真2）。

ここでうっかり確かめもせず、道を左に取ったが、これは間違いだったと気づき引き返した。この間の時間的ロスは記録では休憩という形にしてある。

写真3　コカ・コーラ工場手前は石段

引き返して右へ進み、金崎宮鳥居のある神社参道に出る。真っすぐ進む。住宅街を抜け、大きな鉄工所など工場の間を進むと、コカ・コーラ工場横の道に突き当たる。直前の道の左には水田、右には牛舎があり、最後は狭いスロープの部分と4段ほどの石段になっていた。車は通れない（10時39分、8,647歩、写真3）。

写真4　大久保洋裁学院前の「明治天皇大久保御小休所建物」の石柱

牛の匂いを感じながら国道2号に出てコカ・コーラ工場、西脇橋（赤根川）を経て富士通工場前を歩く。大久保西交差点付近は工事中だったが、コンビニで休みながら眺めると道筋が見えてきた。工事中の警備員の指示を受けながら右手の旧道へ入る。大久保駅前通りを越えたところに案内板があった。そこに書かれていた「明治天皇大久保御小休所建物」標柱は大久保洋裁学院の門の前にあった（写真4）。ところがもう一つ探していた「大久保本陣跡」はついに見つけられなかった。後で知ったが、肝心な場所には案内はないそうだ。分からないはずである。どうやら、もう少し先の常

写真5　大久保を歩く

徳寺付近だったらしい。そういえば旧家らしい家があった（11時26分、11,782歩、写真５）。

住吉神社を経て、右に水路のある道を歩いていくとレンタルのTSUTAYAの前で国道２号と合流する。その先のコンビニで少し休んでしばらく行った後、中谷東交差点の少し先から右へ入る。マンションの間の道を歩いて三社神社駐車場へ出る。国道250号を横断するためいったん国道２号小久保交差点へ出て渡り、すぐ日産販売店（＊日産レンタカー）前を右折、そして左折して西明石駅高架下に至る（12時09分、14,736歩）。

山陽本線西明石駅に続く道を横断すると左角に丹波屋という店があった。有名な店のようだ。花園町の姫路信用金庫を経て、松の内交差点手前で国道２号に合流する。国道２号を歩き、西明石町５丁目とある交差点から道路左側へ横断して平安祭典の建物横の小路へ入る。和坂小学校手前の「お好み焼き愛ちゃん」から右の道へ入り（写真６）、住宅街を進む。十字路を車進入禁止とある道へ進む。和坂１丁目５と６の十字路を真っすぐ進む。坂上寺（かにがさかのお大師さん）に出る。下って明石市バス車庫（＊明石市立東部学校給食センター）がある和坂１丁目交差点で、国道175号を横断する（12時45分、17,812歩）。

写真６　ここから右へ入る（和坂３丁目７）

王子１丁目４で王子公園へ左折してトイレ休憩をする。再び元の道へ戻り歩く。十輪寺前から右折したが、本当はもう少し直進して右折すべきだったので、すぐ左折してその道に出た。右折して、南へ向かう。JR高架下を過ぎて今度は国道２号へ出ると山陽電鉄踏切（＊高架）があり、西新町駅があった（13時13分、19,791歩）。

西新町３丁目の変則十字路で斜め左の道が正しいと判断して入る（写真７）。住宅と商店の間の道を少し歩くと県道718号の大観橋に着く。橋を渡って少し歩き、本町一番街の歩道に入ると屋根があったので雨に打たれず歩く

写真7　写真正面の道に入る

ことができた。本日の終点は県道に続く市道が駅前通りと交差する地点、本町1丁目7とする（13時38分、21,974歩）。明石駅地下街で名物明石焼き（たこやき）を食べて三宮のホテルへ帰った。

※距離、歩数はその日のスタート地点からの数値を示す。距離は当時の著者の歩幅をめどに計算している。

各順	地　点	距離(km)	歩数（歩）	通過時刻（時：分）	所要時間（分）
1	土山駅前通り十字路（明石市）	0.00	0	8：49	0：00
2	ジャスコ	0.19	275	8：52	0：03
3	県514号交差点	0.42	614	8：57	0：05
4	水準点（個人戦没碑）	1.13	1,659	9：09	0：12
5	清水川・清水橋	1.57	2,306	9：15	0：06
6	瀬戸川・瀬戸川橋	1.82	2,664	9：20	0：05
7	西福寺	1.99	2,925	9：23	0：03
8	清水神社	2.14	3,143	9：26	0：03
9	交差点（コイン精米所）	2.68	3,927	9：37	0：11
10	魚住小学校	3.25	4,776	9：46	0：09
11	長坂寺遺跡の標柱	3.76	5,515	9：55	0：09
12	天理教長池分教会	4.10	6,028	10：01	0：06
13	金ケ崎自然公園標示	4.64	6,819	10：09	0：08
14	正覚寺	4.89	7,177	10：14	0：05
15	「左大山寺道」石柱	4.94	7,277	10：15	0：01
16	休憩	–	–	10：25	0：10
17	金崎宮神社参道	5.22	7,690	10：29	0：04
18	コカ・コーラ工場西側	5.88	8,647	10：39	0：10
19	国2号大久保西交差点（右手の旧道へ）	6.55	9,635	10：49	0：10
20	休憩	–	–	10：58	0：09
21	大久保駅前通り	6.93	10,204	11：06	0：08
22	「明治天皇大久保御小休所建物」石柱	7.33	10,780	11：12	0：06

23	東川・大谷橋	7.57	11,141	11：17	0：05
24	谷八木川・大久保橋	7.82	11,506	11：21	0：04
25	常徳寺	8.01	11,782	11：26	0：05
26	住吉神社	8.59	12,641	11：34	0：08
27	国2号合流・TSUTAYA前	8.88	13,067	11：40	0：06
28	コンビニ	9.26	13,629	11：45	0：05
29	休憩	－	－	11：50	0：05
30	国2号より右へ入る	9.47	13,939	11：54	0：04
31	三社神社	9.68	14,243	11：57	0：03
32	休憩	－	－	12：02	0：05
33	国2号小久保交差点・日産	9.94	14,629	12：07	0：05
34	山陽新幹線西明石駅高架下	10.02	14,736	12：09	0：02
35	山陽本線西明石駅前	10.23	15,048	12：13	0：04
36	国2号合流・たご整形外科	10.59	15,577	12：19	0：06
37	西明石町5丁目交差点	10.83	15,931	12：24	0：05
38	十字路（車進入禁止の道へ）	11.45	16,843	12：35	0：11
39	十字路（和坂1-5）	11.65	17,141	12：38	0：03
40	坂上寺（かにがさかのお大師さん）	11.96	17,602	12：43	0：05
41	国175号との交差点	12.11	17,812	12：45	0：02
42	王子1-4（王子公園近く）	12.75	18,761	12：55	0：10
43	休憩	－	－	12：59	0：04
44	十輪寺	12.85	18,908	13：01	0：02
45	JR神戸線高架下	13.25	19,499	13：10	0：09
46	国2号横断・山陽電鉄西新町駅	13.45	19,791	13：13	0：03
47	変則十字路左折	13.62	20,037	13：18	0：05
48	明石川・大観橋（県718号）	13.83	20,338	13：22	0：04
49	本日終点（本町一番街）・明石銀座通り	14.94	21,974	13：38	0：16
2006年6月15日　総距離数14.94km、総歩数21,974歩、総所要時間4時間49分					

11日目

平成18年

明石－神戸三宮

2006年6月16日金曜日

写真1　大日本中央標準時子午線通過地識標

今日は晴れである。昨日の終点地点へ向かうと「明石銀座」とあった。出発は6時56分。道は、昨日駅前通りへ曲がる前の道（県道718号を直進した道）から1本北の道を選んだ。検察庁・裁判所を過ぎた交番の角に「大日本中央標準時子午線通過地識標」があった（写真1）。道案内の石柱もある。ここは明石市天文町2丁目だ。ここを左折、すぐ右折して大蔵天神町、大蔵本町へと進むと稲爪神社参道がある（7時23分、1,582歩）。

ここからすぐの大蔵中町にある大蔵会館前に昨年（2005年）設置された説明板には、大蔵宿(シュク)について書いてあり、1704（宝永元）年には本陣・旅籠61軒とある（写真2）。道は朝霧橋で国道2号と合流する。ここから国道を跨ぐ陸橋下を通り国道2号を歩く。道の右手先には大蔵海岸海水浴場がある。左手の方にはJRと山陽電鉄が階段状に線路をなす。折から通勤時間とあってJR朝霧駅のホームは人でいっぱいだった。私の歩く道には時々ジョギン

写真2　大蔵宿跡

グする人を見かけた。遠くに明石海峡大橋が見え、車は本当に小さく見える。国道２号線沿いに神戸市の境標示があった（７時49分、3,874歩）。

山田橋を渡り、西舞子地下道手前から右へ入り、西国街道を進む。狭い道を行くと舞子六神社があった（写真３）。道は再び国道２号へ合流する。道向かいに舞子延命地蔵があり、お参りしたかったが、横断すると短命になりそうでやめた。JR舞子駅は上を走る神戸淡路鳴門自動車道の明石海峡大橋とつながっているが、その橋下から眺めるだけで壮大さが実感できる（８時22分、6,774歩）。

写真３　左は舞子六神社

舞子公園内も歩けるようだったが、国道２号を歩く。コンビニで数分休憩する。車の騒音の中をひたすら歩く。JRと山陽電鉄の電車が行き交う。時々JR貨物の列車が走るが、車台が見えないのでまるでコンテナだけが走っているみたいだ。海神社を過ぎたところの国道上に「大阪47㎞ 三宮16㎞」の案内標識があった。玉林禅寺を過ぎて福田橋に至る。

国道の右側、垂水区平磯１丁目を歩く。国道左側は平磯２丁目である。道脇は崖で、JR神戸線ついで山陽電鉄が走り、住宅地はさらにその崖上にある。山陽電鉄東垂水駅と平磯海づり公園を結ぶ平磯横断歩道橋は両線路を跨ぐ。

塩屋町１丁目に「本日の気温26℃」の表示板がある。JR塩屋駅から道は上り、跨線橋となって山陽電鉄と並ぶ。橋の下を通ったJRの電車が、今度は海岸沿いへ出て、私の歩く道の右下を騒音を上げて走り行く。須磨区の境標示があった。須磨浦公園で休憩することにした。公園は山陽電鉄須磨浦公園駅と一体化している。足が痛いのでしばらく休憩する（10時14分、16,692歩）。

休憩後歩き始めたら工事にぶつかり、公園内を歩かされた。村上帝社のある千守（チモリ）交差点に着く。ここで国道２号を離れて左に入り山陽電鉄に沿い歩く。西須磨公設市場を経て神戸西須磨郵便局に至ると辺りは道路拡張工事中だった。月見山妙興寺、同浄徳寺の参道口を経て進むと阪神高速３号神戸線高架

写真４　須磨区大田町交差点

下に至る。ここから道は県道21号となる。妙法寺川に架かる三の井橋を渡ると右手に須磨警察署があり、少し行くと左手に神戸大田郵便局がある。大田町交差点に「旧西國街道」標柱があった（写真４）。西代（ニシダイ）通１丁目交差点のコンビニで休憩しつつ、道を確認する。道路左手に蓮池小学校、西代蓮池公園を見ながら歩くと長田神社参道鳥居が見えた（12時20分、25,531歩）。

新湊川橋を越えて長田区役所前を過ぎて、まもなく道は南から来た国道28号に合流する。進行方向に神戸市立医療センター西市民病院が見えてきたのでほっとしたのか歩数や時刻などを記録するのを忘れて、通過した後、日産プリンスまで来てから記録した。ここから右へ入り、兵庫駅へ向かう。駅前

写真５　西惣門跡（兵庫区西柳原町）

から高架に沿って進み、柳原交差点で高架下を通り、すぐの５差路を柳原蛭子神社と福海寺の間の道に入る。ここに西国街道の説明板があり、「西惣門跡」の標柱もある（写真５）。阪神高速３号高架下を通り、神明神社を経て兵庫区本町２丁目１の角に「札場の辻跡」説明板がある（13時12分、29,517歩）。

ここを左折し、本町公園を経て進むと道は本町１丁目で再び阪神高速３号高架下に突き当たる。進む先が見えているが通れないので右折して高架下の七宮交差点を横断して左折し、先ほど見えていた道に入る（兵庫町１丁目１）。建物に「フジ医療器」とある。道は先ほどの七宮交差点につながる広い通りに出るが、ここに湊八幡神社があり、「西國街道兵庫湊口惣門跡」の説明板がある。道は大きな通りに斜めに交差しているが、そのまま直進する。さらにJR高架下を通り、「西国街道」標柱に従い真っすぐ進み、新開地６丁目より

ブロック舗装された道を歩く。JR神戸駅前へ出る。左折してバスターミナルを迂回して、高架下を通り、高架沿いに進み、県道21号で右折､元町商店街入り口に着く。ここに「兵庫県里程元標」の石柱がある（13時58分、32,980歩、写真６）。

写真６　兵庫県里程元標（元町商店街入り口）

元町商店街の華やかなアーケード通りをゆっくり歩く。宣伝用のお茶などもらって飲み、また疲れたのでドリンクも求めた。店ももっとのぞきたいが我慢して進む。商店街を出て大丸横を歩く。三宮神社では立ち寄ってお参りした。三宮町２丁目１のみなと銀行より左折する。浜街道を選ばず、直進してJR高架下を進み、東急ハンズ前の交差点で右折する。JR三ノ宮駅前に出る。ロータリーを過ぎ高架沿いに歩く。右折して高架下を通り、スクランブル交差点をダイエー方向に渡る。そこに「旧西國街道」標柱があり、説明板に本街道と浜街道の図が描かれている(写真７)。今日はここを終点とする（14時55分、37,040歩）。

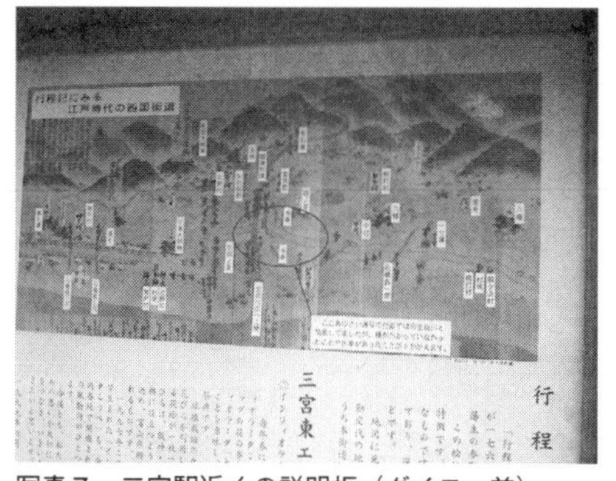
写真７　三宮駅近くの説明板（ダイエー前）

この後ダイエーで買い物し、食事した後にすぐ近くのホテルに帰った。

※距離、歩数はその日のスタート地点からの数値を示す。距離は当時の著者の歩幅をめどに計算している。

各順	地　　点	距離(km)	歩数（歩）	通過時刻（時：分）	所要時間（分）
1	明石銀座	0.00	0	6：56	0：00
2	明石市立保健センター	0.27	390	7：00	0：04
3	柿本神社石柱（天文町2丁目）	0.52	762	7：04	0：04
4	休憩	−	−	7：11	0：07

5	検察庁・裁判所	0.64	940	7：15	0：04
6	交番・「標準時子午線」標柱・道案内の石柱	0.76	1,113	7：17	0：02
7	稲爪神社参道	1.08	1,582	7：23	0：06
8	西林寺（案内）	1.40	2,046	7：27	0：04
9	国2号合流（朝霧川・朝霧橋）	1.83	2,689	7：35	0：08
10	JR朝霧駅下	2.41	3,530	7：44	0：09
11	神戸市に入る（垂水区）	2.64	3,874	7：49	0：05
12	山田川・山田橋	3.43	5,041	8：00	0：11
13	山陽電鉄西舞子駅手前を右へ入る	3.56	5,227	8：03	0：03
14	舞子六神社	3.82	5,612	8：07	0：04
15	国2号合流・東橋・舞子延命地蔵	4.12	6,055	8：12	0：05
16	JR舞子駅	4.50	6,614	8：20	0：08
17	舞子海上プロムナード・本州四国連絡橋下	4.61	6,774	8：22	0：02
18	コンビニ	5.70	8,373	8：38	0：16
19	休憩	–	–	8：47	0：09
20	JR垂水駅・山陽電鉄山陽垂水駅	6.62	9,729	9：00	0：13
21	海神社	6.72	9,876	9：02	0：02
22	玉林禅寺	6.94	10,204	9：06	0：04
23	福田川・福田橋	7.01	10,304	9：07	0：01
24	山陽電鉄東垂水駅・平磯横断歩道橋	7.56	11,117	9：16	0：09
25	下水処理場前交差点	7.85	11,538	9：21	0：05
26	国2号塩屋町一丁目交差点	9.04	13,294	9：39	0：18
27	塩屋ポンプ場	9.21	13,530	9：41	0：02
28	国2号塩屋交差点	9.48	13,940	9：45	0：04
29	JR塩屋駅・山陽電鉄山陽塩屋駅	9.61	14,128	9：47	0：02
30	国2号JR跨線橋	9.82	14,441	9：51	0：04
31	須磨区境標示	10.54	15,491	10：02	0：11
32	距離標（大阪まで43km）	10.85	15,947	10：07	0：05
33	須磨浦公園・ロープウェイ	11.36	16,692	10：14	0：07
34	休憩	–	–	10：28	0：14
35	神戸市勤労会館海の家	11.97	17,595	10：38	0：10
36	神戸信金	12.83	18,862	10：55	0：17
37	休憩	–	–	10：58	0：03

38	村上帝社・千守交差点	12.95	19,039	11：00	0：02
39	神戸西須磨郵便局	13.50	19,845	11：10	0：10
40	三井住友銀行	14.08	20,702	11：19	0：09
41	月見山妙興寺参道口	14.26	20,956	11：22	0：03
42	月見山浄徳寺参道口	14.41	21,189	11：26	0：04
43	阪神高速3号高架下	14.59	21,452	11：29	0：03
44	妙法寺川・三の井橋・須磨警察署	15.04	22,105	11：37	0：08
45	旧西国街道標柱・大田町交差点	15.81	23,250	11：49	0：12
46	西代通1丁目交差点	16.42	24,142	12：00	0：11
47	休憩	－	－	12：06	0：06
48	長田神社参道鳥居	17.37	25,531	12：20	0：14
49	新湊川・新湊川橋	17.46	25,671	12：22	0：02
50	長田交差点	17.69	26,013	12：26	0：04
51	神戸市立医療センター西市民病院	18.36	26,992	12：40	0：14
52	JR兵庫駅	19.08	28,051	12：52	0：12
53	高架下（柳原蛭子神社・福海寺の間へ）	19.38	28,495	12：57	0：05
54	国2号・阪神高速3号高架下	19.71	28,979	13：03	0：06
55	神明神社	19.85	29,184	13：07	0：04
56	「札場の辻跡」（本町2-1）	20.08	29,517	13：12	0：05
57	国2号・阪神高速3号高架下（突き当たる）	20.44	30,046	13：18	0：06
58	七宮交差点（高架下）・遠回り	20.59	30,276	13：22	0：04
59	フジ医療器	20.74	30,493	13：24	0：02
60	湊八幡神社・西國街道兵庫湊口惣門跡	20.91	30,736	13：27	0：03
61	JR高架下	21.05	30,955	13：32	0：05
62	新開地6-1	21.28	31,288	13：37	0：05
63	コンビニ	21.51	31,623	13：42	0：05
64	JR神戸駅前	21.72	31,940	13：45	0：03
65	交差点（駅前ターミナル向かい側）	21.86	32,142	13：48	0：03
66	JR高架下	22.12	32,518	13：53	0：05
67	兵庫県里程元標・元町商店街入り口近く	22.43	32,980	13：58	0：05
68	走水神社	22.75	33,451	14：06	0：08
69	元町商店街出口・大丸前	23.73	34,896	14：23	0：17
70	三宮神社	23.90	35,133	14：26	0：03
71	休憩	－	－	14：30	0：04

72	みなと銀行前	24.02	35,316	14：33	0：03
73	JR高架下	24.27	35,679	14：38	0：05
74	東急ハンズ前の交差点	24.49	36,012	14：43	0：05
75	休憩	−	−	14：45	0：02
76	JR三ノ宮駅前	24.93	36,650	14：50	0：05
77	JR高架下	25.13	36,942	14：54	0：04
78	西国街道説明板・ダイエー	25.19	37,040	14：55	0：01
2006年6月16日　総距離数25.19km、総歩数37,040歩、総所要時間7時間59分					

明石海峡大橋を望む

12日目

平成18年

神戸三宮ー西宮

2006年６月17日土曜日

雨模様であるがまだ大丈夫のようだ。朝寝して、ホテルの精算を済ませ、荷物を三ノ宮駅のロッカーに預けたりして出発したのは８時45分。道の左側が神戸市中央区旭通、右側が同区雲井通の両町間を東へ進む(写真１)。新幹線の新神戸駅へ北上する広い道を横断して生田川に出る。雲井橋付近は工事中であった。左側日暮通、右側吾妻通の間を進み、吾妻通４丁目１の右側に「旧西國街道」説明板と標柱があった。春日野道商店街のアーケードを横目に進むと左に住友ゴム工業のビルがある（９時08分、2,119歩)。

写真１　道の左は旭通、右は雲井通

阪神電鉄高架下を通って、すぐ左に子安地蔵がある。その先に神鋼ビルがある。中央区最後の地点、脇浜公園に着く。公園入り口に「旧西國街道」と刻んだ岩が置かれていた(写真２)。うっかり公園を過ぎて灘区岩屋北町に入るがすぐに間違いに気づき引き返す。再度脇浜公園から今度は左折して進む。高さ1.6m（＊2.5m）までとした神戸臨港線跡高架があり、警備員もつけ

写真２　脇浜公園の「旧西國街道」碑

てあった。くぐる時、もっと高さはありそうだと感じた。ここですぐ右折して線路跡沿いに行くべきところを神戸朝鮮初中級学校横の道へと直進してしまった。JR灘駅に出たので、もう一度例の高架下まで引き返す。記録では休憩としたが。

今度は線路沿いに灘駅前に出て、いったん駅側へ道路横断し、右折して少し上る。そこにある青陽東養護学校では運動会が始まったところだった。道を歩いている人が多いと思ったが、実は皆保護者たちだったようだ。さらに少し坂を上ったところで道は灘橋と岩屋橋、JR神戸線の高架上となる。私は灘区岩屋北町を東へ進むことにして岩屋橋のところに立つ（９時42分、3,830歩）。

下って右折して西灘保育所、東神戸給食センター前の道に入る。西郷川に架かる岩屋中橋を渡って進む。敬学堂を過ぎてすぐ道は西灘交差点で国道２号と合流する。ここにある船寺歩道橋は中央で２方面に行けるようになっている。歩道橋横を通って国道２号の左側歩道を進む。ここは渡って右側を歩くべきだったと思う。原田中学校前交差点で国道２号を横断して道路右側へ出る。少し進んで商店と厄除八幡の碑の間の道へ右折し、すぐ中学校東側Ｔ字路を左折して船寺通１丁目６と７の間の道へ入る（写真３）。都賀（トガ）川に架かる下河原橋を渡る。道は少し右へ曲がる。鹿ノ下通３丁目２と大石東町６丁目８の間にある道を進む。烏帽子町の烏帽子公園に至る（10時24分、6,906歩）。

写真３　原田中学校から入った道

公園北側に烏帽子中学校がある。浜田町と友田町の間を歩き、記田（キダ）町へ入る。ここは灘区と東灘区の境界である。記田町４丁目１で県道95号を横断する。コンビニがある。石屋川の西国橋から左折して行くと「徳川道」の説明板があった。真っすぐ進み国道２号を横断して御影公会堂に至る。トイレを借用、休憩する。地下食堂の営業が始まっていた。

ここから住吉川までは国道２号を行く。御影高校前に高校生がたむろしていたが、文化祭があるためのようだ。東灘警察署前を通り、やがて本住吉神社参道に着くが、すぐ近くの交差点を挟んで「西國街道」の案内（写真４）と「有馬道」の石柱があった。1927（昭和２）年開通の国道２号は「本街道」とつかずはなれずであったと記されている（11時19分、10,598歩）。

写真４　「西國街道」標柱（住吉交差点）

東灘区役所を過ぎるとすぐ住吉橋を渡る。渡ってすぐ水道局東部センターがあり、その隣のコープこうべの横筋へ左折する。突き当たりを右折するが、左折側に道が少し残されていた。十字路の左の東灘区田中町５丁目４の角に「くび地蔵」があり、由来の説明板がある。真っすぐ進むと本山南中学校がある。田中町３丁目９の甲南教会の前の道を横断して小路へ入る。突き当たりを右折し、国道２号へ出て左折する。道路向かい側に神戸信用金庫がある。三王神社参道の方向から、旧道を想定できる。国道２号の左側をひたすら歩く。天上川橋を渡り、籾取交差点に続き赤鳥居前交差点を過ぎ、JR甲南山手駅への道を横断、さらに森南交差点を過ぎると、芦屋市の境標示が見えた（12時32分、15,802歩）。

芦屋川に架かる業平橋を渡って（写真５）、しばらく行った三八通北交差点で道の右側へ横断して、いきなり三八通へ入ったが、もう少し先の茶屋之町北交差点手前から右斜めに入るのが正しいようだ。芦屋市茶屋之町１に来るとその道が確認できた。道は宮塚町に入り、宮川に架かる西国橋を渡る（写真６）。芦屋市に入って雨が降り始めていた。打出小槌町に入るが、道が判

写真５　芦屋川の業平橋から上流を望む

写真6　正面が西国橋

然としない。多くはマンションに遮られている。市道に出て歩くと、道の右側に芦屋打出小槌郵便局がある。すぐの交差点角（春日町3番3）に阿保親王の石柱がある。直進して春日町5で右折して小路へ入り、阪神本線に沿って歩く。突き当たりを右折して阪神本線踏切を渡り、左折して進む。打出町付近で浜街道と本街道が合流するらしいが分からない。阪神本線と阪神高速3号高架との間の道を歩く。西宮市弓場町に入り、やがて夙（シュク）川に至る（13時48分、20,805歩）。

写真7　西宮神社

阪神香櫨園駅があり、駅は夙川を跨いでいる。駅前の通りを行くと「西宮成田山」の大きな文字が見えた。圓満寺である。道からすぐなのでお参りする。この隣が西宮神社[※1]である（写真7）。今日は神社の南角の戎前交差点を終点とする（14時06分、21,656歩）。

ここから神社を見ながらJR西宮駅に向かったが、人に聞いたりしてやっと辿り着いた。疲れた身には遠かった。阪神西宮駅に行くべきだった。

※1　案内では「阪神西宮駅」南出口から徒歩すぐ、「JRさくら夙川駅」から徒歩8分、「JR西宮駅」から徒歩15分。

※距離、歩数はその日のスタート地点からの数値を示す。距離は当時の著者の歩幅をめどに計算している。

各順	地　　点	距離（km）	歩数（歩）	通過時刻（時：分）	所要時間（分）
1	三宮「西國街道」説明板	0.00	0	8：45	0：00

2	生田川（左「新神戸駅」）	0.65	860	8：55	0：10
3	「旧西國街道」説明板・石柱	0.98	1,299	8：59	0：04
4	春日野道商店街アーケード	1.45	1,923	9：05	0：06
5	住友ゴム工業	1.59	2,119	9：08	0：03
6	阪神電鉄高架下	1.85	2,459	9：12	0：04
7	脇浜公園	2.31	3,079	9：20	0：08
8	休憩	－	－	9：23	0：03
9	神戸臨港線跡高架下	2.41	3,202	9：26	0：03
10	休憩	－	－	9：35	0：09
11	JR灘駅前通り	2.58	3,434	9：37	0：02
12	青陽東養護学校	2.68	3,572	9：39	0：02
13	JR高架上（岩屋橋・灘橋）	2.88	3,830	9：42	0：03
14	岩屋北町2-5・西灘保育所	3.15	4,188	9：47	0：05
15	西郷川・岩屋中橋	3.33	4,431	9：51	0：04
16	敬学堂	3.58	4,763	9：55	0：04
17	国2号合流・西灘交差点船寺歩道橋	3.67	4,888	9：57	0：02
18	西灘地下道入り口	3.85	5,128	9：59	0：02
19	原田中学校前交差点	3.98	5,299	10：01	0：02
20	休憩	－	－	10：05	0：04
21	厄除八幡の碑（原田中学校東側へ右折）	4.11	5,475	10：07	0：02
22	原田中学校東側Ｔ字路左折	4.18	5,572	10：09	0：02
23	都賀川・下河原橋	4.33	5,773	10：12	0：03
24	烏帽子公園（公園北に烏帽子中学校）	5.18	6,906	10：24	0：12
25	左・友田町3-2、右・浜田町3-5	5.54	7,383	10：30	0：06
26	友田町1-1	5.80	7,728	10：34	0：04
27	休憩	－	－	10：36	0：02
28	県95号横断	6.13	8,167	10：40	0：04
29	石屋川・西国橋	6.50	8,655	10：47	0：07
30	休憩	－	－	10：51	0：04
31	国2号御影公会堂前交差点	6.71	8,946	10：55	0：04
32	休憩	－	－	10：59	0：04
33	御影中前交差点	7.21	9,612	11：06	0：07
34	東灘警察署	7.44	9,916	11：10	0：04
35	本住吉神社参道	7.92	10,558	11：17	0：07

36	「西國街道」標柱と説明板・「有馬道」石柱	7.95	10,598	11：19	0：02
37	JR住吉駅入り口	8.12	10,818	11：22	0：03
38	東灘区役所	8.49	11,311	11：28	0：06
39	六甲ライナー高架下・住吉橋	8.61	11,467	11：30	0：02
40	コープこうべ角左へ	8.78	11,700	11：33	0：03
41	くび地蔵（田中町5-4）	8.88	11,827	11：35	0：02
42	本山南中学校	9.15	12,197	11：41	0：06
43	日本基督教団甲南教会	9.46	12,611	11：46	0：05
44	国2号合流（田中町2-3右折）	9.60	12,792	11：49	0：03
45	天上川・天上川橋	9.77	13,023	11：52	0：03
46	籾取交差点・コンビニ	11.01	14,668	12：10	0：18
47	休憩	−	−	12：15	0：05
48	赤鳥居前交差点・稲荷之社石柱	11.23	14,963	12：19	0：04
49	芦屋市境標示	11.86	15,802	12：32	0：13
50	前田町交差点	12.31	16,407	12：40	0：08
51	業平橋西詰交差点・芦屋川	12.56	16,734	12：43	0：03
52	三八通北交差点（茶屋之町北と間違う）	12.99	17,307	12：49	0：06
53	休憩	−	−	12：53	0：04
54	茶屋之町2角左折（右は大桝町）	13.08	17,434	12：55	0：02
55	宮川・西国橋（交差点角）	13.58	18,096	13：03	0：08
56	打出小槌町4へ入る	13.69	18,242	13：06	0：03
57	打出小槌町12-8左折（市道に出る）	14.00	18,662	13：14	0：08
58	阿保親王の石柱（交差点角）	14.16	18,872	13：17	0：03
59	春日町5で小路へ入る	14.36	19,135	13：24	0：07
60	春日町18突き当たり右折踏切横断	14.73	19,639	13：30	0：06
61	西宮市へ入る	14.95	19,924	13：35	0：05
62	夙川・夙川橋・阪神香櫨園駅	15.61	20,805	13：48	0：13
63	西宮市市庭町5	15.83	21,094	13：53	0：05
64	圓満寺・西宮神社	16.09	21,452	13：56	0：03
65	休憩	−	−	14：03	0：07
66	戎前交差点	16.25	21,656	14：06	0：03
2006年6月17日　総距離数16.25km、総歩数21,656歩、総所要時間5時間21分					

13日目

平成18年

西宮－大阪加島

2006年７月４日火曜日

新幹線を新大阪駅で降りて宿泊予定のホテルに荷物を預ける。すぐ西宮に向かう。阪神西宮行きがいいのだがよく分からないのでJRで行った。

西宮神社向かいの西宮市本町９の角から東へ進む(写真１)。道は単線だが両脇には歩行者・自転車用に広い幅員を取ってある。２車線になっているところでは歩く部分はないが車が少ないので危険はない。金物屋、建材店などあり、また「旧国道」の標識がある。この標識は道々よく見られた。六湛寺(ロクタンジ)川の宝橋を渡ってすぐ東川の本町橋があり、両河川はここで合流する。染殿(ソメドノ)町を歩き、「福祉センター筋」を越える。当地はこのような「○○筋」が多い（14時32分、1,220歩)。

写真１　西宮神社前より入る

津門川(ツトガワ)町に入る。津門川の津門川橋を渡る。阪神本線高架下をくぐってすぐ左に阪急今津駅、右に阪神今津駅が接するところを歩く(写真２)。阪神は東西にほぼ旧道と並行するが、阪急はここから北へ向かう。右側近くを走る国道43号とその上を走る高速道路の音が

写真２　阪神今津駅前

うるさい。今津駅を過ぎてすぐ津門呉羽（ツトクレハ）町に浄願寺がある。進んで「津門日吉筋」に出る。すぐ先では、南の西宮インターチェンジとつなぐ名神高速道路が北へ走る。コンビニで買い物をして少し休む。真っすぐ東へ進む。小さな川に架かる浜田橋は、やや大きい新川に架かる新川橋に接している。新川橋近くにもコンビニがあった（15時07分、3,750歩）。

道は広くなり、歩道も広く、並木道となっている。中津浜線、「甲子園筋」を横断して甲子園五番町に入る。この甲子園筋は南の甲子園球場へ向かう。歩く道に球場行きのバスが走ってきた。鳴尾（ナルオ）北幼稚園近くに歩道橋があるが、近くに小学校があるからだろうか。

写真3　岡太神社と「旧国道」の標識

「本郷学文筋」を越える。ここにも何度か見た「旧国道」標識がある。すぐ北に学文中学校がある。小曽根線を横断して進むと岡太（オカタ）神社がある（写真3）。武庫川目指して少し上るが、高校生の自転車の一団がすごいスピードで下ってきて全員が横の小路へ入った。見ると「小松商店街」とあった。初めて見る武庫川は大きかった。河原も整備されていた。橋手前に「旧国道」の標識がある（15時46分、7,193歩）。

橋の中央から先は尼崎市である。橋を渡って、下る道を見たら驚いた。歩道がない。これではまるで自動車道であるが、自転車で上ってくる人がいたのでそのまま歩いて下った。下り切って振り返ると道脇に下りる階段と細い道が見えた。大庄（オオショウ）小学校と幼稚園の前を過ぎる。校門の向かい側に警官が2人立っていた。道脇に何かあるなと思って横断する。「中国街道（旧国道）」という説明図があった。また「琴浦通り」と記した石碑はまだ新しい（写真4）。しばらく行くと今度は警備員が筋ごとに2人ずつ立っている。そして人も多い。理由はすぐ分かった。道の南に尼崎競艇場（ボートレース尼崎）があったからだった。レースが終わったらしく帰る人が大勢歩いている。通りの名の由来である琴浦神社に至る（16時08分、9,129歩）。

蓬（ヨモ）川の蓬川橋、竹谷小学校を過ぎ、尼崎市役所へ向かう出屋敷線を横断して進む。尼崎竹谷郵便局を経て新三和商店街入り口手前の十字路にあるハマモトサイクル向かい側に石柱があり、「右大坂道」「左西ノ宮兵庫」とある。右側西本町８丁目、左側神田南通３丁目の間へ真っすぐ進む。すぐにサンロードの商店街に入る。建家（タテヤ）町のアーケード内最初の十字路で右折して商店街を南へ向かう。阪神本線高架下を横断し、玄番南之町と汐町の間を進む。国道43号貴布祢交差点に出る。左折して貴布禰（キブネ）神社前を過ぎる（写真５）。そこから国道43号側道をしばらく進む。上は高速道路である。ここは寺院の集まった寺町を通るべきだったか。老婦人に聞いて確認した庄下（ショウゲ）川橋だったが、これをうっかり渡ってしまった。地図の見間違いだ。仕方ないので渡ってからすぐ引き返して地下道トンネルを抜け、道路下の暗い道、つまり高速と国道43号の下を歩くことになった。高速道路下に３階建ての日本通運があった。道を右折して南へ向かい本来の道へ戻ることにした。なぜか通行止めとなってはいたが無視して築地城内橋を渡る。ここで気づいたのだ。庄下川の手前を右折して回り、ここの地下道トンネルを通って戎（エビス）橋を渡るべきだったと。そこで戎橋から一つ南の道へ出て左折する。庄下川の大黒歩道橋を渡る。緑地公園に「中国街道大黒橋跡」の碑があり、「参勤交代の大名行列も通った」の文も見える。御茶屋橋から左折して北上する（17時28分、14,744歩）。

写真４　大庄小学校前の説明図と石碑

写真５　貴布禰神社

国道43号と高速の高架の間に架かる長い陸橋を渡る。大物（オオモノ）橋跡の石碑があ

写真6　道標（長洲連合福祉会館）

る。少し先に大物主（オオモノヌシ）神社がある。阪神電鉄大物駅近くの店の入り口に「尼崎の施設・文化財」の図があった。稲川公園の北のはずれから車が来ないのを見て右の狭い道へ入ると尼崎長洲郵便局がある。自転車に気を使いながら家々の間の道を進む。古い昔ながらの道という感じだ。車は滅多に来ない。ちょっとした広場があり、子らが遊んでいる。長洲連合福祉会館だった。ここに大坂、尼崎、伊丹への道方向を示した石柱があり、「文化五年」（1808年）と刻まれていた（写真6）。ここから右に折れ、右側大門川緑地を見ながら左折し、大門厳島神社を経て長洲中通2丁目3の角を右折、すぐ次の角を左折して進む。尼崎工業高校南側に突き当たる。右折して波洲通りを北側へ横断し、信号を越えてすぐ最初の角を左折するが、街道らしくない住宅の建ち並ぶ道を行き、また右折、左折などして目当ての「かわの酒店」を見つける（18時17分、18,616歩）。しばらく行ってから、近くの人に尋ねるが常光寺1丁目の道標らしきものは見つからない。

写真7　神崎橋（大阪市へ）

そのまま常光寺元町交差点の先に出る。北へ向かい、JR高架下を過ぎてすぐの西川1丁目交差点で右折して神崎川へ向かう。神崎渡跡をと思いながら、日も暮れてきたので、急いで神崎橋を渡る（写真7）。田辺製薬（＊田辺三菱製薬）の大きなマークが目立つ。橋を渡ってヤマダ電機を過ぎたところから左折して小路へ入る。富光寺（フッコウ）、香具波志（カグハシ）神社、高速高架下を経て、藤沢薬品横を再び本道「十三筋」へ出る。向かいに美津島中学校を見ながら先へ進み、焼肉店横の筋に入るが、今日はここまでである[※1]（19時21分、23,933歩）。

※1　暗くなったけどもう少し歩こうとしたのだ。ところが散々道に迷ってしまった。太陽が沈むと私のコンパスは働かなくなっていた。あちこちで尋ねながら何とか阪急十三駅に出てやっとの思いで新大阪のホテルに帰り着いた。ご丁寧にも新大阪駅でも出口を間違ったというおまけ付きであった。

神崎橋手前（写真左）から大阪市側を望む

※距離、歩数はその日のスタート地点からの数値を示す。距離は当時の著者の歩幅をめどに計算している。

各順	地　点	距離(km)	歩数（歩）	通過時刻（時：分）	所要時間（分）
1	西宮神社向かい(左・西宮市本町9、右・本町8)	0.00	0	14：18	0：00
2	宝橋	0.86	1,141	14：31	0：13
3	本町橋	0.92	1,220	14：32	0：01
4	津門川	1.45	1,923	14：41	0：09
5	阪神電鉄高架下	1.59	2,113	14：43	0：02
6	阪急・阪神今津駅	1.69	2,248	14：46	0：03
7	浄願寺	1.96	2,612	14：50	0：04
8	名神高速高架下（今津曙町）	2.41	3,212	14：56	0：06
9	コンビニ	2.58	3,434	14：59	0：03
10	休憩	－	－	15：02	0：03
11	新川橋	2.82	3,750	15：07	0：05
12	中津浜線	2.93	3,906	15：10	0：03
13	甲子園五番町交差点	3.23	4,301	15：13	0：03
14	上鳴尾町2-1	3.73	5,013	15：21	0：08
15	鳴尾北幼稚園前の交差点	3.87	5,256	15：23	0：02

16	本郷学文筋	4.06	5,483	15：26	0：03
17	小曽根線	4.56	6,076	15：32	0：06
18	岡太神社（「おかしの宮」）	4.95	6,596	15：38	0：06
19	小松商店街入り口	5.15	6,862	15：41	0：03
20	武庫川（西宮市・尼崎市境界）	5.40	7,193	15：46	0：05
21	口の開（クチノビラキ）公園	5.97	7,960	15：55	0：09
22	大庄小学校・大庄幼稚園	6.34	8,446	16：01	0：06
23	琴浦神社	6.85	9,129	16：08	0：07
24	成徳小学校	7.07	9,423	16：11	0：03
25	蓬川・蓬川橋	7.42	9,888	16：16	0：05
26	竹谷小学校	7.81	10,410	16：22	0：06
27	石柱とハマモトサイクル	8.12	10,816	16：27	0：05
28	サンロード入り口	8.25	10,989	16：31	0：04
29	玄番南之町1	8.41	11,210	16：34	0：03
30	貴布禰神社（国43号）	8.85	11,789	16：40	0：06
31	休憩	–	–	16：44	0：04
32	五合橋交差点（国43号）	9.47	12,619	16：53	0：09
33	休憩	–	–	16：58	0：05
34	庄下川・庄下川橋	9.94	13,242	17：03	0：05
35	築地城内橋	10.55	14,064	17：13	0：10
36	休憩	–	–	17：20	0：07
37	御茶屋橋	11.06	14,744	17：28	0：08
38	大物橋跡	11.46	15,278	17：34	0：06
39	大物主神社	11.62	15,483	17：37	0：03
40	大物駅南交差点	12.07	16,085	17：44	0：07
41	稲川橋交差点	12.23	16,303	17：47	0：03
42	稲川公園北角	12.39	16,513	17：50	0：03
43	長洲連合福祉会館	12.84	17,116	17：58	0：08
44	大門厳島神社	13.19	17,579	18：06	0：08
45	尼崎工業高校	13.49	17,979	18：10	0：04
46	尼崎工業高校前交差点	13.70	18,254	18：13	0：03
47	かわの酒店	13.97	18,616	18：17	0：04
48	浄光寺	14.38	19,172	18：27	0：10
49	常光寺1丁目交差点・JR高架下	14.73	19,631	18：32	0：05

50	西川1丁目交差点（右折）	14.84	19,783	18：34	0：02
51	西川1-6角	15.21	20,275	18：40	0：06
52	神崎橋西詰交差点	15.58	20,773	18：46	0：06
53	加島西歩道橋・ヤマダ電機	16.16	21,535	18：54	0：08
54	大阪市淀川区加島4-19（左折）	16.25	21,657	18：55	0：01
55	富光寺	16.61	22,134	19：00	0：05
56	香具波志神社	16.90	22,528	19：05	0：05
57	阪神高速高架下	17.03	22,698	19：07	0：02
58	十三筋へ出る	17.66	23,546	19：16	0：09
59	焼肉みっちゃん(三津屋北3-3)	17.95	23,933	19：21	0：05
2006年7月4日　総距離数17.95km、総歩数23,933歩、総所要時間5時間03分					

14日目

平成18年

大阪加島ー京橋

2006年７月５日水曜日

写真１　左の小路へ、右は十三筋

阪急十三駅で降りて十三（ジュウソウ）筋を昨日の終了地点へ行く。向かい側に美津島中学校、DVDレンタルのタイタン（＊キリン堂ほか）がある。10時36分、「焼肉みっちゃん」より左へ入る（写真１）。左に斎藤塗料がある。大阪市淀川区三津屋北３丁目を歩く。カサタニ本社角（三津屋中２丁目15）を通って十三筋に最初の合流をする。出たところにヤマハの看板のバイク店がある。向かいはコスモス電機（＊新コスモス電機）である。少し歩いて「和食さと」手前を左折、半円を描く形で十三市民病院へ向かう道を横断して直進する。危うく昨日のミス、つまりこの道路を十三筋と勘違いして横断せず左折した、を繰り返すところだった。三津屋南２交差点で十三筋に２度目の合流をする。ここからまたすぐ左へ入る。右手に末廣歯科がある。藤本医院から道は右へ曲がり、すし武蔵（＊武蔵鮨）に沿って曲がり、左が三津屋南２丁目３、右が２丁目14のはずれで山陽新幹線高架下に出てJR踏切を渡る。田川北１丁目６と13の間を進む。少し広い通りを横断してコンビニの先で十三筋に３度目の合流をする。ここで休憩する（11時05分、2,141歩）。

少し十三筋を歩き、すぐ十三元今里３丁目２と３の間よりまたまた左に入る。福祉施設博愛社に沿ってすぐまた十三筋へ出る。この後は真っすぐ十三筋を行く。淀川郵便局を道の右側に見る。通りを右へ横断して十三商店街入り口に立つ。アーケード街はにぎやかだった。

あまりに人が近くにたくさんいるのでついに写真は撮れなかった。十三大橋を渡る（写真２）。橋の左は阪急電車が走る。時には双方向に同時に三つの電車が重なって行き交う。十三大橋を渡るとすぐ浜中津橋を渡る。中津浜交差点に着く（11時52分、5,306歩）。

写真２　十三大橋

ここから南へ向かう。中津６丁目交差点に至る。周りはビル群である。国道176号高架下に着く。大淀中２交差点を渡り北区大淀中３丁目19角へ。大仁（ダイニン）八阪（ヤサカ）神社先の大淀南交番前交差点を渡る。歩いているこの道は「あみだ池筋」というらしい。福島７北交差点（福島区福島７丁目18）に着く。まもなく福島７交差点に着くが、ここは阪神高速11号池田線とJR神戸線の高架手前である。この付近にはまだ木造建築がビルの合間に点在する（写真３）。

写真３　ビルの谷間にがんばる家々

福島西通北交差点でJR大阪環状線高架下をくぐる。福島小学校を探したがすぐには見当たらず、道右側のビルの隙間に正門入り口が見えた。大きな道路との間にビルがあれば騒音を防げるので、その意図かどうかは分からないが学校は守られている。堂島大橋北詰交差点で南東へ向かい、堂島大橋を渡り、超近代的な府立国際会議場の横を通る。土佐堀川に

写真４　大坂藩邸跡

架かる土佐堀橋を渡り、土佐堀２交差点で左折し、西区土佐堀２丁目４番９の三井倉庫角に立つ。「薩摩藩蔵屋敷跡」石柱がある[※1]（写真４）。

ここから京橋へ向かう。土佐堀１交差点を渡ってすぐ右の江戸堀１丁目24と25の間の道を高麗橋へ向かうが、ここで一筋南を歩くべきだったかも。高野連関係ビル（江戸堀１丁目22）前を通り、地下鉄肥後橋駅を過ぎ、右折、左折して、阪神高速１号環状線下を通る。西横堀駐車場入り口、中央区高麗橋３丁目５を過ぎて、淀屋橋センタービルというところで休憩する。ベンチ風の石があり、靴を脱ぎ、座ってゆっくりした。建設中のビルがあちこちあった。また金融街であり、有名な会社の名が目立つ。私の目の前を黒い高級車に乗った２人がビルに滑り込んだ。高麗橋１丁目８を過ぎてまもなく高麗橋へ着く（14時51分、13,130歩、写真５）。

写真５　高麗橋へ

ここは東海道の始まりでもある。ここから数えれば東海道五十七次だ。橋を渡ったところに里程元標跡[※2]があった（写真６）。橋の上は阪神高速１号環状線である。大阪銀座跡、菓子「松屋春繭」、東税務署を経て大阪城へ向かう。ほかに道があるらしいのだが、あえてこの道にした。大手前交差点を渡り、大阪城大手前案内図前に立つ。ここからはまだ金箔の天守閣は見えない。見えるのは濠（ほり）と乾櫓（いぬいやぐら）だ（15時18分、14,540歩）。

写真6　偶然見つけた石柱

濠に沿い北へ向かう。追手門学院を過ぎてから天守閣が見え始め、また案内図のあるところに出る。広い入り口だが、車止めがあった。さらに濠に沿って進む。京橋を使わず、日経ビル前から歩道橋（大坂橋）を渡って寝屋川を越える。ここは植栽もあり、一見公園風だ。また「大坂橋」の説明もあった。天守閣がよく見える。見ると、日経ビルと川との間に通れる部分があるが、ビルの私道かも。歩道橋は土佐堀通を跨ぐ。下りたところに「京橋川魚市場跡」案内板があった（15時33分、15,321歩）。

この道を東へ片町交差点まで行き、左折、京阪本線高架下をくぐるとすぐ高架沿いに右折する。道右側の高架下の商店街前の歩道を歩く（写真７）。バスや車の間をすり抜けながら人混みをぬって京阪モール（京阪京橋駅）を過ぎ、本日の終点、JR環状線高架下へ着く。高架には「京街道」の字があった（16時02分、17,182歩）。

写真７　高架下は商店

ここから新大阪駅前のホテルへJRを乗り継いで帰った。

※１　藩邸跡は土佐堀２交差点からそのまま左へ向かえばすぐだったのだが、右へ曲がったので藩邸探しを間違った。あきらめて戻っている時に土佐堀２交差点の反対側に三井倉庫があった。目をこらすと石柱らしき物が見えた（写真４）。今度は江戸堀５丁目に中屋敷があると記されているので、探しに行くが見当たらない。コンビニで新たな地図とおいしそうな唐揚げを求め、ついでに聞くと、江戸堀は今では３丁目までしかないとのことだ。あきらめて土佐堀まで引き返す。この間は私の歩行記録では「休憩」としたが、実に疲れた１時間13分だった。

※２　里程元標跡（写真６）は偶然見つけた。あることを知っている人ならすぐ見つけたろうが。写真は単車などの私物があったので一部カットせざるを得なかった。高麗橋の上は高速が走っており、まるで日本橋と同じ扱いである。

※距離、歩数はその日のスタート地点からの数値を示す。距離は当時の著者の歩幅をめどに計算している。

各順	地　点	距離(km)	歩数（歩）	通過時刻（時：分）	所要時間（分）
1	焼肉みっちゃん（大阪市淀川区三津屋北3-3）	0.00	0	10：36	0：00
2	カサタニ本社角（三津屋中2-15）	0.27	356	10：40	0：04
3	十三筋合流	0.45	598	10：43	0：03
4	十三市民病院へ向かう道	0.68	902	10：47	0：04
5	十三筋合流（三津屋南2交差点）	0.81	1,083	10：52	0：05
6	すし武蔵	1.10	1,465	10：57	0：05
7	山陽新幹線高架下・JR踏切	1.28	1,707	11：00	0：03

8	コンビニ（十三筋合流・十三元今里3-4）	1.61	2,141	11：05	0：05
9	休憩	－	－	11：12	0：07
10	十三元今里3-3（左へ入る）	1.64	2,183	11：13	0：01
11	博愛社（十三筋へ出る）	1.83	2,445	11：16	0：03
12	淀川郵便局	2.13	2,841	11：20	0：04
13	十三本町商店街入り口	2.41	3,214	11：24	0：04
14	十三信金	2.60	3,469	11：27	0：03
15	休憩	－	－	11：30	0：03
16	十三大橋（中央）	3.18	4,245	11：39	0：09
17	浜中津橋	3.80	5,065	11：47	0：08
18	中津浜交差点	3.98	5,306	11：52	0：05
19	中津南小学校西交差点	4.36	5,808	11：57	0：05
20	大淀中2交差点（大淀中3-19）	4.53	6,037	11：59	0：02
21	八阪神社（大淀中2丁目バス停）	5.15	6,861	12：08	0：09
22	福島7北交差点（福島7-18）	5.45	7,261	12：13	0：05
23	阪神高速・JR高架下	5.60	7,460	12：16	0：03
24	福島西通北交差点(JR大阪環状線高架下)	6.04	8,050	12：23	0：07
25	福島西通交差点	6.24	8,317	12：26	0：03
26	福島小学校前交差点	6.44	8,580	12：29	0：03
27	堂島大橋北詰交差点	6.82	9,088	12：36	0：07
28	府立国際会議場	7.07	9,433	12：40	0：04
29	土佐堀2交差点	7.41	9,884	12：44	0：04
30	休憩	－	－	13：57	1：13
31	薩摩藩蔵屋敷跡（三井倉庫）	7.53	10,043	13：58	0：01
32	土佐堀1交差点（江戸堀1-24と25の間へ）	7.83	10,438	14：03	0：05
33	地下鉄肥後橋駅	8.34	11,117	14：10	0：07
34	高速下・西横堀駐車場	8.50	11,331	14：21	0：11
35	高麗橋3-5	8.90	11,866	14：27	0：06
36	淀屋橋センタービル	9.04	12,052	14：30	0：03
37	休憩	－	－	14：37	0：07
38	高麗橋1-8	9.55	12,734	14：46	0：09
39	高麗橋	9.85	13,130	14：51	0：05
40	休憩	－	－	14：56	0：05
41	高麗橋東の里程元標跡	9.94	13,252	14：57	0：01

42	大阪銀座跡（東高麗橋2-37）	10.05	13,399	15：02	0：05
43	松屋春繭（島町2-2）	10.28	13,708	15：06	0：04
44	北大江公園向かい（島町1-4）	10.42	13,899	15：08	0：02
45	東税務署	10.57	14,094	15：13	0：05
46	大阪城大手前案内図	10.91	14,540	15：18	0：05
47	追手門学院小学校	11.03	14,705	15：21	0：03
48	大阪城案内図	11.18	14,910	15：24	0：03
49	「大坂橋命名の由来」プレート	11.27	15,023	15：27	0：03
50	「京橋川魚市場跡」案内板	11.49	15,321	15：33	0：06
51	片町交差点	12.07	16,088	15：42	0：09
52	休憩	－	－	15：45	0：03
53	京阪本線高架下	12.14	16,186	15：46	0：01
54	京阪モール駐車場	12.64	16,847	15：56	0：10
55	京阪京橋駅・京阪モール	12.89	17,182	16：00	0：04
56	JR環状線高架下（京街道の字）	13.05	17,404	16：03	0：03
2006年7月5日　総距離数13.05km、総歩数17,404歩、総所要時間5時間27分					

大阪城西に沿って京橋へ向かう

第3章　東海道を歩く

15日目～ 46日目

15日目

平成18年

京橋ー枚方

2006年７月６日木曜日

大阪市都島区のJR環状線高架（「京街道」の字）下を８時42分出発する（写真１）。長い信号待ちの後、通勤者の間をぬって国道１号を渡る。通勤を急ぐ人が多い新京橋商店街を歩く。アーケードの入り口には新京橋商店街の文字に加え、「ビ・ギ・ン・京・橋」とあった。まだ眠る商店街の中心部に広くなったところがあり、「京かいどう」の碑があった。由来が銅板に刻まれている。京橋中央商店街を過ぎてアーケードが終わる（８時52分、796歩）。

写真１　JR環状線高架下（正面へ入る）

写真2　野江４交差点

真っすぐ進む。交差点の右側の角（都島区都島中通３丁目23）に「京かいどう」石柱があった。すぐ先の道左側に榎並地蔵（都島中通３丁目14）という小さな堂があり、横に「高麗橋～野江」の案内図があった。隣は刀剣店である。

道を横断して都島本通５丁目に入り、右に並行する道と合流する。ここから道の左側が都島区、右側が城東区である。野江３西交差点手前の分岐路を右の小路に入り、野江４交差点に出る（写真２）。先の方に旧道らしい斜めの道が見える。交差点を横断し、そこに至る[※1]（９時13分、2,295歩）。

コンビニの少し北の内代（ウチンダイ）町１丁目８を右折するが、ここにも「京街道」石柱があった。次の京街道石柱から都島通に合流、歩道テント入り口には「野江国道筋商店街」と記されている（写真３）。まだそんなに人出はないが、店は準備が始まっている。魚屋ほかいろいろな商店がある。ここを過ぎると今度は旭国道筋商店街がある。ここにはスーパーがあり、数人の客が並んで開店を待っていた。この道下は大阪市営地下鉄谷町線だ。都島通を進み、パチンコ店から左の筋、旭区高殿４丁目３と４の間へ入る。関目（セキメ）神社は本通の向こうにある。高殿４丁目９に「京街道」石柱があり、「京橋口から3.3㎞」とある。すぐに道は都島通に合流する。地下鉄関目高殿駅を過ぎて道は関目５交差点で国道１号に合流する（９時48分、4,129歩）。

写真３　正面に「野江国道筋商店街」

国道１号を横断、コーヒー店「壹番館」（高殿７丁目７）と「よさこい寿司」の間の道（府道161号）に入る。壹番館に「京街道」石柱（3.8㎞）があった。さらに進むと左（高殿７丁目16）に清現寺がある。阪神高速12号守口線高架下の古市橋を渡る（９時59分、4,964歩）。ここから森小路１丁目となる。公園入り口に「京かいどう」石柱（4.4㎞）があり、プレートをはめ込んだ石碑もあった。森小路商店街に入る。森小路２丁目10の店先にも「京かいどう」石柱があった。畳屋、表具店、東洋学園を経て千林商店街に入る（写真４）。道の左右に商店街が展開し、衣類・靴など洒落た品を並べた店がきれいである。「京かいどう商店街」の名の割には、街道を北へ行くほど商店は少なく

写真４　千林商店街入り口

住宅が多い。千林２丁目４で福島病院の前を通る。道の左が千林２丁目５、右が２丁目６だ。今市１丁目に入る。今市１丁目11番６前の道に「京かいどう」プレートがある。国道１号と城北公園通が交わる今市交差点の手前に「京かいどう」石柱（5.4㎞）と石碑があった（10時27分、7,036歩）。

交差点の歩道橋で二つの道を越える。国道１号の南側に今市商店街入り口が見える。太子橋１丁目４に守口市の境標示があり、すぐ太子橋交差点となる。京阪本通１交差点を過ぎてすぐ右手に旭通商店街[※2]入り口が現れる。国道左手に淀川工科高校が望めるが、土居小学校[※3]角からサンヨー電機（＊守口市役所[※4]）西側との間の道へ右折して国道１号から離れる。真っすぐ行くと道角に「文禄堤・守口宿（シュク）・京街道」の碑（金下町２丁目５）があった（写真５）。本町１丁目の道は少し上りとなって左へ曲がる。そこに義天寺があるが、その手前に「京街道陸路官道第一の驛守口」のプレートがあった。すぐ近くに守居橋があるが、これは京阪守口市駅への道路の上になる。私の歩いているところが文禄堤（ブンロクツツミ）で、道の左側が本町１丁目１、右側が本町１丁目６である。「文禄」の名を冠した大きな料亭があった。さらに進むと「文禄堤」の説明図入りの「京街道」の石柱がある。すぐに本町橋となる。守居橋と同じく下は駅へ向かう主要道路である。橋を渡ったところの左手に「文禄堤」の説明プレートがある。本町２丁目に入る。両側には古い家並みがある（写真６）。竜田通１丁目に入り道はゆっくりと下る。左に「傘・ちょうちん」の店があった。下り切ると国道１号八島交差点だ（11時20分、10,453歩）。

写真５　「文禄堤・守口宿・京街道」碑

写真６　本町の街道

この八島交差点（竜田通１丁目）を右折するが、下校中の高校生がどんどんやって来る。向かいには古い家が残る。難宗寺にはいろいろな石柱があったが、その中に「すぐ守口街道」とあった。この十字路で左折して小路に入る。左が浜町１丁目１、右が１丁目２である。１丁目２に盛泉（ジョウセン）寺がある（写真７）。ここは大塩平八郎の書簡があったことで知られる。「内侍所奉安所阯」の石碑もある。

写真７　盛泉寺

浜町交差点で国道１号を横断、自転車店（＊リサイクルショップ）脇の道に入る。道の左側は浜町２丁目、右側は八雲中町１丁目である。守口宿一里塚跡（浜町２丁目７番９）があり、「榎の木が植えてあった」とその説明板にある（11時32分、11,140歩）。

進んで府道155号を横断、京阪北本通６角の理容店と酒店が並ぶ筋に入る。一度道を間違ったが、戻って再びここから出直す。八雲西町２丁目３と４の間の道から、２丁目７と６の間の道へ入る。元気な声が飛び交う西保育所（＊みゆき西こども園）の前を通り、八雲西町４丁目に入る。真っすぐ進むが、八雲西町４丁目20のＴ字路を右折してすぐ４丁目17角で左折し、八雲小学校沿いを歩く。やくも幼稚園を過ぎて阪神高速12号守口線高架下の道と用水路を横断して、守口ハイライフの間の道を直進する。八雲北町３丁目15の自治会館に「老人憩いの家」があり、「←旧守口方面」「→旧大庭方面」「京街道」と記された京街道説明図石柱があった。正迎（ショウコウ）寺（八雲北町３丁目33）から道は右へ曲がる。八雲北公園前を左折、守口市浄水場へ右折、さらに左折して淀川堤へ向かう。堤手前に「京街道・七番の渡し跡」石柱がある（写真８）。

写真８　「七番の渡し跡」石柱

堤防近くにある淀川河川公園庭窪レストセンターでトイレを借りる。淀川堤防へ出る（12時43分、15,089歩）。

堤防上の道を左手に淀川、右手に庭窪浄水場を見つつ歩く。堤防から右への道を取り、鳥飼大橋の下を通り抜ける。「淀川河口から18.0㎞」の石柱があったのでここでしばし休憩、足をいたわる。佐太天神宮を歩く堤防上より眺める。淀川河川公園仁和寺野草地区に至ると堤防への車通行止めがあった。ようやく鳥飼仁和寺大橋有料道路に着き、橋下を回って通り抜ける（13時49分、19,940歩、写真９）。

「淀川河口から20.0㎞」とある石柱を見ながら歩く。淀川新橋が目前である。相変わらず右の方から国道１号を走る車の騒音が響く。橋は無造作に堤防上の道を遮っている。けしからんと思いつつ、橋下のブロックの上を気をつけながら歩いて橋をくぐり抜ける。堤防をまた歩き始める。今にも降り出しそうな空模様だが、足が痛くて急げる状況にはない。「淀川河口から22.0㎞」の石柱がある。やっと堤防を下る（14時44分、25,550歩、写真10）。

ここは枚方市出口６丁目である。幹線用水路の橋で少し休んで真っすぐ小路へ入る。５丁目５と11の間を歩く。天満宮（蹉跎神社遥拝所）、「親鸞聖人・蓮如上人御田地」の石碑を経て光善寺に至る。行き止まりとあったが強引に右折、左折して工場横を通り抜けて薬局前のＴ字路に出る。幸い人に会わなかった。ここで右折して、出口ふれあい公園角から今度は左折する。伊加賀小学校沿いに道を歩く。府道13号に出ると、直進するはずの道はふさがれて

写真９　鳥飼仁和寺大橋

写真10　やっと堤防から下る

いたので、少し回って伊加賀西町61と73の間の道に入る。住宅街を右へ曲がり、いわた歯科前に出る。水田もある。住宅街を歩くと案内板があり、今歩いている道は「市道桜町伊加賀西１号線」とある。北へ向かう国道170号、東へ向かう府道21号の交差する枚方大橋南詰交差点に出る（15時33分、29,409歩）。

府道左脇の小路へ入る。桜町と伊加賀本町の間を歩く。２道合流点を直進してＴ字路を左折、すぐのところに「歴史街道」石柱があったが、少し先の道入り口にある「西見附」説明板はここからは見えず、結果的に今日はここが終点となった（15時43分、30,186歩、写真11）。

写真11　この日、道奥の案内板に気づかず

この日は道が分からぬまま右へ折れて誓願寺へ向かう道を歩き、京阪電鉄線路沿いに京阪枚方公園駅へ着いたが、ここでもうっかり駅前案内図を見逃した。見たのは次の日である。疲れていたからだろうか。

※１　コンビニのすぐ北に道が見えるので勘違いして歩くが、おかしい。しばらく歩いて国道筋商店街手前に至り、左に道があるようだと入ったところに「京街道」石柱があった。そこからコンビニまで引き返し、引き返してきた道を再度歩き始める。この間は休憩扱いとした。

※２　旭通商店街のほかに東通商店街、京阪商店街、中通商店街とあり、それらの商店街を合わせて土居地区商店街という。

※３　2011（平成23）年に閉校した。

※４　三洋電機本社ビルであったが、守口市役所の新庁舎として改装され、2016（平成28）年10月31日に旧庁舎からの全面移転を完了した。

※距離、歩数はその日のスタート地点からの数値を示す。距離は当時の著者の歩幅をめどに計算している。

各順	地　点	距離(km)	歩数（歩）	通過時刻（時：分）	所要時間（分）
1	JR環状線高架（「京街道」）下	0.00	0	8：42	0：00
2	新京橋商店街	0.07	84	8：44	0：02

3	京かいどうの碑	0.30	400	8：47	0：03
4	アーケード終わり	0.60	796	8：52	0：05
5	京かいどう石柱（都島区都島中通3-23）	0.90	1,187	8：56	0：04
6	榎並地蔵	0.97	1,290	8：58	0：02
7	城東区野江3-7（3差路）	1.39	1,847	9：06	0：08
8	野江4交差点	1.56	2,078	9：08	0：02
9	コンビニ（都島区内代町1-7）	1.73	2,295	9：13	0：05
10	休憩	–	–	9：21	0：08
11	内代町1-8右折（「京街道」石柱）	1.77	2,356	9：22	0：01
12	京街道石柱（内代町1-16）	1.97	2,625	9：25	0：03
13	パチンコ店（旭区高殿4-3）	2.43	3,230	9：35	0：10
14	京街道石柱（3.3km、高殿4-9）	2.58	3,440	9：38	0：03
15	都島通に合流	2.87	3,822	9：44	0：06
16	地下鉄関目高殿駅	2.91	3,874	9：46	0：02
17	関目5交差点（国1号合流）	3.10	4,129	9：48	0：02
18	京街道石柱（高殿7-7）	3.23	4,298	9：51	0：03
19	清現寺	3.48	4,633	9：55	0：04
20	高架下古市橋・京かいどう石柱	3.73	4,964	9：59	0：04
21	京かいどう石柱・プレートあり	3.95	5,266	10：04	0：05
22	森小路商店街	4.15	5,528	10：09	0：05
23	京かいどう石柱（森小路2-10）	4.24	5,644	10：10	0：01
24	千林商店街入り口（アーケード）	4.52	6,022	10：15	0：05
25	京かいどうプレート（今市1-11）	4.98	6,640	10：23	0：08
26	京かいどう石柱・石碑・国1号今市交差点	5.28	7,036	10：27	0：04
27	休憩	–	–	10：32	0：05
28	今市商店街入り口	5.47	7,283	10：35	0：03
29	守口市境標示（太子橋1-4）	5.71	7,605	10：38	0：03
30	京阪本通1交差点	5.91	7,875	10：42	0：04
31	旭通商店街入り口	6.24	8,307	10：47	0：05
32	休憩	–	–	10：51	0：04
33	土居小学校右折	6.76	9,009	10：59	0：08
34	文禄堤・守口宿・京街道の碑（守口市金下町2-5）	6.92	9,215	11：02	0：03
35	義天寺	7.06	9,403	11：06	0：04

36	守居橋（道路が下にある）	7.13	9,501	11：08	0：02
37	「文禄堤・京街道・時空の道」石柱	7.31	9,735	11：13	0：05
38	八島交差点（竜田通1）右折	7.84	10,453	11：20	0：07
39	難宗寺 左折	7.98	10,634	11：24	0：04
40	盛泉寺	8.06	10,743	11：26	0：02
41	浜町交差点	8.27	11,020	11：29	0：03
42	一里塚跡（浜町2-7-9）	8.36	11,140	11：32	0：03
43	京阪北本通6（理容・酒店）	8.60	11,454	11：37	0：05
44	休憩	－	－	11：49	0：12
45	八雲西町2-3より2-7へ入る	9.42	12,547	11：53	0：04
46	西保育所	9.80	13,054	11：58	0：05
47	八雲西町4-20のＴ字路右折	9.99	13,313	12：02	0：04
48	休憩	－	－	12：11	0：09
49	やくも幼稚園	10.30	13,733	12：17	0：06
50	京街道説明図石柱・老人憩いの家	10.53	14,028	12：20	0：03
51	休憩	－	－	12：23	0：03
52	八雲北町3-34左折	10.66	14,211	12：26	0：03
53	京街道・七番の渡し跡石柱	10.94	14,586	12：31	0：05
54	淀川河川公園庭窪レストセンター	11.08	14,773	12：34	0：03
55	休憩	－	－	12：39	0：05
56	淀川堤防へ	11.32	15,089	12：43	0：04
57	鳥飼大橋下	11.69	15,575	12：48	0：05
58	淀川河口から18.0㎞の石柱	12.79	17,051	13：05	0：17
59	休憩	－	－	13：21	0：16
60	佐太天神宮（堤防より見る）	13.65	18,199	13：32	0：11
61	淀川河川公園仁和寺野草地区（車通行止め）	14.46	19,271	13：42	0：10
62	鳥飼仁和寺大橋	14.96	19,940	13：49	0：07
63	淀川河口から20.0㎞の石柱	15.25	20,324	13：53	0：04
64	淀川新橋	16.85	22,464	14：13	0：20
65	淀川河口から22.0㎞の石柱	17.74	23,653	14：26	0：13
66	堤防下りる	19.17	25,550	14：44	0：18
67	幹線用水路の橋	19.42	25,890	14：49	0：05
68	天満宮（遥拝所）	19.99	26,643	14：58	0：09

69	親鸞聖人・蓮如上人御田地の碑	20.16	26,878	15：01	0：03
70	光善寺	20.44	27,246	15：06	0：05
71	ホーセイ薬局	20.66	27,542	15：10	0：04
72	出口ふれあい公園	20.74	27,645	15：11	0：01
73	伊加賀小学校	20.97	27,949	15：16	0：05
74	枚方大橋南詰交差点	22.06	29,409	15：33	0：17
75	京街道石柱（2道合流）	22.43	29,897	15：39	0：06
76	「歴史街道」石柱	22.64	30,186	15：43	0：04
2006年7月6日　総距離数22.64km、総歩数30,186歩、総所要時間7時間01分					

16日目

平成18年

枚方－楠葉

2006年７月７日金曜日

写真１　枚方公園駅前の案内板

写真２　市立枚方宿鍵屋資料館

昨日の終点に向かう。京阪枚方公園駅前で昨日見逃した枚方宿（シュク）の案内板に気づいた（写真１）。駅前の文具店でメモ用のノートと地図を求めた。その地図に案内板の図を書き写した。幸いであった。そこであらためて昨日の終点へと向かった。

13時07分出発、枚方消防分署前で右折したら、枚方宿西見附（ニシミツケ）の説明板があった。歴史街道石柱もある。説明板ではケンペルとシーボルトについて触れ、シーボルトが「祖国のマインの谷を思い出させる」と言ったとの一文もある。小石を混ぜた黄土の土壁色の道を歩くとすぐ、市立枚方宿鍵屋資料館に至る（写真２）。ゆっくり見たかったが、先を急ぐ。道の左側が枚方市堤町10、右側が堤町９である。道が右へ曲がるところに歴史街道石柱があった。やがて左側にある古い家の格子に、「木南喜右衛門家」（宿場問屋役人）の高札風の説明板があった（三矢町９、写真３）。次の十字路を左折する。道の左側が三矢町９、右側が三矢町８

写真３　「木南喜右衛門家」前の街道

である。街道風景が色濃く残るなかを進むと、道は浄念寺から右へ曲がり、すぐ左へ曲がる。枡形を模した道である。しばらく進むと児童公園があり、本陣跡の説明板があった（13時23分、1,196歩）。

やたら「氷」の旗が目立つ道を進む。三矢町２と三矢町１の間の道を歩き岡本町へ入る。道は大きなビル「ビオルネ」の敷地内の道となる。その入り口の車止めがある岡本町公園の一角に石柱があり、「旧岡村　枚方宿」とある。人混みの中を直進し、道路を横断して最初の十字路に「宗左の辻」の石柱があり、反対側に「右大坂みち」の石柱がある。ここを左折して行くと新町１丁目10の角に「歴史街道旧岡村・岡新町村の村界」の石柱があった。Ｙ字路を右へ、左側新町１丁目９、右側同１丁目８の間を進む。交差点を渡り直進すると、左側新町１丁目６と右側同１丁目５のところで土手に突き当たる。その手前には宿場問屋役人の小野平右衛門家が残る。土手際にここが枚方宿東見附跡であるとの説明板があった（13時44分、2,813歩、写真４）。

写真４　「小野平右衛門家」前の街道

府道13号へ出て鵲橋を渡る。「東見附」の説明には、紀州侯は少し上流に仮橋を設けさせた、とあった。かささぎ橋交差点を渡ってから休憩して地図を確かめる。ここからは道は明確ではない。天之川町２と天之川町１の間の道を歩くことにした。やがて道は京阪電鉄に沿う。そこに「天之川町第一号線開通記念」とあった。日野橋を渡り、歩く。左に磯島茶屋町１、２と続き、磯島交差点で府道13号と合流する（14時06分、4,077歩）。

府道右側の歩道を歩く。御殿山駅前交差点で左に横断して、コンビニで飲み物を買う。御殿山駅北交差点を過ぎる。渚本町７の渚橋踏切が向かい側に見える。車止めのある広い歩道を歩く。府道13号は京阪電鉄線路から離れる。道両側はビルが並ぶ。行き交う人も多い。三栗（メグリ）南交差点の少し先、「農道」の札が立っている左の道へ入る。道は右へカーブして、府道13号三栗交差点へ。横断して直進する。清傳寺、枚方三栗郵便局前を過ぎる（写真５）。ご婦人に聞いたら、確かに旧東海道とのことでさらに進む。黄金野（コガネノ）西地区案内図があったので見て進む。やがて道の選択が迫られるが、右折して阪今池（サカイマイケ）公園東側への道を選ぶ。食料品などの商店がいくつか並んでいる道である。少し上っていくと阪今池公園（黄金野１丁目５）に着く（14時58分、8,253歩）。

写真５　枚方市三栗の街道

馬場前橋（穂谷川）を渡って左折して川沿いに下ることを考えたが、結局真っすぐ進んで片埜（カタノ）神社に突き当たる（写真６）。左に人ひとりがやっとというような道があったので進むと防垣内（ボウガイト）橋（穂谷川）へ出る。手前に幼稚園があってバスが出ようとしていたので、どうぞと譲る。橋手前を右折して川沿いに下ると道のアスファルトがはがされている。明治橋横を過ぎると京阪電鉄牧野駅の賑わいが現れる。駅の踏切手前の丹波屋で餅を焼いていたので１本注文した。多くの人と一緒に踏切を渡り、私は一人右折して京阪電鉄線路沿いの牧野下島町を歩く。用水路に架かる橋を越えて進むと養父上道（ヤブカミミチ）踏切前に出る。そのまま直進すると船橋川土手に突き当たり、府道13号樟葉（クズハ）橋に出る（15時46分、11,250歩）。

写真６　片埜神社から左折

橋を渡って右折して堤防を歩き、すぐに左折して下って樋之上（ヒノウエ）町を歩く。

写真７　堤防上の府道13号

住宅街の道は公民館前の樋之上交差点で府道13号に合流、ここで淀川堤防道となる（写真７）。道の右手には京阪電鉄が走る。時々自転車に乗った人は見るが、まったく歩く人がいない。そう広くもない歩道は草が半分占拠している。国交省「よどがわ　大阪湾まで約32.0㎞」の案内標識が道左側にある。河川敷は楠葉ゴルフ場である。ゴルファーがカートを自分で引きながら歩いているのが望める。楠葉南交差点でクラブハウスから府道の上を越えてゴルフ場へとつなぐ歩道橋を見ながら、右の京阪電鉄樟葉駅へ曲がり下る。樟葉駅前ロータリーを本日の終点とした（16時17分、13,814歩）。

くずはモールの商店街を一通り見てから、京阪電鉄を京都で乗り継ぎ、大津のホテルへ戻った。

※距離、歩数はその日のスタート地点からの数値を示す。距離は当時の著者の歩幅をめどに計算している。

各順	地　　点	距離（km）	歩数（歩）	通過時刻（時：分）	所要時間（分）
1	「歴史街道」石柱	0.00	0	13：07	0：00
2	枚方宿案内図	0.06	71	13：08	0：01
3	市立枚方宿鍵屋資料館	0.17	215	13：10	0：02
4	木南喜右衛門家（宿場問屋役人）	0.43	568	13：14	0：04
5	浄念寺	0.60	790	13：17	0：03
6	枚方宿本陣跡（児童公園）	0.90	1,196	13：23	0：06
7	ビオルネ・旧岡村石柱	1.37	1,822	13：29	0：06
8	「宗左の辻」石柱	1.54	2,045	13：32	0：03
9	歴史街道（旧岡新町村）石柱	1.75	2,326	13：37	0：05
10	枚方宿東見附跡	2.11	2,813	13：44	0：07
11	天野川・鵲橋	2.30	3,054	13：46	0：02
12	かささぎ橋交差点	2.34	3,113	13：47	0：01
13	休憩	－	－	13：55	0：08

14	京阪電鉄脇・天之川町第一号線開通記念	2.71	3,604	14：01	0：06
15	日野橋	2.85	3,796	14：03	0：02
16	磯島交差点	3.06	4,077	14：06	0：03
17	コンビニ（御殿山駅向かい）	3.87	5,150	14：18	0：12
18	休憩	－	－	14：21	0：03
19	渚橋踏切（道向かい側）	4.26	5,678	14：26	0：05
20	三栗南交差点	4.79	6,378	14：34	0：08
21	三栗交差点	5.15	6,861	14：40	0：06
22	清傳寺	5.23	6,971	14：42	0：02
23	黄金野西地区案内図	5.60	7,458	14：48	0：06
24	商店が並ぶ（黄金野1-3）	6.00	7,989	14：55	0：07
25	阪今池公園（黄金野1-5）	6.19	8,253	14：58	0：03
26	穂谷川・馬場前橋	6.33	8,435	15：00	0：02
27	休憩	－	－	15：12	0：12
28	片埜神社	6.57	8,752	15：16	0：04
29	幼稚園・防垣内橋	6.81	9,069	15：20	0：04
30	穂谷川・明治橋	6.98	9,296	15：22	0：02
31	丹波屋	7.20	9,595	15：27	0：05
32	休憩	－	－	15：29	0：02
33	用水路	7.69	10,247	15：36	0：07
34	養父上道踏切前（渡らず）	8.04	10,708	15：41	0：05
35	楠葉橋	8.44	11,250	15：46	0：05
36	樋之上町（堤を下る）	8.56	11,401	15：49	0：03
37	樋之上交差点（府13号）	8.75	11,656	15：52	0：03
38	樋之上北交差点	9.01	12,004	15：56	0：04
39	休憩	－	－	15：59	0：03
40	国交省標識(よどがわ　大阪湾まで約32.0km)	9.31	12,401	16：04	0：05
41	楠葉南交差点・ゴルフ場入り口	10.09	13,453	16：14	0：10
42	樟葉駅前ロータリー	10.37	13,814	16：17	0：03
2006年7月7日 総距離数10.37km、総歩数13,814歩、総所要時間3時間10分					

17日目

平成18年

楠葉ー伏見桃山

2006年7月8日土曜日

写真1　正面曲がり角に「旧京街道」石柱

樟葉駅前ロータリーを出発したのは9時00分。駅前道路を横断して枚方市町楠葉1丁目4の道を北へ向かう。パチンコ店前には早くも若者がたむろしていた。道は少し上って京阪電鉄線路に最接近する。ここで右折して、同1丁目3と24の間の道を行くと曲がり角に旧京街道の石柱がある（写真1）。町楠葉1丁目32に小休本陣跡の家がある[※1]。町楠葉会館（町楠葉2丁目4）を過ぎてまもなく京阪電鉄線路沿いに進み、楠葉取水場の緊急出入口のところから京阪電鉄線路をくぐり抜けて府道13号へ出る（9時22分、2,044歩）。

歩道がない。右の路側帯の幅は堤防側より広く取られてはいるものの、道脇の草が繁茂して歩きにくい。車が多いので注意して歩く。この交通量の多い府道を自転車で京都方面へ向かう人がいるので妙に安心した。小学生が自転車でやってきたので車が来ないのを確かめて路側帯部分を譲った。楠葉中之芝2丁目交差点から右へ下りる（9時32分、3,046歩）。

下りていく道の途中から先はもう京都府八幡（ヤワタ）市橋本だ。道には結構車が左折して入っていく。車のほとんどは分岐路を京阪電鉄津田電線踏切の方へ向かい進むが、私は橋本駅方面へ直進する。歴史を感じさせる家構えが続く（写真2）。T字路のところで「橋本駅は」と尋ねて角を曲がって、さらに駅前に左折して、資料を見たら違っている。そこでもう一度、先ほどのT字路に戻って直進する。突き当たりを右折して、駅手前の「左いせ京伏見」の石柱のところで左折する（９時52分、3,856歩）。

八幡橋本郵便局、豊影稲荷を過ぎてまもなくＴ字路に「八幡宮登山口」の石柱があった。この辺りでは道々にこの石柱がある。石清水八幡宮への道案内である。橋本橋（大谷川）を渡る。真っすぐ行くと府道へ出るので渡って右の道へ入る。平日の朝は車進入禁止の道だ。ここ橋本奥ノ町を行くと目印の大楠木が見えてきた。道を進むと大楠木は目の前だ（写真３）。手前の車の通れない坂を少し上ると再び府道13号に出る(10時07分、5,044歩)。

写真２　京都府八幡市橋本の街並み

写真３　目印の大楠木(写真左細道を上る)

昔はここから対岸へと道が斜めにあったらしいから、別に危険覚悟で府道脇を歩く必要もなかったと、右下の車の通らない道を見ながら一人ぼやいた。車の往来が絶えた瞬間があったので左側へ渡った。偶然土手に国交省「三川合流点から1.0㎞」の石柱があった。そこから約400歩で木津川に架かる木津川御幸(ゴコウ)橋へ着いた。橋の名は明治天皇の石清水八幡参詣の時の「御幸」に由来するという。ここで大阪からの府道13号と八幡市内や奈良方面からの車が集中する。ところで私がよくお世話になった府道13号は旧国道１号で、1972(昭和47)年に府道となったとのことだ。主要地方道京都守口線という。木津川御幸橋は564歩だった。続いて淀川御幸橋が架かっており、これは449歩だった。

橋を渡り終わって、京滋バイパスと国道478号の高架を眺めながら、下流の方面を見ると自転車が大きく迂回して、三川のもう一つの桂川の土手の道を

写真４　ここを右折（京阪電鉄車庫）

走っている。こちらが正解かとも思ったが一応予定した府道13号を歩くことにした。しばらくほとんど車の来ない道の歩道を東へ向かう。レストラン百花園を過ぎてほどなく、京阪電鉄車庫に至る（11時00分、8,660歩、写真４）。

ここから右折して京阪電鉄の車庫に沿い、右に水田を見ながら歩く。京阪電鉄鉄橋下、ケアコミュニティ淀の前を通り、同じく車庫と水田の間を進む。松ヶ崎記念病院は先ほどのケア施設の主だ。道が分かれるので左へ入る。すぐ道は左へ大きく曲がり、右からの道と合流して京阪電鉄線路を越えるが、私はその右からの道へ入り、京都市伏見区淀美豆(ヨドミズ)町を進む。左に墓地が見える。道は上りとなり、美豆小学校への十字路で今度は左折して下る（写真５）。西岸寺を過ぎて府道15号交差点を横断して府道126号に入る。少し上り、４差路に至る。左に小泉商店、その向かい側の角に「淀町道路元標」があった。この辺りには警備員がいて交通整理していた。道が狭いからだろうか。バスでも来ると人は通れないような道が続く。この辺りは住宅街であり、また商店街でもある。電器店があったので、自動販売機で携帯充電のための電池を買ったが役に立たなかった。売り出し中の芸者姿の芸人の言葉を借りた。「○○ショウ」。狭い道を淀新町天満宮を過ぎて京都淀池上郵便局に至る。淀駅への道のＴ字路にいた警備員に聞くと、駅の向こうの緑の深いところが淀城跡公園とのことであった。そのまま道は京都競馬場入り口に出る。客より多いような警備員の指示で左折横断する。さらに京阪電鉄池上踏切[※2]を渡る。歩道には競馬帰りの客なのか人が溢れていた。淀本町商店街北側

写真５　伏見区淀美豆町の街道

入り口からそう人も多くない商店街を眺める。納所（ノウソ）交差点は変則的な６差路だが、中心は府道13号だ。ここですぐ右の道（府道124号）へ入る（11時58分、12,939歩）。

道に「京都競馬場」と記した駐車禁止のコーンが置かれている（写真６）。道という道の角ごとに２名以上の警備員が見張っていた。安心して歩ける。やがて道は競馬場の外れに接し、競馬場専用道路の下に着く。京阪電鉄線路に沿い、左に広大な競馬場駐車場を見ながら歩く。住宅街になるとまた警備員が１人がんばっていた。空き缶入りの黒い袋を自転車にくくり直している人がいた。その先にも１人見かけた。やがて私を追い抜いていった。東洋倉庫を過ぎてまもなく京阪電鉄千両松踏切を渡り、宇治川堤防へ出る（12時29分、15,892歩）。

写真６　京都競馬場の文字

堤防上の道を進んでいく。国交省「宇治川河口42.0㎞」の標示がある。宇治川大橋に着いたが、信号もなければ横断歩道もない。右折を狙う単車の人がいたので、思い切って車の合間を縫って道を渡ったがこれは冒険だった。以後二度としないと思った。河原を歩くとか、少し先に見えた信号まで行くべきだった。続いて巨椋（オグラ）大橋と出合うがこれは高架となっていたので下を通る。橋下の日陰を利用してバーベキューの準備中の家族がいた。付近はペットボトルや缶が散乱していた。堤防道は緩やかに曲がって新高瀬川（東高瀬川）沿いとなる。ここで新高瀬川が宇治川に合流する（写真７）。今度は北上する道である。京阪電鉄新高瀬川踏切を渡り、さらに進むとまたも橋が道を塞いでいたが、今度は左へ下りて道をくぐり抜けるようになっていた。「鼓月」工場の横に出て、いい匂いを嗅ぎながら高

写真７　新高瀬川と宇治川が合流

架下から上ると新高瀬川に架かる三栖橋に着く（13時16分、19,874歩）。

ここは三栖町で、近辺も「三栖」を含む町名が続く。濠川（写真８）の肥後橋を渡り、モリタ製作所前を通って、三栖会館に突き当たり左折すると中書島交差点である。真っすぐ進んで濠川の京橋を渡ったところにあるガソリンスタンドの脇へ右折し、妙音寺前を通って進むと、道の左側に寺田屋があった（13時36分、21,374歩、写真９）。中に入ると自由に見学できた。案内の音声が流れ、また、案内の人もいた。展示品と説明は寺田屋事件と坂本龍馬暗殺の二つである。寺田屋事件での「おいごと刺せ」の言葉で有名な壁の前から階段を上る。カメラで写す人がいたので、いいのかなと自分も少し撮らせてもらった。

写真８　伏見の濠川

写真９　寺田屋

写真10　伏見大手筋商店街

寺田屋の筋を東へ向かう。突き当たりの月桂冠旧本社角を右折、左折し、新町２丁目の十字路で左折して北上する。３丁目に新町通の由来を述べた説明板があった。大手筋商店街に着いたところで本日の歩きを終えた（14時06分、22,577歩、写真10）。

すぐ近くにある京阪伏見桃山駅より京阪三条駅へ行き、携帯充電用ケーブルを求めて四条まで歩く。京阪三条駅に引き返す時は先斗町なるところを歩いた。観光客がぞろぞろ歩いていた。道は車が入れない狭さだった。

※1　この頃は軒先に「紀州侯参勤交代の図」が掲げられていた。
※2　2011（平成23）年に高架化された。

※距離、歩数はその日のスタート地点からの数値を示す。距離は当時の著者の歩幅をめどに計算している。

各順	地　点	距離（km）	歩数（歩）	通過時刻（時：分）	所要時間（分）
1	樟葉駅前ロータリー	0.00	0	9：00	0：00
2	京阪電鉄線路に接近（右折）	0.26	341	9：03	0：03
3	旧京街道石柱	0.37	483	9：05	0：02
4	紀州侯参勤交代の図	0.53	699	9：08	0：03
5	町楠葉会館	0.73	963	9：11	0：03
6	八幡宮登山口石柱	0.76	1,009	9：12	0：01
7	町楠葉福祉会館	1.14	1,520	9：17	0：05
8	楠葉取水場	1.37	1,814	9：20	0：03
9	府13号へ出る	1.54	2,044	9：22	0：02
10	楠葉中之芝2丁目交差点（Y字路を右へ）	2.29	3,046	9：32	0：10
11	分岐路（直進、右は踏切へ）	2.42	3,220	9：35	0：03
12	T字路右折（間違い）	2.67	3,558	9：39	0：04
13	休憩	－	－	9：48	0：09
14	左いせ京伏見の石柱	2.90	3,856	9：52	0：04
15	小鳥居（豊影稲荷）	3.21	4,273	9：56	0：04
16	八幡宮登山口石柱	3.28	4,363	9：58	0：02
17	大谷川・橋本橋	3.42	4,559	10：01	0：03
18	大楠木の手前を上る（府13号へ）	3.79	5,044	10：07	0：06
19	「三川合流点から1.0km」石柱	4.62	6,151	10：18	0：11
20	木津川・木津川御幸橋	4.93	6,561	10：23	0：05
21	木津川・木津川御幸橋終わり	5.35	7,125	10：29	0：06
22	淀川・淀川御幸橋	5.40	7,198	10：30	0：01
23	淀川・淀川御幸橋終わり	5.74	7,647	10：35	0：05
24	休憩	－	－	10：47	0：12
25	京滋バイパス高架下	6.18	8,236	10：55	0：08

26	京阪電鉄車庫脇入る	6.50	8,660	11：00	0：05
27	京阪電鉄鉄橋（ケアコミュニティ淀手前）	6.77	9,020	11：04	0：04
28	休憩	－	－	11：07	0：03
29	松ヶ崎記念病院	7.22	9,621	11：12	0：05
30	分岐路を左へ	7.32	9,750	11：14	0：02
31	陸橋（京阪電鉄上）手前右折	7.60	10,123	11：19	0：05
32	十字路左折（京都市伏見区淀美豆町）	7.92	10,555	11：23	0：04
33	休憩	－	－	11：26	0：03
34	西岸寺	8.16	10,877	11：29	0：03
35	府15号交差点横断	8.22	10,958	11：31	0：02
36	商店街へのＴ字路直進	8.31	11,067	11：33	0：02
37	淀新町天満宮	8.54	11,385	11：37	0：04
38	京都淀池上郵便局	9.07	12,085	11：46	0：09
39	京都競馬場前左折	9.30	12,391	11：50	0：04
40	京阪電鉄池上踏切渡る	9.42	12,548	11：52	0：02
41	淀本町商店街北側入り口	9.59	12,775	11：55	0：03
42	納所交差点（6差路）右折	9.71	12,939	11：58	0：03
43	競馬場専用道路下	10.81	14,410	12：12	0：14
44	東洋倉庫	11.68	15,570	12：24	0：12
45	京阪電鉄千両松踏切渡る・宇治川	11.92	15,892	12：29	0：05
46	休憩	－	－	12：33	0：04
47	「宇治川河口42.0km」標示	12.44	16,579	12：39	0：06
48	宇治川大橋	13.11	17,477	12：48	0：09
49	宇治川大橋北側の国1号を渡り終わる	13.18	17,570	12：51	0：03
50	巨椋大橋高架下	13.75	18,330	12：58	0：07
51	新高瀬川・宇治川合流（道曲がる）	14.12	18,814	13：04	0：06
52	京阪電鉄新高瀬川踏切渡る	14.49	19,314	13：10	0：06
53	「鼓月」工場・高架下	14.76	19,676	13：13	0：03
54	新高瀬川・三栖橋	14.91	19,874	13：16	0：03
55	濠川・肥後橋	15.16	20,208	13：20	0：04
56	三栖会館（突き当たりのところ）	15.53	20,700	13：25	0：05
57	休憩	－	－	13：27	0：02
58	中書島交差点	15.62	20,814	13：28	0：01
59	ガソリンスタンド脇へ右折	15.94	21,245	13：34	0：06

60	寺田屋	16.04	21,374	13：36	0：02
61	休憩	－	－	13：46	0：10
62	月桂冠旧本社	16.35	21,799	13：50	0：04
63	休憩	－	－	13：56	0：06
64	新町2丁目の十字路左折	16.51	22,007	13：58	0：02
65	新町通説明板	16.77	22,359	14：03	0：05
66	大手筋商店街（伏見区新町4丁目）	16.94	22,577	14：06	0：03
2006年7月8日　総距離数16.94km、総歩数22,577歩、総所要時間5時間06分					

寺田屋事件の舞台となった階段。写真撮影は自由であった

18日目

平成18年

伏見桃山－大津

2006年7月9日日曜日

伏見大手筋商店街の昨日の終点に立つ。出発は7時12分。毛利橋通で道を左折する。薩摩藩邸の場所確認のためである。中央図書館を過ぎて伏見区役所から右折する。金札宮（キンサツグウ）を経て京都御駕篭（オカゴ）郵便局先で下板橋通の伏見板橋小学校前に出る。ここを左折し、伏見中学校を経て下板橋（濠川（ホリカワ））に至る(写真1)。正面は松山酒造である。ここと思い込んで探すが見つけられなかった[※1]。近くに住む婦人に聞くが、「知らない」と言う。仕方なくここを一周した後、下板橋通を東へ向かい、泉経寺角を左折北上する（7時46分、2,727歩）。

写真1　伏見中学校前より下板橋方向を写す

松永医院、丹波橋通り、京都市伏見区新町13丁目の平塚酒店を過ぎる。新町14丁目の突き当たりを右折して近鉄京都線高架下を通り、すぐ次の角のコンビニから左折する。さらに次のT字路を右折して京町通（府道35号）へ出て左折し、国道24号を横断して上下水道局伏見分所前に立つ（8時12分、4,257歩）。

そのまま北上するとすぐ「橦木町廓入口（シュモクチョウクルワ）」の石柱があった。漢字とかなの2通りである。すぐ近くに伏見税務署があり、また道の左側にある家の前の消火器箱には「鑓屋町（ヤリヤ）」とあった。次の交差点を右折して伏見墨染（スミゾメ）郵便局前を過ぎて、墨染橋（琵琶湖疏水）を渡る。京阪墨染駅の踏切を越えて墨染交差点で左折、深草北新町へ入る。次のT字路交差点で右折して藤ノ森小学校へ向かう。学校前では保護者が生徒を車に乗せて大会に連れていこうとしていた。ここからは少し上りである。藤森（フジノモリ）神社参道前を歩く（写真２）。ややきつい坂である。上っていくと右手に伏見医師会館があり、向かいには京都教育大学がある。大学では何か催しがあるようだった。西福寺がある。下ってくる学生にJR藤森駅舎を確認して、駅の一つ手前の道路を左折する（８時42分、6,262歩）。

写真２　藤森神社

道は下りとなる。もう体は汗ぞっぷい（鹿児島方言）である。道左側は深（フカ）草大亀谷西寺町（クサオオカメダニニシデラ）、右側は深草大亀谷東寺町と共に長い名を持つ。しばらく行くと民家の一角に「みぎふしみミち」の石柱がある。左は深草と解した。そこから分岐点を右へ進みJR奈良線の陸橋を渡る。渡り切ったところに天理教の教会があり、左折して進む。深草大亀谷西久宝寺（ニシキュウホウジ）町と深草大亀谷大谷町の間に右折、すぐまた深草大亀谷西久宝寺町と深草大亀谷東久宝寺町の間へ左折し入る。農家の人がネギを並べていたので尋ねた。深草で作る「九条ネギ」だそうだ。道は下って府道35号大岩街道に突き当たり合流する（９時25分、7,558歩）。

府道を右へ折れて歩くが、すぐの深草谷口町交差点を横断して右手の小路へ入る。その入り口に複数の石柱がある。小川を越えて道を上っていく。今日はやたら上り下りが多い。また小川があり、橋には谷口橋、川名は七瀬川とあった。まもなくまた大岩街道に合流する。道向かいに京阪マーキング社がある。左側には歩道がないので右側へ渡る。車は多くない。「大岩神社自動車道入口」とあるところに着く。道の右手は山で、左手には京都国際ローンテニスクラブという由緒ありそうなクラブがある。深草馬谷町バス停にベンチがあったので座って地図を整理したり、足を揉んだりして休憩する。下り坂になったところの右に深草ゴルフ（練習場）があった。道左手に名神高速道路が走る。トンネル状の遮音壁があり、音はうるさくはない。さらに下るとぶどう園があり、続いて大きな勧修寺（カンシュウジ）観光農園というところがあった（写

写真３　勧修寺観光農園

真３）。山上までビニールハウスが並ぶ。ぼちぼち客が来つつあった。バス停に「中ノ茶屋観光農園前」とある。昔、茶屋でもあったのだろう。下っていくと会社、商店、住宅が見え始めた。勧修寺下ノ茶屋町交差点に着く（10時19分、11,915歩）。

このＴ字路交差点を直進するがなぜか車は進入禁止だった。次の交差点で府道35号にしたがい左折して勧修寺沿いを歩く。勧修寺に「右大津」石柱があったので、信号はないがＴ字路を右折する。山科川の勧修寺橋を渡り、外環小野交差点に着く。ここには地下鉄東西線小野駅がある。角のコンビニで休憩する。買った水を飲み、これまた買ったタオルに水を含ませて顔や手足を冷やす。

交差点を直進して奈良街道（府道35号）へ出て左折する。右折した先には随心院がある。小野小町の邸宅だったという随心院は真言宗善通寺派の大本山である。分岐路近くに「大津７㎞山科３㎞」の標識があり、大津には直進のマークがあるのを確認して進む（写真４）。消火器箱に小野北部町内会とある（山科区小野高芝町54）。道は右へ曲がって上りやがて新奈良街道（府道36号）に合流する（10時58分、14,335歩）。

写真４　奈良街道を歩く

ここは大宅（オオヤケ）で、合流点の右手の奥には竹林の山がある。北へ向かい、名神高速道路手前の交差点の右手に大宅中学校、左手の角に中古自転車専門店を見て、高速高架下へ向かう。高架手前に京都橘大学入り口案内があった。少し先の左手に何か碑があるので行くと「岩屋神社御旅所」とあった。元の道を進んだ先の岩屋神社入り口には立派な赤い大鳥居が参道を跨ぎ、その権威を示す。そこを過ぎるとすぐ京阪バス山科営業所・車庫があった。狭い道にバスがよく来るなと思っていたので納得できた。４差路の左側の先の方に京都山科大宅郵便局があるのが見えたが、私は直進する。また例のごとく消火器箱があり五反畑町内会とあった。大宅市営住宅に並んで府営の住宅もある。山科銀座商店街を横目に急ぐ。消火器箱に大塚南部町内会とある（大塚西浦町34）。西鶴作品に縁があるという宝迎（ホウコウ）寺を過ぎる（写真５）。十字路に南大塚と標識があった。道は真っすぐに下って東海道新幹線高架下に入る。ここは国道１号が近いためバスや車で混んでいた。中学生が渋滞の車の間をぬって渡る。国道１号山科大塚交差点に出ると横断歩道がない。見ると大塚地下道入り口があるので下を通って渡る（11時37分、17,212歩）。

写真５　宝迎寺前

奈良街道の続きを歩く。山科川の音羽橋を渡って音羽稲芝に入る。道脇に石柱があるが文字が判別できない。そこへ農作業へ向かう老人が通りかかり、奈良街道であること、清水寺の奥の院がこの先にあるのでそれが書いてあると教えてくれた（「清水寺奥之院 牛尾山道」）。この奥の院と清水寺とのことでいろいろ楽しい話をしてくれた。礼を言って別れる。国道１号とまた合流する。ここも音羽地下道を通って渡る。ここで大間違いをした。すぐ目の前の道と勘違いしたのだ。34分の無駄足だった。

また音羽地下道入り口地点まで引き返して、ひとつ北の道に入り、歩き始めた。正しい道を歩こうと散々探していた音羽病院が、すぐ目の前に現れた。ここで受付嬢に断ってトイレを借りた。再び音羽病院に沿って上っていく。小山鎮

写真６　追分（右が京都へと続く東海道）

守町の交差点を横断すると向かい側に「左嵐山」の石柱が見えた。道を上り、名神高速京都東料金所西側の高架下を抜ける。「牛尾山道」石柱前を通り上っていくと、いよいよ滋賀県大津市追分町だ。ここで道は京都へ行く道と私の歩いてきた奈良街道が交わる（12時58分、20,003歩、写真６）。

東海道の雰囲気を味わいながら歩いていたら、猛スピードで車が２台追い越していった。滋賀県大津市の境標示があり、しばらく下ると京都市・大津市の境標示があった。佛立寺を過ぎるとすぐ国道１号に出る（13時07分、20,516歩）。

名神高速横の国道を歩き始める。月心寺を過ぎて大谷町陸橋に着く。ここを渡ると京阪大谷駅に行けるようだ。この辺りはうなぎ料理で有名らしい。上り切ったところは大谷駅からの道と合流する。逢坂山関址の碑がある。不動尊道を右に見て京阪電鉄陸橋を渡る。

大津へは、国道１号と国道161号（＊県道558号）に分岐する逢坂一丁目交差点から国道161号へ入る。京阪電鉄上関寺国道踏切を横断して大津市街地へ。JR陸橋を渡って、大津京町郵便局の辺りから、道路中央に京阪電鉄線路が出てくる。長い長い電車が路面電車として走るのである。京町一丁目交差点で右折して、街灯下に「旧東海道」の文字が並ぶ商店街を歩く（写真７）。唯泉寺前を通り、大津駅前道路との交差点に「旧東海道」石柱（写真８）があった。ここを大津宿終点とした（14時05分、26,163歩）。

※１　薩摩島津伏見屋敷跡には、2008（平成20）年に石柱・石碑が建立され、現在は分かりやすくなっているようだ。

写真７　大津市の旧東海道商店街

写真８　「旧東海道」とある

※距離、歩数はその日のスタート地点からの数値を示す。距離は当時の著者の歩幅をめどに計算している。

各順	地　　点	距離(km)	歩数（歩）	通過時刻（時：分）	所要時間（分）
1	大手筋商店街	0.00	0	7：12	0：00
2	毛利橋通（藩邸探しへ左折）	0.31	405	7：17	0：05
3	伏見中央図書館	0.45	587	7：21	0：04
4	伏見区役所（右折）	0.59	782	7：23	0：02
5	金札宮	0.79	1,049	7：27	0：04
6	伏見板橋小学校（下板橋通）左折	0.89	1,182	7：29	0：02
7	琵琶湖疏水・下板橋	1.08	1,440	7：32	0：03
8	桝形町石柱	1.21	1,612	7：35	0：03
9	再び下板橋	1.62	2,152	7：41	0：06
10	泉経寺（新町9丁目）左折	2.05	2,727	7：46	0：05
11	休憩	－	－	7：48	0：02
12	松永医院・丹波橋通	2.35	3,126	7：56	0：08
13	平塚酒店（新町13丁目）	2.65	3,528	8：01	0：05
14	近鉄京都線高架下	2.94	3,907	8：06	0：05
15	コンビニ角左折	2.99	3,981	8：07	0：01
16	京町通に合流	3.13	4,173	8：09	0：02
17	国24号横断・上下水道局伏見分所	3.20	4,257	8：12	0：03
18	「橦木町廓入口」石柱	3.28	4,364	8：13	0：01
19	休憩	－	－	8：16	0：03
20	伏見墨染郵便局へ右折	3.59	4,780	8：19	0：03
21	休憩	－	－	8：22	0：03
22	琵琶湖疏水・墨染橋	3.79	5,047	8：25	0：03
23	京阪電鉄墨染駅・踏切	3.85	5,122	8：26	0：01
24	墨染交差点・直違橋通	3.91	5,203	8：28	0：02
25	藤森神社	4.31	5,743	8：34	0：06
26	京都教育大・伏見医師会館	4.51	6,013	8：37	0：03
27	西福寺	4.64	6,178	8：40	0：03
28	JR藤森駅手前左折	4.70	6,262	8：42	0：02
29	「みぎふしみミち」石柱	4.91	6,545	8：46	0：04
30	休憩	－	－	9：12	0：26
31	JR陸橋渡る・天理教山国大教会	5.03	6,702	9：14	0：02
32	大谷川	5.16	6,870	9：16	0：02

33	右折・すぐ左折下りへ（久宝寺会館）	5.32	7,088	9：19	0：03
34	大岩街道合流	5.67	7,558	9：25	0：06
35	深草谷口町交差点左へ・石柱	5.83	7,767	9：28	0：03
36	七瀬川・谷口橋	5.99	7,974	9：32	0：04
37	大岩街道合流・京阪マーキング社	6.42	8,551	9：38	0：06
38	「大岩神社自動車道入口」石柱	6.60	8,796	9：41	0：03
39	深草馬谷町バス停	7.00	9,322	9：47	0：06
40	休憩	–	–	9：52	0：05
41	深草ゴルフ	7.34	9,780	9：56	0：04
42	勧修寺観光農園	7.73	10,306	10：02	0：06
43	勧修寺下ノ茶屋町交差点	8.94	11,915	10：19	0：17
44	勧修寺へ左折	9.20	12,266	10：23	0：04
45	勧修寺「右大津」石柱前右折	9.36	12,476	10：27	0：04
46	山科川・勧修寺橋	9.51	12,673	10：29	0：02
47	外環小野交差点・コンビニ	9.74	12,978	10：33	0：04
48	休憩	–	–	10：43	0：10
49	奈良街道へ出て左折	9.99	13,314	10：47	0：04
50	大津7km・山科3km分岐点	10.15	13,525	10：50	0：03
51	新奈良街道合流	10.76	14,335	10：58	0：08
52	名神高速高架手前（京都橘大学入り口）	11.14	14,841	11：04	0：06
53	休憩	–	–	11：08	0：04
54	岩屋神社	11.49	15,318	11：13	0：05
55	４差路・左に京都山科大宅郵便局	11.74	15,642	11：17	0：04
56	大宅市営住宅	11.95	15,933	11：20	0：03
57	山科銀座商店街	12.14	16,179	11：23	0：03
58	宝迎寺	12.39	16,518	11：27	0：04
59	南大塚十字路	12.49	16,642	11：29	0：02
60	東海道新幹線高架下	12.81	17,080	11：34	0：05
61	国1号大塚地下道入り口・ 山科大塚交差点	12.91	17,212	11：37	0：03
62	山科川・音羽橋	13.24	17,650	11：42	0：05
63	奈良街道・清水寺奥之院石柱	13.45	17,924	11：45	0：03
64	休憩	–	–	11：48	0：03
65	国1号音羽地下道入り口	13.63	18,166	11：50	0：02
66	休憩	–	–	12：24	0：34

67	音羽病院	14.00	18,655	12：29	0：05
68	休憩	－	－	12：39	0：10
69	交差点横断・「左嵐山」石柱	14.31	19,074	12：45	0：06
70	名神高速高架下	14.43	19,231	12：48	0：03
71	「牛尾山道」石柱	14.55	19,396	12：50	0：02
72	大津市追分町（京都・奈良分岐点）	15.01	20,003	12：58	0：08
73	休憩	－	－	13：00	0：02
74	滋賀県大津市境標示	15.09	20,110	13：01	0：01
75	京都市・大津市境標示	15.23	20,304	13：04	0：03
76	佛立寺	15.30	20,398	13：05	0：01
77	国1号へ出る（名神高速下）	15.39	20,516	13：07	0：02
78	距離標（487.6）	15.99	21,313	13：15	0：08
79	距離標（486.9）・陸橋下（京阪大谷駅）	16.77	22,357	13：25	0：10
80	逢坂山関址	17.09	22,782	13：29	0：04
81	不動尊道	17.36	23,138	13：32	0：03
82	京阪電鉄陸橋	17.44	23,245	13：33	0：01
83	国1号・国161号分岐、逢坂一丁目交差点	18.00	23,988	13：40	0：07
84	上関寺踏切横断	18.20	24,254	13：43	0：03
85	逢坂一丁目北交差点	18.38	24,498	13：46	0：03
86	JR陸橋	18.47	24,624	13：47	0：01
87	大津京町郵便局・京阪電鉄線路	18.91	25,210	13：53	0：06
88	京町一丁目交差点右折	19.11	25,477	13：57	0：04
89	唯泉寺	19.58	26,095	14：04	0：07
90	「旧東海道」石柱（駅前道路との交差点）	19.63	26,163	14：05	0：01
2006年7月9日　総距離数19.63km、総歩数26,163歩、総所要時間6時間53分					

追分を歩いて京都・大津の境界にある逢坂の関へ。今の人は国道と線路の間の狭い歩道を歩くことになる

19日目

平成18年

大津－草津

2006年８月２日水曜日

写真１　正面が大津の東海道

JR大津駅の駅前通りを下り東海道との交差ポイントに立つ（7時58分、写真１）。通勤時間帯で皆急ぐなかを10kgの荷物を背負って歩くことになった。歩き始めてすぐ県庁への道と交差する。昭和14年建築の重々しい建物だ。東海道は東にほぼ真っすぐ一直線である。一方通行なので車は少ない。西方寺を過ぎて道は少し北へ曲がり、左からの直線路を吸収する。一帯は江戸時代に石場の渡しがあったところとの案内「呼次松（ヨビツギマツ）の由来」がある。京阪石山坂本線石場踏切を越える（８時17分、1,339歩）。

写真２　義仲寺

道は打出病院を経て義仲寺（ギチュウ）に至る(写真２)。芭蕉の墓もあるので寄ろうと思ったら、開くのが９時からとなっていた。

東海道の風情を残す道を歩く。平野小学校への道との十字路を横断してしばらく進むと、道は右へ、左へと曲がる。桃源寺を左に見て、すぐ右に石坐（イワイ）神社となる。西の庄にあるこの神社は天智天皇の頃の創建とされ、御霊殿山の山中の大岩上に祠があったことに由来する名という。突き当たりを左折、大津スポーツクラブ（＊フレンドマート）前で道案内を確認して小川を越える。道は右へ大きく曲がり、突き当たりのＴ字路を右折、さらに響忍寺前で左折して東へ向かう。大津市木下町７の突き当たりを南へ右折、和田神社に出る。境内の銀杏の木には関ヶ原合戦に敗れた西軍大将の石田三成がつながれたとされる（８時55分、4,092歩）。

道は真っすぐ南へ向かう。縁心寺には「舊膳所城主御菩提所」という石柱があった。少し行くと「膳所城跡公園前」という案内があり、右手に膳所神社を見る。膳所城跡公園はここから左手の琵琶湖に面するところにある。近くにコンビニがあったのでデジカメの電池を買う。京阪電鉄中ノ庄駅に向かう道と交差する角の近くで、旧東海道は駅と反対に左折すると案内があった。道を左折して東へ向かう（写真３）。篠津神社を過ぎてまもなく突き当たりを右折、また南へ向かう。光源寺、専光寺を経て京阪電鉄瓦ヶ浜駅横の踏切を渡る。ここには大津中庄郵便局があり、妙福寺が隣にある。少し行くと突き当たるので左折して進む。道は突き当たりを右へ折れるがその先に「膳所城勢多口総門跡」の石柱があった。後方少し北、本多神社の境内には膳所藩資料館がある。奥村医院前から道は南へ向かう。晴嵐（セイラン）交差点から左は県衛生科学センター、粟津中学校、右はNEC（関西日本電気）である。晴嵐１丁目17の分かれ道に案内があり、いろいろな歴史の道が示されていたが、私はNECに沿ってJR石山駅へ向かう。聞くと石山駅の中から向こう側へ出られるとのことで、駅のエスカレーターで上がる。階段を下りて石山商店街へ向かう。さすがに人が多い（10時18分、8,633歩）。

写真３　中庄の街道

駅前から東へ少し歩いて今度は松原町西交差点を右折して商店街を歩き始める。京阪電鉄の松原踏切を渡って、国道１号を横断[※1]、鳥居川交差点に着き、左折する。いよいよ瀬田の唐橋を渡る（写真４）。橋の下にはたくさんのカ

写真４　瀬田唐橋

ヌーが浮かんでいた。渡り終わって200mで左に入るべき小路があったのだがつい見逃し、大津市南支所（＊瀬田南市民センター）で教えてもらって引き返す破目になった。こういう時の荷物は肩に食い込む。引き返して進む街道は北東へ向かう。高橋川を越えて二つめの角を右へ入る（11時31分、11,761歩）。

街道は大江の中を進む。浄光寺を過ぎてすぐに大江６丁目で道は突き当たるので、旧東海道の標示に従い、左折して直進する。そのまま真っすぐ進めば大津市役所瀬田支所があるが、標示に従って角にたばこ屋がある十字路で右折する。道を少しずつ上りながら大きな道にある大江四丁目交差点を横断

写真５　「東海道立場跡」

写真６　「草津歴史街道」の案内

する。正面の瀬田商工会館脇にある案内に従い、直進する。道は学園通りへ向かってさらに上る。学園通りの交差点（＊一里山(イチリヤマ)二丁目北交差点）角に案内があり、「一里塚趾」石碑がある。一帯は一里山という。長沢川の一里山橋を渡って進む。広い道を横断して下月輪(シモツキノワ)池横に出ると「東海道立場跡」石碑があった（写真５）。さらに進むと左に日本黒鉛の工場があり、社員がラジオ体操をしていた。草津市に入る。暑いのでその先にある狼川児童公園（＊狼川児童遊園）横の休憩所で休憩した（12時54分、17,631歩）。

休憩後、狼川を渡って弁天池に沿い進み、草津市南笠東１丁目の道を

歩く。ここで野路へ入る。新宮神社鳥居を過ぎてすぐ教善寺があり、そこに「草津歴史街道」とした案内があった（写真６）。お寺の隣にある「ののみち保育園」の名は「ののみち」、つまり野路のことだろうか。近接する国道１号に進入する車で混雑する道を横断すると、ちょっとしたお休み所（上北池公園）があり、そこを通り抜けて国道１号矢倉南交差点へ出る。横断して矢倉小学校への道へ入ると、門の近くに「←東海道→」と記されたプレートがあった。右手に草津矢倉郵便局があり、すぐ横に稲荷神社があった（13時46分、20,396歩）。

矢倉１丁目の街道を抜けて草津川に出て、矢倉橋を渡る。橋の北側には「黒門の由来」の説明板がある。街道を歩いて立木神社前交差点を横断して草津宿中心部へ入り、カラー舗装の道を歩く。商店街のアーケードには商店名のついたプレートがそれぞれ下げられているのが珍しかった（写真７）。草津宿街道交流館には宿全体の細かな説明があった。脇本陣を経て草津宿本陣跡へ着いた（写真８）。東海道はそこからすぐの草津川隧道※2の手前で右折して旧草津川※3へ上っていく（14時21分、23,127歩）。

写真７　草津の商店街

写真８　草津宿本陣跡

この日は草津川隧道を通って、中山道側の商店街を抜けてJR草津駅へ向かった。

※1　2020（令和２）年現在、国道１号は高架化されている。
※2　草津川隧道は、天井川である旧草津川の下をくぐるトンネル。隧道は中山道の部分である。草津は中山道と東海道の合流する宿場であった。
※3　旧草津川は2002（平成14）年に現在の草津川への付け替えが完了し、廃川となった。

※距離、歩数はその日のスタート地点からの数値を示す。距離は当時の著者の歩幅をめどに計算している。

各順	地　　点	距離(km)	歩数（歩）	通過時刻（時：分）	所要時間（分）
1	旧東海道石柱（駅前道路との交差点）	0.00	0	7：58	0：00
2	県庁前道路との十字路	0.23	295	8：02	0：04
3	常盤橋	0.38	500	8：04	0：02
4	西方寺	0.64	845	8：09	0：05
5	松本2丁目（2本の道の合流地点）・北川酒店	0.84	1,119	8：13	0：04
6	石場踏切	1.01	1,339	8：17	0：04
7	大津警察署（裏）	1.19	1,583	8：20	0：03
8	義仲寺	1.46	1,940	8：25	0：05
9	福正寺	1.71	2,269	8：29	0：04
10	滋賀大学教育学部附属中学校前	2.13	2,838	8：36	0：07
11	桃源寺	2.28	3,032	8：38	0：02
12	石坐神社	2.34	3,113	8：39	0：01
13	西の庄網町住居案内板	2.52	3,347	8：42	0：03
14	休憩	－	－	8：45	0：03
15	木下町15（突き当たり右折）	2.65	3,522	8：47	0：02
16	響忍寺（前を左折）	2.75	3,659	8：49	0：02
17	木下町7（T字路右へ）	3.01	4,007	8：54	0：05
18	和田神社	3.07	4,092	8：55	0：01
19	縁心寺	3.25	4,327	8：59	0：04
20	膳所城跡公園前（案内板）	3.46	4,609	9：02	0：03
21	休憩	－	－	9：14	0：12
22	滋賀銀行	3.61	4,812	9：17	0：03
23	中ノ庄駅前の交差点	3.96	5,278	9：22	0：05
24	休憩	－	－	9：32	0：10
25	奥村歯科前右折	4.19	5,577	9：36	0：04
26	光源寺	4.33	5,770	9：39	0：03
27	瓦ヶ浜踏切	4.53	6,035	9：42	0：03
28	若宮八幡神社	4.75	6,328	9：46	0：04
29	宮町踏切	4.81	6,404	9：48	0：02
30	膳所城勢多口総門跡	5.02	6,688	9：52	0：04
31	関西日本電気（NEC）	5.83	7,772	10：04	0：12

32	東海道案内（晴嵐1丁目）右へ	5.97	7,948	10：08	0：04
33	JR石山駅・京阪石山駅	6.19	8,245	10：12	0：04
34	石山商店街入り口	6.48	8,633	10：18	0：06
35	石山商店街右折	6.59	8,784	10：20	0：02
36	京阪松原踏切	6.72	8,958	10：22	0：02
37	鳥居川交差点（左へ）	7.25	9,659	10：30	0：08
38	踏切（京阪唐橋前駅）	7.37	9,826	10：33	0：03
39	唐橋西詰交差点（瀬田川）	7.56	10,068	10：35	0：02
40	唐橋東詰交差点	7.88	10,504	10：41	0：06
41	コンビニ	8.10	10,796	10：45	0：04
42	休憩	－	－	11：18	0：33
43	石善（石材店）へ左折	8.26	11,005	11：20	0：02
44	正法寺	8.37	11,148	11：24	0：04
45	檜山神社	8.63	11,501	11：28	0：04
46	高橋川・和田一号橋	8.75	11,654	11：30	0：02
47	高橋川から2つ目の筋右折（大江3丁目）	8.83	11,761	11：31	0：01
48	浄光寺（大江3-18）	9.42	12,558	11：43	0：12
49	旧東海道（大江6丁目）	9.50	12,664	11：44	0：01
50	大江5-1右折	10.01	13,341	11：53	0：09
51	瀬田商工会館	10.69	14,244	12：03	0：10
52	交差点横断・一里塚跡（一里山2-18）	11.07	14,752	12：10	0：07
53	長沢川・一里山橋	11.37	15,158	12：14	0：04
54	休憩	－	－	12：23	0：09
55	交差点直進（右折先に山ノ神池）	11.55	15,399	12：27	0：04
56	日本黒鉛工業	12.78	17,033	12：47	0：20
57	狼川児童公園	13.23	17,631	12：54	0：07
58	休憩	－	－	13：13	0：19
59	交差点（県43号）	14.19	18,908	13：26	0：13
60	願林寺	14.63	19,503	13：32	0：06
61	新宮神社鳥居	14.76	19,669	13：36	0：04
62	教善寺・草津歴史街道案内板	14.98	19,963	13：39	0：03
63	国1号合流（ラーメン店）・矢倉南交差点	15.19	20,252	13：43	0：04
64	矢倉小学校（東海道プレート）	15.30	20,396	13：46	0：03
65	矢倉稲荷神社	15.50	20,654	13：48	0：02

66	古川酒造	15.95	21,258	13：58	0：10
67	草津川・矢倉橋	16.23	21,627	14：02	0：04
68	立木神社	16.53	22,039	14：07	0：05
69	本四商店街入り口	16.84	22,445	14：12	0：05
70	草津宿街道交流館	16.97	22,618	14：14	0：02
71	草津宿本陣跡	17.27	23,016	14：19	0：05
72	草津川隧道前（右 東海道いせみち）	17.35	23,127	14：21	0：02
2006年8月2日 総距離数17.35km、総歩数23,127歩、総所要時間6時間23分					

20日目

平成18年

草津－三雲

2006年８月３日木曜日

東海道は草津川隧道手前から右折する。その地点に立つ（６時35分、写真１）。道は旧草津川へ向かって緩やかに上り草津川橋へ至る。橋を渡ったらすぐに堤防道を右折、東へ向かう。私は宮脇病院横の道らしきところが下り口かとも思ったが、そのまま堤防を歩いて下り、国道１号から来る車の多い道へ出て、右方向へ進むと栗東（リットウ）市へ入る。新幹線高架下に至る（６時59分、2,234歩）。

写真１　左隧道（中山道）、右東海道へ

道は金勝（コンゼ）川沿いに左へ大きく曲がる。そこに「目川田楽　京いせや跡」と記した碑があった。乗圓寺を過ぎてまた「田楽発祥の地」とする碑があった。専光寺を過ぎてまもなく目川の一里塚がある。まだ新しい石柱だ。

金勝川は目川池を回って曲がるので道も大きく右へ曲がる。相変わらず車の洪水だ。今まで歩いた狭い街道と同じく通勤時間帯は歩くのが大変だ。ここに地藏院があった。そこからすぐ街道は左折する。角に東海道の石柱が見えたが車が多く近寄れなかった。左折した道は急に車が激減した。ここ

写真２　シーボルトが訪ねた善性寺

は川辺（カワヅラ）地区だ。地区に入ってすぐ善性寺がある。案内を読むと植物学者の僧がいて、シーボルトが訪ねたという（写真２）。道は葉山川の葉山川橋を経て上鈎（カミマガリ）東交差点に至る（７時42分、5,803歩）。

右には上鈎池の土手がある。横断して直進すると土手側に「足利義尚公　鈎の陣所ゆかりの地」という碑があった（写真３）。「文明十九年（一四八七年）」とある。池の土手沿いの街道は県道55号との交差点に出るので直進する。次の分かれ道を井関商会の前の道へ進む。栗東市手原５丁目である。すぐのところに「東海道すずめ茶屋跡地」の石柱があった。またしばらく行くと今度は「東経136度子午線」とした石柱があった。JR手原駅から南へ向かう道を横断、手原稲荷神社に着く（７時56分、6,874歩）。

写真３　鈎の陣所跡

街道は名神高速道路高架下をくぐる。街道脇には昔の屋号を記した家があり、家の造りに歴史を偲ばせる家並みが続く。手原一丁目交差点を横断して栗東市小野地区へ入る。「東海道小野村飴屋」の屋号札が掛かった家があった。小野公民館を過ぎてまもなく今度は六地蔵地区に入る。「東海道六地蔵村旅籠㊬京屋」という屋号札が掛かっていた。髙念寺を過ぎてだれもいない六地蔵会議所に着いたところで休憩した（８時25分、9,223歩）。

歩き始めてすぐ道は右の県道116号と接するが、そこに一里塚があった。道は左側が旧道、右に広い県道116号、間に歩道があってそこを歩く。すぐに道は左へ入るが、その先に国指定史跡「旧和中散本舗（キュウワチュウサンホンポ）」があった（写真４）。福正寺を過ぎてすぐ地蔵院入り口を右へ曲がり国宝地蔵尊の碑の前を過ぎ

写真４　旧和中散本舗

る。長徳寺を過ぎて広大な平野の先に一山がそびえているのに気がついた。一瞬桜島かと思った山だ。聞くと三上山、近江富士ともいうそうだ(写真５)。街道は水田地帯を進む。脇にはきれいな水が勢いよく流れている。ついに徳生寺の前の用水路で靴を脱ぎ、水に足をつけた。すぐ足は冷水でしびれるくらいになった（９時03分、12,137歩)。

写真５　近江富士

街道は名神高速道路高架下（栗東21）をくぐるがここから湖南市石部（イシベ）に入る。街道はJR草津線に沿って進むが、宮川踏切のところから右へ曲がり、さらに左へ宮川の宮川橋を渡って進む。直進するとJR石部駅だが手前で右へ折れ、村井川の第３号町道橋を渡り、宮川沿いに石部宿（シュク）を目指す。ここは道脇の街路灯に東海道の標示がある。すぐ近くの宮川沿いの公園に石部宿と彫られた常夜灯があり、東海道五十三次の案内、そして休憩できるところがあった。石部西交差点を過ぎて石部西１丁目９のＴ字路で右折して進むと突き当たり、その右側に「石部宿夢街道」(＊石部宿田楽茶屋)という案内所と駕籠（カゴ）の模型があった。ここを「左東海道」の案内に従い、左折して行くと明清寺などがあり、石部宿本陣跡（小島本陣跡）があった(10時03分、16,693歩、写真６)。

写真６　本陣手前の街道

湖南市役所へ通じる県道113号との石部中央交差点を横断するが、その角に「御高札場跡」の案内板があった。西福寺を過ぎる。ここで行き会った御老体が西福寺の門を自慢し、京都から移設したものだと説明してくれた。吉姫神社の前の商店横で暫時休憩する。石部東交差点を横断、落合川橋を渡り、柑子袋（コウジブクロ）に入る。道の両脇が緑色に舗装されていた。浄休寺を過ぎて家棟（ヤノムネ）川の家棟川橋を渡る。次の由良谷川はトンネルでくぐる。報恩寺を過ぎて少し行ったところに「夏見立場（タテバ）跡」がある。立場は人夫が休んだ茶店という。三雲小学校前から盛福寺を経て大沙（オオスナ）川隧道に至る（写真７）。手前には「弘法杉」の案内板があり、また「弘法大師錫杖跡」の石碑もあった（11時46分、24,534歩）。

写真７　大沙川隧道手前の街道

写真８　三雲を歩く

休憩しながら地図を確認して歩き始める。吉見神社参道口でもある交差点を横断して進む。街道は三雲踏切で草津線の北側へ入る。踏切手前に東海道の方向を指し示す標示があった。三雲の市街地（写真８）を、荒川橋（荒川）を経てJR三雲駅へ向かう。12時16分、三雲駅前に着く。街道はこの先真っすぐ進み、大きく右へ曲がったところから野洲川を渡るのだが、今ではできないので、ここからは国道１号へ出て迂回することになる。この日は暑く、限界と思い、三雲駅から草津線で宿へ戻った。

※距離、歩数はその日のスタート地点からの数値を示す。距離は当時の著者の歩幅をめどに計算している。

各順	地　　点	距離（km）	歩数（歩）	通過時刻（時：分）	所要時間（分）
1	草津宿右折地点（右 東海道いせみち）	0.00	0	6：35	0：00
2	草津川・草津川橋	0.68	904	6：44	0：09
3	宮脇病院横（堤防道路）	0.89	1,178	6：48	0：04
4	県116号に合流する	1.08	1,427	6：51	0：03
5	新幹線高架下	1.68	2,234	6：59	0：08

6	分岐路を左へ（東海道標示）	1.97	2,617	7：04	0：05
7	目川田楽京いせや跡	2.05	2,722	7：05	0：01
8	乗圓寺	2.14	2,849	7：07	0：02
9	「田楽発祥の地」石柱	2.30	3,061	7：10	0：03
10	専光寺	2.50	3,325	7：13	0：03
11	目川の一里塚	2.69	3,578	7：16	0：03
12	地藏院	3.02	4,018	7：21	0：05
13	T字路左折（東海道標示）	3.16	4,208	7：24	0：03
14	善性寺（シーボルトゆかり）	3.30	4,397	7：27	0：03
15	葉山川・葉山川橋	3.88	5,167	7：35	0：08
16	上鈎東交差点	4.36	5,803	7：42	0：07
17	「足利義尚公 鈎の陣所ゆかりの地」碑	4.45	5,927	7：44	0：02
18	県55号交差点（直進する）	4.60	6,131	7：47	0：03
19	「東海道すずめ茶屋跡地」石柱	4.73	6,301	7：49	0：02
20	「東経136度子午線」石柱	4.92	6,559	7：52	0：03
21	手原稲荷神社	5.16	6,874	7：56	0：04
22	名神高速高架下	5.44	7,242	8：01	0：05
23	手原一丁目交差点	5.72	7,621	8：05	0：04
24	西厳寺	6.00	7,993	8：09	0：04
25	光圓寺	6.08	8,096	8：11	0：02
26	高念寺	6.48	8,633	8：17	0：06
27	六地蔵会議所	6.92	9,223	8：25	0：08
28	休憩	－	－	8：32	0：07
29	一里塚（県116号と接する）	7.05	9,388	8：34	0：02
30	旧和中散本舗	7.33	9,763	8：38	0：04
31	福正寺	7.38	9,835	8：39	0：01
32	「国宝地蔵尊」石碑	7.49	9,978	8：41	0：02
33	長徳寺	7.90	10,522	8：48	0：07
34	真教寺	8.51	11,334	8：56	0：08
35	徳生寺	9.11	12,137	9：03	0：07
36	休憩	－	－	9：13	0：10
37	名神高速高架下（栗東21）	9.44	12,585	9：17	0：04
38	宮川踏切手前右へ	10.53	14,035	9：30	0：13
39	宮川・宮川橋	10.78	14,361	9：34	0：04

40	村井川・第３号町道橋	11.15	14,858	9：40	0：06
41	石部宿（案内・休憩所）	11.31	15,080	9：43	0：03
42	石部西交差点	11.87	15,816	9：51	0：08
43	石部西1-9右折	12.03	16,032	9：54	0：03
44	案内所、「左東海道」石柱	12.27	16,351	9：58	0：04
45	明清寺	12.41	16,539	10：01	0：03
46	石部宿本陣跡（小島本陣跡）	12.52	16,693	10：03	0：02
47	御高札場（交差点角）	12.82	17,090	10：09	0：06
48	西福寺	13.23	17,627	10：16	0：07
49	吉姫神社	13.48	17,969	10：21	0：05
50	休憩	−	−	10：24	0：03
51	石部東交差点	13.88	18,505	10：30	0：06
52	落合川・落合川橋	14.02	18,690	10：32	0：02
53	浄休寺	15.43	20,569	10：52	0：20
54	家棟川・家棟川橋	15.71	20,941	10：57	0：05
55	由良谷川隧道	16.63	22,172	11：08	0：11
56	休憩	−	−	11：20	0：12
57	報恩寺	16.69	22,250	11：21	0：01
58	夏見立場跡	16.96	22,612	11：25	0：04
59	三雲小学校	17.27	23,018	11：29	0：04
60	盛福寺	17.73	23,633	11：37	0：08
61	大沙川隧道	18.41	24,534	11：46	0：09
62	休憩	−	−	11：50	0：04
63	吉見神社参道口（交差点）	18.61	24,807	11：53	0：03
64	三雲踏切	19.05	25,395	11：59	0：06
65	荒川・荒川橋	19.54	26,045	12：06	0：07
66	三雲駅前の交差点（電柱のところ）	20.34	27,109	12：16	0：10
2006年8月3日　総距離数20.34km、総歩数27,109歩、総所要時間5時間41分					

21日目

平成18年

三雲－土山

2006年8月4日金曜日

６時05分、前日最終点のJR三雲駅前を出発する。10kgの荷物を背負う。駅からすぐの国道１号下をくぐり、くぐった道の左側（下流側）に出る。野洲（ヤス）川に架かる横田橋の右側には歩道がなかったからである。横田橋を渡ったところの朝国交差点は西へ向かう県道13号との交差点である[※1]。国道１号、またTOTOへの道も接続している。横断して歩道橋で国道１号を越えるつもりだったが、どういう訳か行けないようだ。肩の荷物が急に重く感じた。引き返して国道左側を次の泉西交差点まで歩く。ここから甲賀市水口（ミナクチ）町泉となる。交差点からガソリンスタンドに沿って右の脇道に入って行くとすぐ道がＹ字路になる。右へ進み、水口案内板の「旧東海道横田渡」に従って道を行く。泉川の泉川原橋を渡ってすぐ「横田渡跡」がある（写真１）。ここは公園として整備され、大きな常夜燈もあった。説明を読み、野洲川対岸を見たが藪木で見えなかった。横田渡は冬場だけは土橋があったが、かねては渡し船だったとあり、幕府管理下にあったのだそうだ（６時29分、1,823歩）。

写真１　横田渡跡

街道は公園の正面の道からとなる。泉川の河原屋敷橋を渡り、用水路沿いに農村地帯を歩くことになる。「泉一里塚跡」からすぐ泉川の舞込橋を渡る。橋手前に「日吉神社御旅所」という標示があった。橋を渡ったところで道は先ほどのＹ字路の左側の道と合流する。街道に沿って水田があり、用水が実にきれいである。道は水口町泉から水口町北脇へ入り、ほぼ真っすぐ田園の中を東へ続く。送電用鉄塔横の交差点から北側遠方に先ほどとは別なTOTOの工場を望む。北脇の市街地に入ると、柏木公民館には水口宿（シュク）の案内と火の見櫓を模した常夜燈があった。そこから先へ進んだ柏木小学校向かいの交番手前に東海道を示すような松があった（写真２）。北脇公民館を過ぎてまもなく水田の脇に「北脇縄手と松並木」の案内があり、東海道が整備されたいきさつが分かる。縄手は畷ともいう。真っすぐな道はいよいよ水口市街地へ入る。柏木神社への道を横切ると美冨久酒造があった。妙沾寺（ミョウテン）を過ぎてすぐ交差点を左折する。道の左側は水口町西林口４、右側は東林口５である（７時29分、6,729歩）。

写真２　柏木小学校前の街道

少し歩くと角に林口一里塚跡のある五十鈴神社へ出るので、ここを右折して進む。真徳寺を過ぎ、突き当たりの「力石」（水口石）の角を今度は左折する。さらに突き当たりを右折して江戸の面影を残す家並みの中を歩く。南北に走る広い道を横断、水口町城東へ入る。すると日本棋院水口支所があった。さらに直進して行くと道は家に遮られ急に狭くなるが構わず入る。すぐ突き当たるので右折する。道は本通りというべきところに出る。すぐ右に湖東信用金庫がある。ここを左折するとすぐに水口中部コミュニティセンターがある。昔の宿場風の建物である。近江鉄道踏切を渡ると小橋があり、左に「いしばし」、右に「東海道」とある。

写真３　近江鉄道踏切先は３道に分岐

街道はここで南、中、北の３道に分かれる（写真３）。正面の時計のオブジェ横に「宿場町の水口」

のプレートもある。私は中の道を歩くことにした。道には「米屋町」などという石柱があちこちで見られる。平町バス停のある交差点を横断してアーケード街へ入る。水口本町郵便局前を歩いて行く。実は行程を記すメモ帳がほぼ満杯、文具店を探したが今まで見かけなかった。期待して歩いたがなかった。

アーケード街を抜けた道は「大池町」の石柱のある交差点から本水口商店街へ入る。道はやがて南側の道と２道合流する。少し北へ向いた道はさらに北側の道と合流、ここに３道が一つの東海道となる。道は曲がりながら北へ向かい、国道307号へ出る。強引に横断することもできたのだが、用心して近くの歩道橋を渡って横断する（８時24分、10,651歩）。

道が分岐路となるので右へ向かい、山川の山川橋を渡る。広い道の国道307号秋葉北交差点に出て横断すると、上りとなる。そこに大師寺がある。坂を上り切って下る途中に「立石」の標示があったが、一帯は水口町新城である。突き当たりのＴ字路を左折する。角に旧東海道の標示がある(写真４)。進むとまもなく森に囲まれた八幡神社が左にある。永福寺を過ぎて東酒造が見える辺りから道は広くなり、「新城」の標示のあるところで県道549号(西へ行くと国道307号とつながる）と合流するので左折する。すぐにまた左へ入り、少し上り下るところに宝善寺があり、「今郷」の標示を見て県道126号を横断する（９時06分、13,959歩）。

写真４　旧東海道標示、矢印は水口へ

ここで休憩することにして県道549号へ出てコンビニで冷たいものを求め、またメモ帳も購入した。元の地点へ戻り、再び歩き始める。道はまもなく県道549号へ合流するがすぐまた左へ入る。その角に「街道をゆく」の碑がある。道脇に「旧今在家の一里塚」がある。道は下ってタイヤ店手前で県道549号と合流する。そこからすぐの大野西交差点で県道は国道１号と合流、以降国道１号となる。街道はここから左へ入るが、入り口に「東海道土山今宿（シュク）」

とある。ここから甲賀市土山町大野となり、水口町今郷との境のこの一帯は昔の今宿村にあたる。少し歩くと国道1号徳原交差点を見下ろす陸橋が県道183号の上にあるが、ここは東海道である。すぐ先に茅葺きの家があり「旅籠東屋跡」とあった（写真5）。やがて国道1号の大野交差点に出る。そこにあるバス停は立派な小屋であり、誰もいないので休憩することにした（10時14分、18,533歩）。

写真5　茅葺き屋根の東屋跡

ここから東海道は斜めに国道を横断する。歩道橋を渡ることにする。渡り終わったところの道角に石碑と地蔵像があった。街道はカラー舗装である。家角に旅籠名の石柱などがある。JA甲賀郡（*JAこうか）大野支所、児童が水に興ずる大野小学校を過ぎる。小学校のすぐそばに花枝神社参道の鳥居がある。少し行くと「反野畷」の石柱がある。松並木の東海道を歩くが、太陽がちょうど真上であまり木陰が役には立たない（写真6）。大日川の大日川橋を渡って進む。橋のところにこの川が堀割として開かれた由来が書いてある。堀切川ともいう。そこからまもなくのところに土山宿(シュク)大野市場の一里塚がある。

写真6　土山町大野の松並木

諏訪神社前を歩き、国道1号頓宮(トングウ)交差点を北に見て県道24号を横断する。地安寺、瀧樹(タキ)神社と土山町前野を歩く。建設中かのような新道（県道24号）との交差点を横断、さらに分岐路があるが、ここはすれ違った旅人の意見よりも、そこにいた地元の親子の意見で左へ。東海道案内があったがあまりよく分からなかった。国道1号へ出たがすぐ東の白川橋バス停から右の道へ入る。さっきの旅人が教えてくれた道と合流、真っすぐ進んで歌声橋（歩道橋）

を渡る。橋を渡ると街道はまた国道１号へ向かい接するが、合流せず直前で右側の道へ入る。まもなく合流する。車の途切れるのを待って横断、JA甲賀郡土山支所横の道へ入る。最初の十字路を右折し、国道１号へ向かう。国道１号に合流して左折、車を気にしながらすぐ近くの南土山交差点に着く。ここは横断用の押しボタンの信号があった。信号の変わる前に車が途切れたので右へ渡った。「土山宿」案内がそこにあった。ここからが土山宿になる（12時14分、26,553歩）。

写真７　土山宿中心部へ向かう街道

カラー舗装の道を歩く（写真７）。旅籠名の石柱が目立つ。大黒橋を渡り、陣屋跡を経て、大黒屋本陣跡に着く。ここは問屋場跡ともされており、高札場でもあったようだ。さらに進むと土山宿本陣跡に着く（写真８）。「東海道伝馬館」は道から少し入ったところにあるが寄らなかった。道は白川神社前から少し下り、来見（クルミ）川の来見橋を渡る。「三日月屋」前に土山宿の説明があり、小さな公園になっていた。家並みはほぼここで終わる。しばらく休憩する。最後の気力を振り絞って「道の駅 あいの土山」に向かう。今日は目前に田村神社参道を見て終点とした（13時05分、29,939歩、写真９）。

写真８　土山宿本陣

写真９　田村神社参道の鳥居

この後は道の駅で着替えたり、

そばを食べたりして休養。そしてJR貴生川(キブカワ)駅行きのバスを待った。それにしても10kgの荷物との歩きはつらかった。貴生川駅から四日市へ乗り換えながら行った。

※1　このころ国道1号だった朝国交差点〜三雲西交差点の区間は、2021年現在、県道13号となっている。

※距離、歩数はその日のスタート地点からの数値を示す。距離は当時の著者の歩幅をめどに計算している。

各順	地　　点	距離(km)	歩数（歩）	通過時刻（時：分）	所要時間（分）
1	三雲駅前の交差点	0.00	0	6：05	0：00
2	横田橋終わり（片側歩道）	0.35	457	6：10	0：05
3	休憩	−	−	6：15	0：05
4	泉西交差点	0.89	1,182	6：22	0：07
5	水口案内板	0.94	1,251	6：23	0：01
6	泉川・泉川原橋	1.20	1,600	6：27	0：04
7	横田渡跡・公園	1.37	1,823	6：29	0：02
8	休憩	−	−	6：33	0：04
9	泉川・河原屋敷橋	1.43	1,902	6：34	0：01
10	泉一里塚跡	1.51	2,007	6：36	0：02
11	泉川・舞込橋	1.62	2,160	6：38	0：02
12	国宝延命地蔵尊「泉福寺」	1.97	2,621	6：44	0：06
13	「泉」標示	2.60	3,464	6：52	0：08
14	「北脇」標示	2.91	3,869	6：56	0：04
15	交差点（北側遠方にTOTO）	3.01	4,003	6：58	0：02
16	柏木公民館	3.47	4,623	7：04	0：06
17	柏木小学校・交番	3.70	4,929	7：08	0：04
18	北脇公民館	3.95	5,258	7：11	0：03
19	「北脇縄手と松並木」の案内石碑	4.52	6,023	7：21	0：10
20	柏木神社	4.80	6,391	7：25	0：04
21	妙沾寺	5.01	6,673	7：28	0：03
22	水口町中邸の交差点左折	5.05	6,729	7：29	0：01
23	林口一里塚跡・五十鈴神社	5.13	6,836	7：32	0：03
24	真徳寺	5.39	7,177	7：37	0：05

25	突き当たり左折（「力石」）	5.56	7,401	7：40	0：03
26	水口町城東へ入る	5.80	7,721	7：43	0：03
27	日本棋院水口支所	5.87	7,821	7：44	0：01
28	休憩	－	－	7：51	0：07
29	突き当たり（水口町八坂4）右折	6.13	8,163	7：56	0：05
30	本通り左折（右に湖東信金）	6.27	8,360	7：58	0：02
31	水口中部コミュニティセンター	6.43	8,561	8：00	0：02
32	近江鉄道踏切・いしばし	6.53	8,703	8：02	0：02
33	交差点（平町バス停）	6.78	9,027	8：07	0：05
34	交差点（「大池町」石柱）・本水口商店街	7.25	9,666	8：14	0：07
35	東海道2道合流	7.60	10,132	8：19	0：05
36	東海道3道目と合流	7.70	10,259	8：20	0：01
37	国307号横断（歩道橋渡る）	7.99	10,651	8：24	0：04
38	分岐路右へ	8.11	10,802	8：26	0：02
39	山川・山川橋（すぐ秋葉北交差点）	8.25	11,000	8：28	0：02
40	「立石」標示	8.89	11,845	8：38	0：10
41	休憩	－	－	8：41	0：03
42	T字路左へ（旧東海道標示）	9.07	12,090	8：44	0：03
43	八幡神社	9.33	12,437	8：48	0：04
44	永福寺	9.63	12,830	8：53	0：05
45	県道合流（「新城」標示）	10.14	13,519	8：59	0：06
46	宝善寺・「今郷」標示・交差点	10.47	13,959	9：06	0：07
47	休憩	－	－	9：26	0：20
48	県549号合流左へ（「街道をゆく」の碑）	10.95	14,588	9：32	0：06
49	今在家一里塚	11.37	15,158	9：38	0：06
50	県549号合流	11.85	15,787	9：45	0：07
51	国1号大野西交差点（東海道は左へ）	12.01	16,010	9：48	0：03
52	今宿公民館	12.86	17,137	9：59	0：11
53	陸橋（東海道）・右下に国1号徳原交差点	13.44	17,915	10：07	0：08
54	旅籠東屋跡（茅葺き）	13.60	18,122	10：10	0：03
55	国1号合流・大野交差点	13.90	18,533	10：14	0：04
56	休憩	－	－	10：32	0：18
57	歩道橋渡る（石碑・地蔵像）	14.02	18,690	10：34	0：02
58	JA甲賀郡大野支所	14.48	19,299	10：40	0：06

59	長圓寺	15.00	19,998	10：47	0：07
60	大野小学校・花枝神社参道	15.20	20,256	10：50	0：03
61	大日川橋	15.92	21,226	11：00	0：10
62	土山宿大野市場一里塚	16.05	21,399	11：03	0：03
63	諏訪神社	16.40	21,863	11：07	0：04
64	県24号横断（北に国1号頓宮交差点）	17.01	22,676	11：15	0：08
65	休憩	−	−	11：25	0：10
66	地安寺	17.20	22,927	11：28	0：03
67	瀧樹神社	17.51	23,345	11：33	0：05
68	新道（県24号）との交差点（国1号近く）	18.05	24,066	11：40	0：07
69	分岐路左へ・東海道案内	18.18	24,232	11：43	0：03
70	国1号合流	18.32	24,419	11：46	0：03
71	白川橋バス停	18.32	24,419	11：48	0：02
72	歌声橋	18.63	24,829	11：53	0：05
73	国1号接する	18.95	25,255	11：57	0：04
74	国1号合流	19.17	25,560	12：00	0：03
75	横断・JA甲賀郡土山支所	19.42	25,893	12：04	0：04
76	十字路右折	19.53	26,032	12：06	0：02
77	国1号合流	19.62	26,151	12：08	0：02
78	南土山交差点	19.75	26,330	12：10	0：02
79	横断・「土山宿」案内	19.92	26,553	12：14	0：04
80	大黒橋・陣屋跡	20.24	26,977	12：18	0：04
81	大黒屋本陣跡・問屋場跡・高札場跡	20.32	27,093	12：20	0：02
82	土山宿本陣跡	20.57	27,417	12：28	0：08
83	東海道伝馬館	20.65	27,530	12：30	0：02
84	白川神社	20.97	27,948	12：35	0：05
85	来見川・来見橋	21.02	28,020	12：36	0：01
86	三日月屋	21.88	29,169	12：48	0：12
87	休憩	−	−	12：58	0：10
88	道の駅 あいの土山	22.46	29,939	13：05	0：07
2006年8月4日 総距離数22.46km、総歩数29,939歩、総所要時間7時間00分					

22日目

平成18年

土山－関

2006年8月5日土曜日

写真1　田村橋から海道橋を見る

９時35分、「道の駅 あいの土山」の前日終了点に立つ。歩道橋で国道１号を渡る。ここでコンビニに寄って冷水など求める。歩道橋まで戻って、自分の地図に従い国道１号の田村橋へ歩いた（写真１）。後で分かったが、歩道橋近くの参道入り口から田村神社へ向かい、そこから海道橋を渡って街道へ出るべきだった。この日は田村橋を渡ってすぐ左折して、海道橋からの道へ合流した（９時54分、726歩）。

水田に沿って東へ向かって歩くと４差路があり、そこに「蟹坂古戦場跡」の案内があった。道は工場の敷地の間にあり、その先はトンネルになっている。工場を離れると茶畑が展開する。道は少し上って国道１号に合流する。その手前の神社に街道の案内があった。国道を歩いて道の右側に金比羅神社が見えるところで国道１号から左折して道を下り、甲賀市土山町猪鼻（イノハナ）を歩く。家並みのなか坂を上ると淨福寺である。このすぐ先から右折して上り、国道１号と県道507号が合流する猪鼻交差点に出る（10時25分、3,259歩）。

また国道１号を歩く。ほとんど上りという感じはない。夫婦者が傘を差して下ってきた。高速道路の高架が見えてきた時、道の脇に「東京より437㎞」の距離標があった。高速高架下で左折する（写真２）。そこに「鈴鹿馬子唄之碑」があり、「山中一里塚」跡があった。土山町山中を歩くと地蔵大菩薩と石

写真２　「山中一里塚」の街道へ

柱があり、小さな堂舎があった。少し広い道を横断して小田川橋を渡り、国道１号に合流する。合流地点にまた「馬子唄」の碑があった。道は少しずつ上りとなるがなんら負担はない。やがて右手に十楽寺を見る。国道中央分離帯には「435.5km」の距離標があった。道は鈴鹿へ向かって上る。今度は「東京435km・大津50km」の案内標識があり、大津からまだ50kmなのかと思う。宮川橋を渡る。国道右側に熊野神社の鳥居があった。少し先に山中交差点があり、ここで国道１号と県道187号が接する（11時07分、7,140歩）。

歩いて行くと右手に「山賊茶屋」という看板が見えたが営業はしていないし、売りに出されていた。「四日市39km・亀山17km」の案内標識を見てすぐ小川を越える。歩道上に地下道入り口があった。本当は地下道を通って反対車線側の道へ出るべきだったのだ。知らずにそのまま進むと歩道が切れてしまい、山道みたいな道を上り下りしてまた歩道に出て歩く。国道１号は上り車線と下り車線が分かれる。上り車線の歩道は見ると国道トンネルに続くので、車の途切れるのを見て横断、両車線の間の道へ向かった。その道の入り口に

写真３　鈴鹿峠滋賀方面を写す

「万人講常夜燈」案内があり、上りながら振り返ると下り車線上に「滋賀県」「甲賀市」の境標示があるのが分かった（写真３）。東海道本道を示す施設が右に見えるが、水路があり越えては行けないのでそのまま進みやがて本道に出る。ここで左折して向かう東海道は舗装のない道となる。周りは茶畑である（11時29分、9,162歩）。

東海道案内を見て森の道を下る。案内に「鏡岩150m」とあったが行かな

かった。岩に映る旅人を見て山賊が襲ったとかいうところだ。やがて一瞬道が明るくなったところでは鈴鹿峠の車道が真下に見えた（写真４）。道は階段となり、「馬の水のみ鉢」で手を水に入れたが思ったより冷たくなかった。鈴鹿峠の説明や芭蕉の歌碑を見ながら下る。やがてさっきの上り車線が下っているところへ出る。ここから国道をくぐって急な階段を下る（写真５）。山道を下って行くと片山神社に出る。小川を越える辺りから道は舗装道路となる。林の中を下る。下り終わる地点に「片山神社」という大きな石柱があった。ここで国道１号に合流する（11時53分、11,046歩）。

写真４　峠道から南側車道を見下ろす

写真５　国道上り線の下へ

道（歩道）は国道に沿うが国道より高い位置にある。鈴鹿川に架かる極楽橋が道路向かいに見えるところで休憩した。国道１号に沿っていた道は岩家十一面観世音菩薩のところから左へ入り、坂下宿（サカシタシュク）へ向かう。道の左側に「小竹屋脇本陣跡」があった。近くに法安寺がある。続いて「梅屋本陣跡」「大竹屋本陣跡」「松屋本陣跡」があった。坂下宿の道は広げられ、家並みも東海道らしくはないものが多く、宿場らしい風情は感じない。やがて道が左右に分かれる。右へ行けば鈴鹿馬子唄会館前を通るが、私は左へ、東海道五十三次

写真６　東海道五十三次の標柱

の標柱が連なる坂道へ入った(写真６)。入り口のそれはもちろん京都三条大橋の標柱だ。上って行くとすぐ「鈴鹿峠自然の家」があった。下ると鈴鹿馬子唄会館から来る道とのＴ字路となるので左折する。川を越えて坂下簡易郵便局前へ出る。道の左側からの川と右の鈴鹿川が合流するところの橋を渡る。やがて道は大きく左へ曲がり下る。道の左側に「観音山歩道案内図」があった。沓掛地区浄化センター前を通る。道は国道１号に合流する（13時06分、16,831歩）。

橋を渡ったところに道路改修記念碑があった。左に鈴鹿川を見ながら道を下る。「427.2㎞」距離標のある地点で左に入るがすぐまた国道１号に合流する。その入った道から途切れた旧道が推測できる。「426.5㎞」距離標のところで橋を渡って、国道１号を横断して右へ入る。東海道らしい家並みのなかを歩き、西願寺と市瀬公民館の先で国道１号を横断して今度は左へ入る。道を行くと「行き止まり」の標示があったので左折して鈴鹿川の市瀬橋を渡る。水遊びをしているので今どき珍しいなと思って、保護者らしい女性に聞くと「実は初めて」と言っていた。国道１号の市瀬橋手前で道は合流する。国道脇の食事処大阪屋で休憩する。そこからすぐに関宿入り口がある新所町（＊東海道関宿西）交差点に至る。ここから南へ向かう大和街道との接点だ（14時00分、20,849歩）。

左折してすぐ右折し、東海道に入る。道に「従是東 東海道関宿」石柱がある。入り口には駐車場もある。ここは西の追分である。家並みが美しい関宿を歩く。まったくビルのない、青空だけが広がる下のカラー舗装の道は江戸時代の雰囲気を残している（写真７）。長徳寺を経て関郵便局に至る。郵便局も工夫して周りに溶け込んでいる。「志ら玉」とある店についい寄りたくなった。また東海道の昔の旅姿をした人と小学生の一団が撮影隊と移動していた。伊藤本陣跡に至る。そのちょっと先に問屋場跡があった。「関まちなみ資

写真７　関宿の街道風景

料館」もあったが寄らずに歩く。百五銀行の建物も昔風の建築である。関宿の終わりを感じるころ、道路に「東の追分450m」と埋め込みがあった（14時26分、23,037歩）。

ここで休憩して考えて、「一里塚」のある「東の追分」で今日は歩くのをやめることにした。伊勢へ向かう道を示す一の鳥居をくぐり、JR関駅へ向かった。駅売店でうどんを食べた後、店の女性が「自慢の寿司がある」と言うので注文して届けてもらい、持ち帰ってホテルで食べた。

※距離、歩数はその日のスタート地点からの数値を示す。距離は当時の著者の歩幅をめどに計算している。

各順	地　　点	距離(km)	歩数（歩）	通過時刻（時：分）	所要時間（分）
1	道の駅 あいの土山	0.00	0	9：35	0：00
2	北土山歩道橋下りる	0.12	149	9：36	0：01
3	休憩	－	－	9：48	0：12
4	田村橋（正しい経路は神社前・海道橋）	0.26	346	9：50	0：02
5	国1号より左折	0.40	527	9：52	0：02
6	T字路右折（左折は海道橋へ）	0.55	726	9：54	0：02
7	4差路（蟹坂古戦場跡）	0.81	1,074	9：58	0：04
8	国1号合流（手前に案内板）	1.50	2,000	10：07	0：09
9	国1号から左折	2.04	2,712	10：14	0：07
10	浄福寺	2.33	3,099	10：18	0：04
11	休憩	－	－	10：24	0：06
12	猪鼻交差点（国1号・県507号）	2.44	3,259	10：25	0：01
13	距離標（東京より437km）	2.70	3,599	10：28	0：03
14	鈴鹿馬子唄之碑・「山中一里塚」跡	3.17	4,220	10：35	0：07
15	地藏大菩薩・石柱	3.77	5,030	10：42	0：07
16	休憩	－	－	10：44	0：02
17	国1号合流・小田川橋	4.00	5,339	10：48	0：04
18	十楽寺・距離標（435.5km）	4.45	5,929	10：54	0：06
19	「東京435km・大津50km」標識	5.02	6,690	11：02	0：08
20	宮川橋	5.13	6,845	11：03	0：01
21	熊野神社鳥居	5.28	7,043	11：05	0：02
22	山中交差点（県187号）	5.36	7,140	11：07	0：02

23	鳥居（名不明）	5.87	7,824	11：13	0：06
24	「四日市39km・亀山17km」標識	5.94	7,921	11：14	0：01
25	小川越える（正しい経路は地下道で右へ）	6.06	8,079	11：16	0：02
26	「万人講常夜燈」案内・「滋賀県」「甲賀市」	6.57	8,764	11：24	0：08
27	東海道本道に出る（十字路左折）	6.87	9,162	11：29	0：05
28	鏡岩案内（150m）	7.10	9,462	11：31	0：02
29	鈴鹿峠車道（写真4）	7.27	9,698	11：36	0：05
30	馬の水のみ鉢	7.40	9,865	11：38	0：02
31	片山神社	7.82	10,421	11：44	0：06
32	小川越える（舗装した道へ）	7.96	10,614	11：47	0：03
33	「片山神社」石柱	8.19	10,924	11：51	0：04
34	国1号合流	8.28	11,046	11：53	0：02
35	鈴鹿川・極楽橋（道路向かい）	8.69	11,588	11：58	0：05
36	休憩	－	－	12：08	0：10
37	岩家十一面観世音菩薩	8.98	11,979	12：12	0：04
38	小竹屋脇本陣跡	9.63	12,836	12：21	0：09
39	梅屋本陣跡	9.66	12,880	12：22	0：01
40	松屋本陣跡	9.75	13,005	12：24	0：02
41	河原谷橋	10.06	13,410	12：28	0：04
42	左折（五十三次標柱の道へ）	10.70	14,266	12：37	0：09
43	鈴鹿峠自然の家	10.81	14,419	12：40	0：03
44	Ｔ字路左折（右折・鈴鹿馬子唄会館）	10.90	14,529	12：42	0：02
45	川越える	11.16	14,886	12：46	0：04
46	坂下簡易郵便局	11.40	15,202	12：50	0：04
47	二つの川合流地点	11.55	15,394	12：52	0：02
48	観音山歩道案内図	12.20	16,265	13：01	0：09
49	国1号合流	12.62	16,831	13：06	0：05
50	橋渡る	12.77	17,029	13：08	0：02
51	距離標（427.2km）、手前を左に入る	13.24	17,658	13：16	0：08
52	国1号合流	13.31	17,744	13：17	0：01
53	距離標（426.5km）・橋渡る	14.06	18,746	13：27	0：10
54	国1号横断、右へ入る	14.15	18,873	13：29	0：02
55	西願寺・市瀬公民館（国1号横断、左へ）	14.43	19,243	13：33	0：04
56	「行き止まり」標示・左折	14.62	19,494	13：37	0：04

57	鈴鹿川・市瀬橋	14.67	19,559	13：38	0：01
58	国1号合流・市瀬橋	14.87	19,826	13：41	0：03
59	食事処大阪屋	15.42	21,560	13：48	0：07
60	休憩	－	－	13：57	0：09
61	関宿入り口・新所町交差点（大和街道）	15.64	20,849	14：00	0：03
62	「従是東 東海道関宿」標柱	15.73	20,979	14：02	0：02
63	長徳寺	16.26	22,686	14：10	0：08
64	関郵便局	16.82	22,420	14：17	0：07
65	伊藤本陣跡	16.87	22,516	14：19	0：02
66	関まちなみ資料館	17.00	22,670	14：21	0：02
67	道路に埋め込み「東の追分450m」	17.28	23,037	14：26	0：05
68	休憩	－	－	14：30	0：04
69	「一里塚」・東の追分・一の鳥居	17.78	23,704	14：38	0：08
2006年8月5日　総距離数17.78km、総歩数23,704歩、総所要時間5時間03分					

今にも山賊が出そうな鈴鹿峠。坂途中の国道沿いに「山賊茶屋」という看板の店があったが、すでに閉店していた

23日目　平成18年

関ー石薬師

2006年８月６日日曜日

写真１　国道１号に合流

７時02分、一の鳥居をくぐり、東の追分のところに立つ。ここは三重県亀山市関町木崎だが、歩き始めるとすぐ関町小野となる。道は緩やかに左へ曲がりつつ下る。そして国道１号に合流する（写真１）。合流点に関宿（シュク）の案内があり、休むところもある（７時10分、813歩）。

国道を歩き、小野川に架かる小野川橋を渡り、陸橋で渡るべきところを車が来ないので横断して国道右側の堤防道へ入る。JR関西本線踏切を渡り、水田と小野川の間の道を進むと、すぐに右側は大河鈴鹿川となる。やがて新高速道路建設中の高架下に至る。さらに進むと今度は国道25号高架下に来る。ここのコンクリート壁に東海道の有名な絵が模写されているのでしばし眺める。すぐ右に神辺（カンベ）大橋がある。左は神辺小学校である（７時32分、2,670歩）。

道の両側に桜並木が続き、「亀山宿（シュク）・江戸の道」の説明板があった。右手にある亀山市水源池を過ぎて少し上りの道を行くと道はJRの線路で遮られる。続く道が線路向こうに確認できる。わざわざ陸橋上り口に旧東海道（＊東海道）と標示してあるので渡る。陸橋を下ると先ほど確認した道に出る。東海道の標示があるので右折して進む。道はＹ字路となるので標示に従い、左へ坂道を上る。上ったところに昼寝観音があり、左からの里道と合流する。しばらく行くと道の右側に木々に囲まれた布氣皇舘太神社（フケコウタツダイ）がある。亀山市布気（フケ）

町の街道を歩く。同町野尻の毘沙門天角に東海道の案内がある。「亀山宿・江戸の道（旧東海道）」説明板もあり、また「能古茶屋跡（ノンコヂャヤ）」の標示もあった。T字路を左折して進む。辺りは住宅街でもあり農村地帯でもある。野村３丁目に入ると樹齢400年の椋の大木のある「野村一里塚」があった。三重県にある12の一里塚で唯一往時の形で現存しているのだそうだ（８時06分、5,653歩、写真２）。

写真２　野村一里塚

家々の間を歩く。慈恩寺、光明寺を経て照光寺で野村３丁目の道は終わり、いよいよ亀山宿の亀山市西町へ入るが、その入り口は竜（タツ）川に架かる京口坂橋である。橋を渡ったところに「京口門跡」の説明があった。1672（寛文12）年設置の番所跡という。カラー舗装の道の両側の家々には「西新町　ぬしや跡」などの屋号札があちこちの家に掛けられている。真っすぐ進んだ道は「かしわや跡」で右折して、さらに「のむらや跡」前で左へ曲がって進む。ここも関宿と同じく、周囲より高い位置にある。十字路右角の「西町かどや跡」とある家の角に石柱があり、「右東海道」「左停車場」とあったが大正時代のものである。道が下り始め、亀山城を望む道を横断するが、その手前に「西町問屋場跡」があり説明板があった。また休憩所もあったので休憩した（８時33分、7,758歩、写真３）。

写真３　休憩所から亀山城を望む

北側の亀山城を見ながら県道302号を横断して街道へ入る。道は上りとなって続く。遍照寺の辺りから南方を望むと工場などがある。道は東丸（＊江ヶ室交番前）交差点で右折して南へ向かう（県道565号）。日差しを避けて左側歩道を歩く。ここ東町商店街は歩道の屋根を支える柱に屋号札が掛かっている。亀山東小学校・亀山高校の案内標識があるＴ字路から左折して本町へ入る。標識の横に「江戸口門跡」の説明板がある。道は普通の舗装だがここも東海道である。屋号札が家々に見られる。本町３丁目、４丁目と進む。栄町に入ると、北方に向かう道入り口に「能褒野（ノボノ）神社二の鳥居」があった。また「従是西亀山宿」などの案内がある。道を進むと右側にカメヤマ（カメヤマローソク）があった。日曜日なので人影は見えなかった。国道306号との交差点（栄町交差点）を横断して、広くなった道を進む。やがて和田一里塚跡へ至る（９時25分、11,791歩）。

道は下りとなる。小川を渡って福善寺､「井尻道」石柱を経て行く。東海道の標示に従い、分岐路を左へ進んだ。ここから街道は北へ向かう。県道28号が右を並走、そのまた右をJR関西本線が走る。道右側の脇に「神戸白子若松（カンベシロコワカマツ）道」の古い石柱があり､説明には「和田の道標」（＊和田道標）とある。大きなホームセンターの裏を通って街道は国道１号高架下へ入る。椋川の川合（カワイ）椋川（ムクガワ）橋を渡り、家々の間を歩き、道は進学塾に突き当たるので右折して、川合町北交差点で川合町歩道橋を渡り、国道１号を横断する。また街道を歩き始める。道左手に「旧井田川小学校跡」の石柱がある。道はJR井田川駅前へ出る。駅前は整備中の感じを受けた。井田川の商店街を歩き、井田川町11の角を右折して小道へ入り、JR線路にぶつかるので左折、井田川踏切を渡り、すぐまた左折して水田の間の農道へ入る。これが街道らしい。県道641号へ出て横断して坂道へ入る。地福寺前で道が大きく右へ曲がる。一帯は鈴鹿市小田町である。和泉西バス停の先で右からの道と合流するが直進して、安楽川堤防道路に至る（10時42分、17,197歩、写真４）。

写真４　安楽川堤防へ

川沿いに右折してすぐ左折し、安楽川の和泉橋を渡る。橋の手前に井田川小学校がある。河川敷のグラウンドでは少年ソフトボール大会が行われていた。少年がボールを見送ったので、「ダメだ、振らなきゃ」と、そばで見ている保護者の思いをつぶやく。橋の終わりで左折して堤防を歩き、旗印の多くはためく川俣神社（西冨田）の方へ下りる。これから後も同名の神社があった。鈴鹿市西冨田町を歩く。福萬寺がある。常念寺辺りからは中冨田町になる。中冨田一里塚跡に至る。ここも川俣神社（中冨田）だ。西濃運輸倉庫に沿って歩く。もう左手の国道１号が近い。道が小川を越えたところに「従是東神戸領」と記した石柱があった。ここは鈴鹿市汲川原（クミガワラ）町である。やがて国道１号と県道637号が交差するところが見えてきた。自分が決めた道を行くことにして、国道１号を左折横断、さらに右へ横断して、立体交差する県道の高架下へ出た。ここが涼しいのでしばらく休憩した（11時27分、20,921歩）。

ここからは鈴鹿市庄野町となる。国道からすぐ左へ入り、しばらく歩くと十字路角に「東海道庄野宿（シュク）」という立派な石柱があった（写真５）。川俣神社（庄野町）の前を通り、庄野宿を歩く。「庄野宿本陣跡」は石柱だけである。そばに津市元標があり、「九里拾九町」とあった。庄野宿資料館に広重の絵が模写されていた（写真６）。この宿場はほぼ平坦路で広重が描く坂のイメージはないのだが。善照寺を経て日本コンクリート工業（＊NC中日本コンクリート工業）前の交差点を右折する。角に先ほどと同じ「庄野宿」の石柱と案内がある。すぐ庄野町北交差点で国道１号に合流、左折する。歩き始めてまもなく「408.5㎞」の距離標を見た。加佐登町交差点で国道１号に県道637号が左から接する。ここから少し先へ行くと鈴鹿市上野町である。今度は「407.5㎞」の距離標があった。サンケイ（家具工場）前から左の道へ入り、水田の中を歩く。国道１号へつながる県道

写真５　「東海道 庄野宿」の石柱

写真６　庄野宿資料館

27号の高架下で休憩する（12時23分、25,204歩）。

休憩中に足を用水の冷たい水で冷やした。椎山川の橋を渡り、川沿いに歩き、国道1号下のトンネルをくぐり、国道に沿い歩く。今度はJR線路に沿い右へ曲がり、左折してJR線路の檜山橋梁下をくぐる。十字路のところで右折するが、そこに石薬師一里塚跡があった。橋を渡り鈴鹿市石薬師町へ入る。ここは上りが続く（写真7）。ふと広重の絵はここかと不遜にも思った。宿場また現在の石薬師町の名の由来である石薬師寺へ出る。道はこの先で左へ曲がり、瑠璃光（ルリコウ）橋という陸橋で国道1号を横断する。石薬師小学校南交差点で県道115号を横断すると佐佐木信綱記念館、石薬師小学校がある。そこからすぐのところに「小澤本陣阯」がある（13時06分、28,050歩、写真8）。

写真7　石薬師寺への坂

写真8　石薬師小澤本陣阯

石薬師の街道を下るとそこに北町の地蔵堂があり、ここで街道は国道1号に合流する。ここに石薬師宿（シュク）案内があった。石薬師町北（＊自由ヶ丘）交差点へ着いた。すぐそばの自由ヶ丘バス停で本日の歩きを止めた（13時28分、29,289歩）。

この日はここからホテルへバスで帰った。今まで電車でしか往来していなかったが、今後はバスも考えよう。この日はバスが街道部分を通る時、明日に備えしっかりと観察した。

※距離、歩数はその日のスタート地点からの数値を示す。距離は当時の著者の歩幅をめどに計算している。

各順	地　点	距離(km)	歩数（歩）	通過時刻（時：分）	所要時間（分）
1	一の鳥居・一里塚・東の追分	0.00	0	7：02	0：00
2	国1号合流・関宿案内	0.61	813	7：10	0：08
3	小野川橋西詰交差点	0.74	981	7：12	0：02
4	横断・右側の堤防道へ	0.81	1,076	7：13	0：01
5	JR関西本線踏切	0.85	1,121	7：14	0：01
6	新高速建設中の高架下	1.82	2,421	7：26	0：12
7	休憩	－	－	7：29	0：03
8	神辺大橋・神辺小学校	2.01	2,670	7：32	0：03
9	亀山宿・江戸の道説明板	2.16	2,867	7：36	0：04
10	亀山市水源池	2.33	3,095	7：38	0：02
11	旧東海道・陸橋へ	2.60	3,455	7：42	0：04
12	旧東海道へ右折	2.75	3,665	7：45	0：03
13	昼寝観音・里道合流	3.03	4,031	7：49	0：04
14	布氣皇舘太神社・能古茶屋跡	3.30	4,399	7：54	0：05
15	野村一里塚	4.24	5,653	8：06	0：12
16	十字路（野村3-17）	4.40	5,858	8：08	0：02
17	十字路・慈恩寺	4.69	6,247	8：13	0：05
18	光明寺	4.82	6,426	8：15	0：02
19	照光寺	5.10	6,789	8：19	0：04
20	竜川・京口坂橋	5.13	6,838	8：20	0：01
21	京口門跡	5.22	6,948	8：21	0：01
22	かしわや跡右折	5.40	7,198	8：25	0：04
23	のむらや跡左折	5.48	7,301	8：27	0：02
24	「右東海道」「左停車場」石柱	5.66	7,539	8：31	0：04
25	西町問屋場跡（説明・休憩所）	5.82	7,758	8：33	0：02
26	休憩	－	－	8：42	0：09
27	遍照寺	6.13	8,167	8：46	0：04
28	交差点（東町商店街へ右折）	6.36	8,468	8：51	0：05
29	東町交差点直進・東町2丁目	6.72	8,957	8：56	0：05
30	江戸口門跡説明板、左折	6.85	9,132	8：58	0：02
31	十字路（ふじや跡）	7.60	10,122	9：08	0：10
32	鳥居・案内「従是西亀山宿」	7.94	10,579	9：13	0：05

33	カメヤマ（カメヤマローソク）	8.06	10,734	9：15	0：02
34	交差点（国306号横断）	8.39	11,179	9：19	0：04
35	和田一里塚	8.85	11,791	9：25	0：06
36	福善寺	9.41	12,546	9：34	0：09
37	東海道標示	9.61	12,808	9：38	0：04
38	県28号和田交差点横	9.74	12,979	9：39	0：01
39	交差点（さくま衣裳）	9.93	13,227	9：42	0：03
40	国1号高架下	10.25	13,657	9：47	0：05
41	休憩	–	–	10：00	0：13
42	椋川・川合椋川橋	10.41	13,867	10：03	0：03
43	突き当たり（KSK進学塾）右折	10.83	14,439	10：08	0：05
44	国1号合流・川合町北交差点	10.92	14,559	10：10	0：02
45	川合町歩道橋渡る	11.01	14,680	10：12	0：02
46	「旧井田川小学校跡」石柱	11.40	15,199	10：18	0：06
47	JR井田川駅前	11.50	15,326	10：20	0：02
48	道右折（井田川町11の先の小道へ入る）	11.80	15,725	10：25	0：05
49	井田川踏切渡り左折	11.88	15,827	10：27	0：02
50	県641号横断、坂道へ入る	12.12	16,154	10：31	0：04
51	地福寺	12.22	16,285	10：32	0：01
52	和泉西バス停	12.55	16,727	10：37	0：05
53	分岐路直進	12.62	16,823	10：38	0：01
54	安楽川堤防道路	12.90	17,197	10：42	0：04
55	安楽川・和泉橋・井田川小学校	13.08	17,433	10：45	0：03
56	橋終わり（左折）	13.32	17,756	10：49	0：04
57	川俣神社（西冨田）	13.46	17,934	10：52	0：03
58	福萬寺	13.79	18,376	10：57	0：05
59	常念寺	14.15	18,859	11：02	0：05
60	中冨田一里塚跡・川俣神社（中冨田）	14.37	19,153	11：05	0：03
61	休憩	–	–	11：08	0：03
62	「従是東神戸領」石柱	14.97	19,951	11：18	0：10
63	国1号道路下トンネル手前	15.48	20,638	11：25	0：07
64	県637号高架下	15.70	20,921	11：27	0：02
65	休憩	–	–	11：32	0：05
66	「東海道庄野宿」石柱（十字路角）	15.97	21,286	11：36	0：04

67	川俣神社（庄野町）	16.15	21,533	11：39	0：03
68	庄野宿本陣跡	16.43	21,900	11：45	0：06
69	庄野宿資料館	16.60	22,129	11：48	0：03
70	善照寺	16.79	22,379	11：52	0：04
71	交差点右折（国1号へ）	17.00	22,663	11：56	0：04
72	国1号合流・庄野町北交差点、左折	17.17	22,890	11：58	0：02
73	距離標（408.5km）	17.48	23,299	12：02	0：04
74	加佐登町交差点（県637号）	18.01	24,002	12：10	0：08
75	休憩	－	－	12：12	0：02
76	距離標（407.5km）	18.51	24,672	12：17	0：05
77	国1号より左折（サンケイ前）	18.63	24,840	12：19	0：02
78	県27号高架下	18.91	25,204	12：23	0：04
79	休憩	－	－	12：33	0：10
80	橋（椎山川）	18.99	25,316	12：34	0：01
81	国1号下トンネル	19.14	25,508	12：36	0：02
82	JR線路下トンネル	19.62	26,154	12：43	0：07
83	石薬師一里塚跡	19.70	26,257	12：45	0：02
84	石薬師寺・瑠璃光橋（国1号陸橋）	20.30	27,056	12：55	0：10
85	石薬師小学校南交差点（県115号横断）	20.82	27,758	13：02	0：07
86	佐佐木信綱記念館	20.89	27,851	13：04	0：02
87	小澤本陣阯	21.04	28,050	13：06	0：02
88	北町の地蔵堂	21.69	28,912	13：14	0：08
89	休憩	－	－	13：24	0：10
90	国1号合流・石薬師宿案内	21.75	28,996	13：25	0：01
91	石薬師町北交差点	21.95	29,256	13：27	0：02
92	自由ヶ丘バス停	21.97	29,289	13：28	0：01
2006年8月6日　総距離数21.97km、総歩数29,289歩、総所要時間6時間26分					

24日目

平成18年

石薬師—朝日

2006年８月７日月曜日

７時38分、前日終点の自由ヶ丘バス停に立つ。一つ先の木田町大谷交差点にある地下通路で向かい側の道に出る。東海道は国道１号から離れて坂道となる。鈴鹿市木田町大谷の坂道を上る。住宅街というより農村というべきだろう。街道は小川を越え、延命地蔵尊の前を行く。道は国道１号と国分（コクブ）町交差点で合流する（７時53分、1,514歩）。

ここから四日市市采女（ウネメ）町となるが、国道から少し南はなお鈴鹿市だ。国道の右側歩道を歩く。采女南交差点を過ぎると道が右に側道として残るので歩くが、その東海道は国道１号に接する県道８号が分断する。その続きはコンビニの敷地に沿い、国道１号の歩道部分となる。豊富稲荷神社の前を過ぎて国道１号は下りとなるが、街道は分かれて国道より右へ入る。道左に東海道の標示があるので分かる。しばらく四日市市街地方面を遠望しながら歩く。道は国道１号の崖上にある形である。采女の町並みの中の街道はやがて下り始め、血塚（チヅカ）社前に出る。日本武尊の足の出血を封じたとのいわれがあるところだ。道は急坂の下りとなる。滑り止めのある舗装の坂を中学生が自転車を押して上ってきた（写真１）。坂を下り切る手前に、日本武尊が杖をついて上ったということにちなむ「史蹟 杖衝坂（ツエツキ）」の碑がある。「歩行ならば杖衝坂を落馬かな」という芭蕉の句碑もある。急坂が終わる（８時28分、4,698歩）。

写真１　杖衝坂を下る（曲がり角に碑）

真っすぐ進むと突き当たりの電柱に東海道の標示があるので右折する。今度は道が分岐するので左折する。この日はゴミの収集日らしく、網が被せられたゴミの山があった。道は国道１号へ合流する。本来はここから直線的に進むのだろうが、できないので標示に従い、国道手前の階段を、国道に沿って右へ下りて左折し、国道下をくぐり抜けて国道左側へ出た。そこに休憩所があったので少し休憩した。

内部（ウツベ）川の内部橋を渡ってから川沿いに左折する。東海道標示に従い、仏壇の店のところから街道へ入る。ここはまだ釆女町だ。少し行ったところから小古曽（オゴソ）町となり、四日市小古曽郵便局を過ぎてすぐ県道407号を横断、小古曽３丁目に入る。その角に病院があり、また東海道の標示がある。ここからすぐ南には近鉄内部駅[※1]がある。小古曽３丁目から２丁目に入る。家並みの間を歩き、願誓寺前で右折する。さらにカーブミラーが２基あるところ（ゴミ集積所）で左折する。小古曽（小許曾（オゴソ））神社の参道入り口に出る。小古曽町公民館もその参道にある。小古曽１丁目に入り、道は岩嶋屋（追分まんじゅう）前に出てすぐ百五銀行前で県道407号と合流する。ベビーカーを押した親子３人といっしょに近鉄内部線の踏切を渡る。踏切の右側には追分駅がある。渡る時に気がついたが線路が狭い。何でも軽便鉄道の時のままで軌間76.2㎝だそうだ。ここから史蹟「日永（ヒナガ）の追分」はすぐだった(写真２)。ここ追分交差点で国道１号にいったん合流する（９時25分、9,207歩)。

写真２　史蹟「日永の追分」

東海道はすぐ国道１号から左へ、三重銀行と歩道橋の間の道へ入る。海星中学校・高校グラウンドや由緒ある醸造屋の前を通り、泊駅への道を横断して泊町の街道を進む。県道44号を横断して日永５丁目に入る。すぐ「東海道名残りの一本松」が目に入る。面影を残す唯一の松だそうだ(写真３)。しばらく歩いたところに「史蹟 日永一里塚址」の石柱があった。西唱寺を過ぎて行くと「東海道総合案内」があった。街道が赤く表示され、写真が添えてあ

写真３　東海道 名残りの一本松

る。日永小学校、日永神社、両聖寺を経て道は天白（テンパク）橋に至る。橋を渡ったところに興正寺がある。日永の町並みは大宮神明社で終わる。

鹿化（カバケ）川の鹿化橋を渡ると赤堀南町である。四日市赤堀郵便局を過ぎて落合橋（落合川）を越えると赤堀１丁目となる。並行する近鉄内部線の赤堀駅は道の北にある。浅野歯科前の道を直進して南浜田町へ入り、すぐ分岐路を右へ進み、近鉄名古屋線高架下を通る。中浜田町に入る。浜田町に入る際、車両進入禁止の道があるのでここを直進して入る。四日市浜田郵便局の隣の崇顕寺の前に「丹羽文雄生誕之地」の碑があった。寺は丹羽の生家である。小さな川を越えるとJR四日市駅からの大通りに出る。そこに東海道の標示があった（10時41分、15,972歩）。

広い通りを渡り、アーケード街へ入る（写真４）。四日市諏訪神社がある。

写真４　「表参道スワ栄」とある

ここからすぐ国道１号に合流する。少し迷ったが諏訪バス停から引き返して諏訪町北（＊諏訪神社前）交差点を渡った。国道１号に沿って少し歩き、中部６の角を右折すると「京いせ道」の石柱のところに出る。ここから左折すれば東海道である。昔の道はここから諏訪神社へと直線的にあったらしいが、今はビル群で消えている。交差点を横断し、すっかり都市化した道を歩く。道は白っぽい舗装である。三滝川の三滝橋を渡る。河岸に案内図が描かれている。橋を渡り終わると「橋北発展会」と街灯に表示がある商店街へ入る。ここは少し街道風情を残す。餅・赤飯の店の前から「がまのがわばし」を渡る。朝食・昼食を取らずに歩くことにしているので今後はこういうことはなかろうと思いつつ、暑さに負けて休憩しようとしたら、たまたま川原町の橋北通りを横断する交差点の前のところに「かどや」という食堂があったので入った（11時14分、18,465歩）。

橋北通りを横断して進む。真っすぐな道は法泉寺前を過ぎ、海蔵（カイゾウ）川に至る。海蔵橋手前に東海道の標示がある。渡り終わってすぐ右折するとそこに「三ツ谷（ミツヤ）一里塚跡」があった。道はそこから北へ向かう。多度神社を経て道は国道１号に合流する。国道１号を歩く。三ツ谷町交差点、次の金場町交差点（５差路）を過ぎてしばらくしてから国道１号を左へ横断して、城山町７の角へ入る。道の右側は羽津町である。突き当たりを右折して羽津町の街道を歩く。光明寺でトイレが見えたので借用させていただいた。志氏（シデ）神社の鳥居があったが、神社は確認できなかった。堀切橋を越えてすぐ八田１丁目に入るが、そこに「かわらずの松」があり、東海道の標示があった（写真５）。八田２丁目に入ると「伊勢国八幡神社」の碑があり、「東海道」の石柱がある。米洗（ヨナイ）川を越えた左側に常夜灯があった。運輸局車検場や鋳物工場のある工場街を歩く。道は県道64号の高架下へ至る（12時31分、23,445歩）。

写真５　八田１丁目のかわらずの松

道は茂福（モチブク）町へ入る。道の角に茂福神社の石柱があり、北に向かう参道の奥に神社が見えた。小川を越えて進むと突き当たるので左折、ここに證圓寺がある。今度は「力石」の前から右折する。右側の電柱に「茂福町17」と表示がある。小川を越え、道を横断、南富田町に入って薬師寺へ至る。街道を進んで十四（ジュウシ）川の十四橋を渡る。橋から右手に善教寺という大寺が見えた。富田１丁目に入る。改装工事中の富田小学校の前に「東海道」の石柱があった（写真６）。少し進んだところに「津市元標へ拾里　三重郡富田町」とした

写真６　富田小学校前の「東海道」石柱

写真７　「冨田の一里塚阯」前から

石柱があった。道の左右に「富田の石取」という旗がひらめいている。富田３丁目で突き当たるので左折する。道はJR富田駅が近いので人も車も少し多くなる。「八幡神社址」の石碑を過ぎてまもなく「史蹟 冨田の一里塚阯」（石柱）に至る（13時10分、26,413歩、写真７）。

近鉄線と三岐線高架下を通り、やや広くなった道を進んですぐのところに三幸毛糸紡績の工場がある。工場の先で４差路となるので右折して進む。ここは西富田町である。JR西富田踏切で関西本線を渡って三岐鉄道の高架下を過ぎると蒔田１丁目である。すぐ県道26号を横断して蒔田２丁目に入る。どうやら歩いている東海道は県道66号のようだ。長明寺を経て宝性寺に至る。ここには「御厨神明神社」の石柱や「蒔田観音祭り盆踊り大会８月９日10日」の横断幕があった。

写真８　朝日町の境標示

間もなく道の左は松寺３丁目、右は１丁目となる。蓮証寺を左に見てしばらく行くと道は右へ大きく曲がり、朝明（アサケ）川の朝明橋に至る。ここから三重郡朝日町となる（写真８）。

写真9　朝日駅入り口、来た方を写す

国道１号バイパスと伊勢湾岸自動車道の高架下を通り、柿交差点を直進する。広い道の両側にきれいな用水が流れる。家々の後ろは水田である。大きく左へ曲がった道は突き当たりの分岐路を右へ進む。東海道の標示がある。JR朝日駅への道の角で今日の歩きを終わることにした（14時04分、30,979歩、写真９）。

この日はあと20分ちょっと歩けば近鉄伊勢朝日駅があるので、そこから乗って近鉄四日市駅で降りたかった。ホテルに近かったからである。しかし、疲れていて無理だった。結局、JR朝日駅から乗って富田駅で降りたが、さらに10数分かけて近鉄富田駅へ歩く羽目になったから、何をか言わんやである。

※１　2015（平成27）年に近畿日本鉄道から四日市あすなろう鉄道に移管し、四日市あすなろう鉄道内部線の駅になった。

※距離、歩数はその日のスタート地点からの数値を示す。距離は当時の著者の歩幅をめどに計算している。

各順	地　点	距離(km)	歩数（歩）	通過時刻（時：分）	所要時間（分）
1	自由ヶ丘バス停	0.00	0	7：38	0：00
2	地下通路出る（すぐ東海道）	0.19	247	7：40	0：02
3	小川越える	0.86	1,136	7：49	0：09
4	延命地蔵尊	1.01	1,338	7：51	0：02
5	四日市市境・国分町交差点	1.14	1,514	7：53	0：02
6	采女南交差点	1.72	2,287	8：00	0：07
7	東海道（国1号沿い）	1.96	2,611	8：05	0：05
8	東海道（県8号横断）	2.11	2,806	8：07	0：02
9	コンビニ	2.21	2,936	8：09	0：02
10	豊富稲荷神社	2.36	3,136	8：11	0：02
11	国1号より右へ入る	2.61	3,475	8：14	0：03
12	血塚社	3.23	4,301	8：23	0：09
13	急坂下り	3.29	4,375	8：24	0：01
14	史蹟「杖衝坂」	3.38	4,501	8：26	0：02
15	急坂終わり	3.53	4,698	8：28	0：02
16	突き当たり右折（東海道標示）	3.61	4,807	8：30	0：02
17	左折（広報板あり）	3.75	4,995	8：32	0：02
18	国1号合流	4.09	5,443	8：36	0：04
19	旧道（階段下り左折）	4.18	5,566	8：38	0：02
20	休憩所	4.27	5,686	8：39	0：01
21	休憩	－	－	8：48	0：09

22	内部川・内部橋渡る（左折）	4.49	5,978	8：51	0：03
23	東海道標示	4.59	6,110	8：52	0：01
24	県407号横断	5.05	6,724	8：58	0：06
25	願誓寺（右折）	5.54	7,377	9：05	0：07
26	十字路（小古曽2-22角左折）	5.66	7,543	9：07	0：02
27	小許曾神社参道口（公民館ほか）	5.78	7,695	9：08	0：01
28	岩嶋屋（追分まんじゅう）	6.49	8,652	9：13	0：05
29	県407号合流（百五銀行）	6.59	8,784	9：15	0：02
30	近鉄踏切	6.65	8,854	9：20	0：05
31	日永の追分（国1号合流）	6.91	9,207	9：25	0：05
32	左へ入る（三重銀行）	7.08	9,437	9：28	0：03
33	泊駅への道を横断	7.47	9,958	9：33	0：05
34	日永5丁目へ（県44号横断）	7.78	10,366	9：37	0：04
35	東海道 名残りの一本松	7.94	10,584	9：40	0：03
36	史蹟「日永の一里塚趾」	8.37	11,160	9：46	0：06
37	西唱寺	8.45	11,254	9：47	0：01
38	東海道総合案内	8.62	11,489	9：50	0：03
39	日永神社	8.76	11,668	9：52	0：02
40	日永4丁目から3丁目へ	8.88	11,834	9：55	0：03
41	天白橋	9.16	12,203	9：59	0：04
42	興正寺	9.26	12,346	10：01	0：02
43	大宮神明社	9.85	13,130	10：11	0：10
44	鹿化川・鹿化橋	10.02	13,352	10：13	0：02
45	落合川・落合橋	10.31	13,742	10：17	0：04
46	近鉄名古屋線高架下	11.22	14,948	10：30	0：13
47	中浜田町	11.35	15,126	10：32	0：02
48	進入禁止の道へ（浜田町）	11.54	15,375	10：35	0：03
49	丹羽文雄生誕之地	11.76	15,675	10：38	0：03
50	川越える	11.89	15,847	10：40	0：02
51	東海道標示	11.98	15,972	10：41	0：01
52	休憩	–	–	10：43	0：02
53	表参道スワ栄商店街	12.07	16,087	10：44	0：01
54	四日市諏訪神社	12.36	16,472	10：50	0：06
55	国1号合流・諏訪バス停	12.44	16,576	10：52	0：02

56	諏訪町北交差点（渡る）	12.54	16,710	10：55	0：03
57	「京いせ道」石柱	12.77	17,017	10：58	0：03
58	三滝川・三滝橋	13.35	17,788	11：07	0：09
59	がまのがわばし	13.65	18,190	11：11	0：04
60	かどや（食堂）	13.85	18,465	11：14	0：03
61	休憩	–	–	11：35	0：21
62	海蔵川・海蔵橋	14.36	19,136	11：42	0：07
63	三ツ谷一里塚跡	14.53	19,369	11：45	0：03
64	多度神社	14.64	19,511	11：47	0：02
65	国1号合流	14.69	19,577	11：48	0：01
66	三ツ谷町交差点	14.88	19,839	11：50	0：02
67	金場町交差点（5差路）	15.09	20,109	11：53	0：03
68	国1号より左へ（城山町7の角）	15.46	20,610	11：59	0：06
69	光明寺	15.80	21,062	12：04	0：05
70	休憩	–	–	12：07	0：03
71	堀切橋	16.35	21,789	12：12	0：05
72	かわらずの松	16.46	21,935	12：14	0：02
73	米洗川	17.11	22,806	12：23	0：09
74	常夜灯	17.14	22,850	12：24	0：01
75	県64号高架下	17.59	23,445	12：31	0：07
76	茂福神社参道	17.85	23,789	12：38	0：07
77	川越える	17.91	23,879	12：39	0：01
78	突き当たり左折（證圓寺）	18.09	24,115	12：42	0：03
79	「力石」の前右折	18.19	24,249	12：43	0：01
80	薬師寺	18.55	24,725	12：49	0：06
81	十四川・十四橋	18.72	24,955	12：53	0：04
82	富田小学校・「東海道」石柱	18.91	25,212	12：56	0：03
83	「津市元標へ拾里 三重郡富田町」石柱	19.11	25,470	12：59	0：03
84	突き当たり左折	19.20	25,600	13：01	0：02
85	「八幡神社址」石碑	19.51	26,009	13：06	0：05
86	冨田の一里塚阯	19.81	26,413	13：10	0：04
87	休憩	–	–	13：16	0：06
88	T字路右折	20.40	27,191	13：23	0：07
89	JR西富田踏切	20.64	27,511	13：27	0：04

90	宝性寺・御厨神明神社	21.11	28,141	13：35	0：08
91	蓮証寺	21.59	28,786	13：42	0：07
92	朝明川・朝明橋	22.03	29,372	13：47	0：05
93	高架下・柿交差点	22.27	29,689	13：50	0：03
94	休憩	−	−	13：53	0：03
95	突き当たり右折（東海道標示）	23.12	30,820	14：02	0：09
96	朝日駅への道の角	23.24	30,979	14：04	0：02
2006年8月7日　総距離数23.24km、総歩数30,979歩、総所要時間6時間26分					

海蔵橋（海蔵川）より下流を望む

25日目

平成18年

朝日－桑名

2006年8月8日火曜日

6時50分、JR朝日駅に降り立ち、10kgの荷物を背負って前日の道の角に立つ。三重郡朝日町の街道を歩き始める。静かな住宅街だ。すぐ西光寺である。県道66号を横断すると浄泉坊（ジョウセンボウ）がある。そこからすぐ県道501号との信号のない交差点がある。ここの角に東海道標示があり、「御厨　小向（オブケ）神社」の石柱が立つ。ここで右折すれば朝日町役場がある。朝日小学校、朝日町資料館などもある（7時00分、885歩）。

家の屋根の上に「TOSHIBA」の横文字が見えてきた。道左側の家々の背後には30万㎡という、東京ドーム6個分の敷地を持つ東芝三重工場がある。1938（昭和13）年誘致という。工場の入り口のすぐ先に踏切があり、近鉄伊勢朝日駅がある（写真1）。東芝社員たちが駅から来て工場に続々入って行った。踏切を渡ってさらに交差点で少し広い道を横断、直進する。

写真1　近鉄伊勢朝日第一号踏切へ

朝日町縄生（ナオ）の街道を歩く。ここはまだ開いてはいないが商店も連なる。十字路に東海道標示があった。道をゆっくり上っていくと、民家の前に「一里塚跡」の石柱があった。真光寺参道前を通って、小川に架かる橋を渡ると東芝三重工場の浄水場がある。員弁（イナベ）川（写真2）土手を走る県道143号と合流、東海道標示がある。昔ならここから川を渡るのだろうが、右折して員弁川に架かる町屋橋南詰交差点に至る。町屋橋を渡ると「町屋藤広場」がある。こ

写真２　員弁川（町屋橋）

こは桑名市和泉である。休憩する（７時31分、3,556歩）。

道はここから左折する。すぐに「伊勢両宮常夜燈」があるところで右折する。東海道標示や図もあり、標示の通り行けば「御料理旅館 すし清」に出てすぐ川に向かうことになるのだが。

国道258号高架下に出たので安永地下道を通って進む。すぐ晴雲寺前に出る。城南神社を過ぎて真っすぐな道を進むが、左側の家々の後ろは日立金属桑名工場である。工場正門前の道路を横断して行く。ここは桑名市大福だ。道の右側に了順寺がある。真っすぐな道に立ちふさがるように黒い建物がある（写真３）。ここに東海道標示があり、「矢田立場」の説明板、復元された火の見櫓などがある。東海道はここから右折する（８時01分、5,720歩）。

写真３　正面の矢田立場より右折

桑名市西矢田町の街道を東へ向かう。立（タチ）坂（サカ）神社参道鳥居があり、遠くに神社が望める。善西寺を過ぎ国道１号矢田町交差点を横断する。東矢田町から西鍋屋町へ入ると、一目連（イチモクレン）神社前の十字路の角に「左東海道渡船場道」「右西京伊勢道」の石柱があった（写真４）。東鍋屋町に天武天皇社がある。桑名郡家にのちの持統天皇が宿泊したとのいわれから後に建てられたという。道は日進小学校南交差点に至る（８時17分、6,966歩）。

写真４　街道案内

街道は交差点を渡ってすぐ小学校を斜めに横断していたらしいが、交差点にある東海道標示に従い、今はここで左折する。すぐ桑名市消防団第一分団の前のＹ字路を左へ、桑名市伝馬町の道へ入る。報恩寺を経てすぐ長圓寺がある。県道401号を横断する。道の左に壽量寺、十念寺がある。新町に入ると光徳寺、泡洲崎八幡社、光明寺、教宗寺と寺社が続く。八幡社の前には「右きやういせみち」「左ふなばみち」とした、折れた道標がある。教宗寺を過ぎてまもなく東海道標示に従い左折する。少し幅の変形した道を行く。鍛冶町のＴ字路で突き当たり、東海道標示に従い右折する。すぐに勤労青少年ホームに突き当たるので、標示に従い右折する。さらに「鍛冶町」と標示のある道がＴ字路となるので勤労青少年ホーム角を左折する。そこに東海道標示と共に「吉津屋見附跡」の説明があった（写真５）。たまたま道に出ていた人の良さそうな御老体が詳しく説明してくれたので礼を言って北へ向かう。

写真５　吉津屋見附跡

保健センター前の道に出る。東海道標示に従って横断して直進する。４差路の毘沙門天堂前で東海道標示に従い、右折して日進小学校前から続く道（＊県道613号）を横断すると、右角に桑名市博物館があった。９時30分開館のようだ。そのまま進んで三之丸堀の南大手橋手前で左折、堀に沿う公園で休む（８時50分、9,084歩）。

道の右側の堀を見ながら北へ向かう。春日神社（桑名宗社）の前に出た。大きい神社である。「旅館山月」を目指して歩くと右側に東海道標示が目についたので、右折する。少し上ってすぐ史跡「七里の渡し」の説明板があるところへ石段を下る。周りには大きな鳥居のほかは渡し場の痕跡はなく、護岸の堤防が目の前にあるだけだ。やっと着いたとの思いだ（９時03分、9,996歩、写真６）。

この後、引き返して「旅館山月」前を通って有名な「船津屋」を見に行った。そして今度は長島の東海道七里渡しの史跡を見に行くことにした。本当はここで引き返して電車で名古屋に行けば、現代版「七里の渡し」は済む。

写真６　「七里の渡し」の説明板

しかし、時間もあったので出かけた。水門、櫓風の建築の管理所、そして堤防を歩き、揖斐・長良川を見る。コミュニティパークでトイレ休憩して、再び堤防道を歩く。川に近い方の堤防上の道は工事中のダンプの往来が激しく、警備員が通行禁止というので、少し下の堤防道を市民プールや桑名城跡を眺めながら歩く。赤須賀水門石段を上り、さらに歩いて揖斐長良大橋に上った(写真７)。この橋は国道23号であり下流には湾岸道路の橋が見える。約20分かけて橋を渡り切る。この間会った人は３人、皆自転車だった。橋の右先には長島温泉の大きな看板の塔がある。道は緩やかに下り、「レストイン長島」というところがあったので休憩した（10時14分、14,932歩）。

写真７　揖斐長良大橋

冷水ばかり飲んでいてはいけないのでうどんを食べた。歩き始めて県道７号高架下に至る。右に長島スポーツランドがある。コンビニのところから道を間違いながらも何とか「東海道七里渡青鷺川舊跡」を見つけた（10時45分、16,101歩、写真８）。

写真８　東海道七里渡青鷺川舊跡

堤防を上り、初めて木曽川を見る。その後国道下をくぐって反対側に出て長島スポーツランドに着く。コンビニで冷水など買って引き返し始めた時、県道７号高架上をバスが走っているのが見えた。車道と思われる道を県道へ向かうと、バス停が見えたので行く。バス停名は「長島スポーツランド」となっていた。バス停の小屋で手早く着替える。バスが来たので乗ろうとしたら、運転手が「後のバスがいい」というので待って乗った。私は国道23号で名古屋に行きたかったが、かなわず、バスは長島を縦断し、やがて高速道路を走って近鉄名古屋駅へ着いた。これが私の「七里の渡し」だった。

この日は新幹線で博多まで、そして高速バスで鹿児島へ帰った。

※距離、歩数はその日のスタート地点からの数値を示す。距離は当時の著者の歩幅をめどに計算している。

各順	地　　点	距離(km)	歩数（歩）	通過時刻（時：分）	所要時間（分）
1	JR朝日駅への角	0.00	0	6：50	0：00
2	西光寺	0.13	168	6：52	0：02
3	浄泉坊	0.48	629	6：56	0：04
4	東海道標示、右手に役場・小学校	0.67	885	7：00	0：04
5	近鉄伊勢朝日駅踏切・東芝三重工場	1.34	1,780	7：09	0：09
6	交差点横断	1.39	1,841	7：10	0：01
7	縄生十字路・東海道標示	1.73	2,301	7：15	0：05
8	「一里塚跡」石柱	1.81	2,406	7：17	0：02
9	真光寺参道前	2.05	2,722	7：20	0：03
10	東芝浄水場・員弁川土手右折	2.31	3,075	7：25	0：05
11	町屋橋南詰交差点・員弁川	2.38	3,173	7：27	0：02
12	町屋橋・町屋藤広場	2.67	3,556	7：31	0：04
13	休憩	－	－	7：35	0：04
14	伊勢両宮常夜燈	2.79	3,710	7：37	0：02
15	国258号高架下（安永地下道）	3.12	4,148	7：43	0：06
16	晴雲寺	3.19	4,248	7：44	0：01
17	城南神社	3.47	4,616	7：49	0：05
18	日立金属桑名工場	3.74	4,980	7：53	0：04
19	了順寺	3.83	5,101	7：55	0：02
20	東海道標示・矢田立場跡（右折）	4.29	5,720	8：01	0：06
21	立坂神社参道鳥居	4.48	5,964	8：05	0：04
22	善西寺・国1号交差点横断	4.56	6,074	8：06	0：01

23	交差点（西鍋屋町）	4.90	6,529	8：11	0：05
24	一目連神社・「左東海道渡船場道」石柱	4.96	6,603	8：13	0：02
25	天武天皇社	5.07	6,747	8：15	0：02
26	日進小学校南交差点（左折）	5.23	6,966	8：17	0：02
27	左へ入る（桑名市消防団第一分団）	5.28	7,037	8：18	0：01
28	長圓寺	5.38	7,173	8：21	0：03
29	県401号横断	5.45	7,256	8：23	0：02
30	壽量寺	5.53	7,371	8：25	0：02
31	十念寺	5.58	7,429	8：26	0：01
32	光徳寺	5.63	7,495	8：27	0：01
33	東海道標示・左折（新町）	5.93	7,905	8：32	0：05
34	東海道標示・T字路右折（鍛冶町）	6.08	8,094	8：34	0：02
35	東海道標示・T字路右折	6.12	8,149	8：35	0：01
36	東海道標示・吉津屋見附跡	6.15	8,194	8：36	0：01
37	休憩	－	－	8：39	0：03
38	東海道標示・横断直進	6.23	8,300	8：40	0：01
39	東海道標示・右折（毘沙門天堂）	6.55	8,729	8：46	0：06
40	交差点（桑名市博物館角）	6.62	8,818	8：47	0：01
41	三之丸堀・南大手橋（左折）	6.82	9,084	8：50	0：03
42	休憩	－	－	8：53	0：03
43	春日神社（桑名宗社）	7.10	9,459	8：57	0：04
44	東海道標示・右折（「旅館山月」手前）	7.45	9,928	9：02	0：05
45	史跡「七里の渡し」	7.50	9,996	9：03	0：01
46	休憩	－	－	9：08	0：05
47	コミュニティパーク（トイレあり）	7.76	10,343	9：13	0：05
48	休憩	－	－	9：25	0：12
49	堤防道（赤須賀水門）	8.88	11,828	9：40	0：15
50	揖斐長良大橋（国23号）	9.66	12,867	9：51	0：11
51	橋終わり	10.84	14,442	10：10	0：19
52	レストイン長島	11.20	14,932	10：14	0：04
53	休憩	－	－	10：29	0：15
54	県7号高架下	11.39	15,180	10：34	0：05
55	コンビニ	11.62	15,486	10：37	0：03
56	東海道七里渡青鷺川舊跡	12.08	16,101	10：45	0：08

57	木曽川	12.14	16,185	10：48	0：03
2006年8月8日　総距離数12.14km、総歩数16,185歩、総所要時間3時間58分					

木曽川大橋

26日目

平成18年

宮－豊明

2006年８月24日木曜日

写真１　宮の「七里の渡し」跡

新大阪駅に着いたのが６時34分。地下鉄御堂筋線で近鉄大阪難波駅へ。７時発の特急で名古屋へ、名古屋駅から名鉄で神宮前駅へ行き、タクシーで名古屋市熱田（アツタ）区神戸（ゴウド）町、宮の「七里の渡し」跡へ着く（写真１）。歩き始めたのは10時01分。

東へ向かって酒店の角を左折しカラー舗装の道を進む。宝勝院を過ぎて国道247号に出る。歩道橋で国道を横断、東海道の標示に従って道の続きに出て歩くが、すぐ熱田区伝馬（テンマ）１丁目５の角を右折する。「伝馬町旧東海道」の看板が道（県道225号）の向こうに見えるが渡れないので、左折して国道１号の伝馬町交差点へ出て横断、先ほど見えた看板がある道を進む。道の右側に鈴之御前社がある。裁断橋跡には模式化した橋があり、また「都々逸発祥之地」という石柱があった。名鉄常滑線高架下を通り、熱田橋（新堀川）に着く。JR東海道本線の東海道踏切を渡り、国道１号の道路壁に沿って歩く。瑞穂区内浜町の国道１号内浜交差点に至る（10時37分、2,756歩）。

国道１号右側をしばらく歩く。松田橋交差点で国道１号は右折して南へ向かう。私は直進するために穂波歩道橋を渡って国道を横断、東海道（県道222号）に出る。国土交通省「名四国道事務所」があったので、東海道を表示した地図を求めたがなかった。自分の地図を頼りに進む。左手にブラザー工業瑞穂工場がある。瑞穂区河岸町４丁目に入る。交差点を左折、すぐ右折して小路に入る(写真２)。この辺りでは一番東海道らしい道に思える。まもなく十字路で右に橋が見えるので右折して向かう。山崎川に架かる山崎橋がある。渡ると「東海道」の石柱があった（11時01分、4,430歩）。

写真２　河岸町４丁目の街道

道は南東へ真っすぐ進む。ここは南区呼続(ヨビツギ)１丁目、名鉄呼続駅は少し東にある。呼続２丁目に入る。法泉寺の参道口に「東海道」の石柱があった。名古屋呼続郵便局を過ぎてすぐのところに熊野三社があるが、鳥居前には少し大きめの石に「東海道」、また、説明を彫り込んだ碑があった。交差点を渡り呼続３丁目に入る。地蔵院や誓願寺の前にも「東海道」の石柱がある。広い東海通の呼続小学校前交差点を横断して呼続４丁目に入る。東海道は南下する。塾にでも行く様子の男の子数名が賑やかに歩いていた。長楽寺と清水稲荷大明神の参道を過ぎて進むが、少し先の十字路角に「桜神明社(サクラシンメイシャ)」と「富部神社」の石柱があった。ここからは呼続５丁目となる。玉泉寺前を通る。寺は修築中であった。やがて道が斜め東へ向かう交差点に出る。右角に「是より東かさてら」の石柱がある（11時33分、6,985歩）。

ここで左折し、病院との間の道へと進む。ここからは県道222号である。道に「笠寺商店街」の大きな看板が架かる。その手前の名鉄踏切を渡る。踏切の右手に名鉄本笠寺(モトカサデラ)駅がある。商店街を抜けて環状線との笠寺西門交差点に出る。正面に見える笠寺観音へと進む（写真３）。寺の正門は、ここを右折して下った、寺の南側にある。

写真３　笠寺観音前を右折

道を挟んで西方院、泉増院がある。南区笠寺町上新町から下新町へ県道222号をほぼ真っすぐ南東へ下る。下新町に「笠寺一里塚」があった。この先、道は東へ曲がる。病院横を過ぎるとコンビニがあり、そこの赤坪町交差点を横断する。名古屋赤坪郵便局が道の左手にある。赤坪南公園横の道を少し上ると天白（テンパク）川・天白橋がある（12時07分、9,186歩）。

天白橋を渡り下る。道の左手にある名古屋市鳴海工場は工事中だった。Y字路となるがそのまま県道を右へ進む。三王山交差点に出て県道59号を横断する。道は右へ曲がり、左側が緑区鳴海（ナルミ）町、右側が緑区浦里２丁目となる。鳴海町丹下の道左手に丹下町常夜灯、光明寺石柱がある。三皿交差点で県道36号を横断する。作町交差点でうっかり鳴海橋へ直進しそうになったが、思いなおして左折して県道222号を進む。鳴海保育園、如意寺を過ぎてすぐ民家前に「鳴海宿（シュク）本陣跡」があった（写真４）。街道らしい道幅以外には東海道宿場らしさはない。本町交差点で南の浅間橋、名鉄鳴海駅へ向かう県道242号を横断して進む。緑区鳴海町本町には東海道らしい風情の商店などもある。道は相原町へ入るところで右に折れ、さらにすぐまた左に折れる。由緒を感じさせる「うなぎの浅野屋」があった。瑞泉（ズイセン）寺前から扇川に架かる中島橋を渡って緑区鳴海町下中へ入る。金剛寺を過ぎて平部（ヒラブ）北交差点を直進する。道は少しずつ上りとなる。道の右側は名鉄自動車整備の工場である。道の左手にある石段の上に神明社がある。道脇に座れる場所があったので休む（13時10分、14,118歩）。

写真４　鳴海宿本陣跡

少し下って四本木交差点を横断して進む。高速道路を前方に眺めつつ歩く。手越（テゴシ）川に架かる鎌研（カマトギ）橋を渡り、名鉄有松４号踏切を越え、工事中の高速道路下を進む[※1]。少し上ったところの道左手に祇園寺がある。ここからが有松絞（アリマツシボリ）の町だ。天満宮参道口から奥に神社があるのが分かる。有名な絞の家が並ぶ（写真５）。道周辺の店には「ありまつ」の４文字を１字ずつ絞に仕上げた暖簾が

写真５　有松絞の家（左）と有松絞の暖簾（右）

翻る。名鉄有松駅への交差点を横断して進む。中川橋という小さな橋を渡り進むと「絞会館」の看板をかかげた建物が見えるので近づくと、「旧知多郡有松町役場跡地」の碑があった。少し下りながら手越川の松野根橋を渡り、右の道へ進む。道は有松宿を過ぎて大将ヶ根交差点で国道１号に合流する（13時59分、17,113歩）。

緑区境松１丁目、国道１号の路側帯左側を歩くこと４分、右側に歩くべき道がある。横断してその道へ入る。あらかじめ前の交差点で横断すべきだったが幸い車が信号で止まっていて助かった。道は桶狭間病院の先で国道１号に合流するが、そこに「桶狭間古戦場」と案内標識があったので、見学することにした。国道に出てすぐまた右へ入ったところの公園入り口に、「史蹟桶狭間古戦場」の石柱がある。ここに今川義元の墓、多くの碑や説明があった（写真６）。ここが豊明市であると分かった。

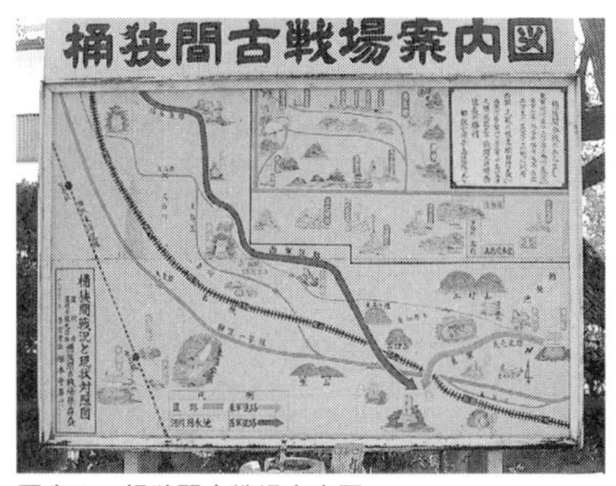

写真６　桶狭間古戦場案内図

街道に戻り歩き始める。名鉄名古屋本線高架下を通り、競馬場入口交差点に出る。すぐ道が分岐路となるので右側へ進む。街道らしくない広い道である。右側近くを名鉄が走る。やがて道の両側共に新栄１丁目となる。新栄町交差点に至る。皆瀬川の落合橋を越えて前後町に入ると正面に大きなビルが見える。アピタ（＊パルネス前後）というショッピングセンターである。道の左手に前後神明社の参道があり、石柱が立つ。参道奥に神社鳥居が見えた。今日はアピタ駐車場前で終わろうと思ったが、もう少しは大丈夫と思い、豊明駅まで行くことにした（14時52分、20,501歩）。

少し上り坂を歩くとすぐ前後駅前交差点に出るので横断する。左側に西雲寺がある。さらに進むと豊明郵便局がある。この辺が一番高い地点になる。

写真７　阿野一里塚

少し進んで下り始め、大きな松のあるところが豊明小学校である。左右を確かめながら歩くと「阿野一里塚」があった（写真７）。それも道を挟んで二つある。ここから県道57号を横断（＊高架）してすぐ国道１号に合流する。正戸（ショウド）川の正戸橋を渡り進むと、左側に西蓮寺と「むつみ保育園」がある。やがて豊明駅前交差点に至る。この日はここを終点とした（15時22分、23,268歩）。

※１　2006（平成18）年には、高速下にある「有松一里塚」石柱などはなかった。

※距離、歩数はその日のスタート地点からの数値を示す。距離は当時の著者の歩幅をめどに計算している。

各順	地　点	距離（km）	歩数（歩）	通過時刻（時：分）	所要時間（分）
1	宮の「七里の渡し」跡	0.00	0	10：01	0：00
2	山田屋酒店角	0.10	143	10：03	0：02
3	宝勝院	0.23	360	10：06	0：03
4	歩道橋（国247号渡る）	0.30	463	10：07	0：01
5	熱田区伝馬1-5の角右折	0.54	851	10：13	0：06
6	県225号へ左折（国1号交差点で県道横断）	0.74	1,163	10：16	0：03
7	伝馬の道へ戻る（伝馬町旧東海道看板下）	0.84	1,318	10：19	0：03
8	鈴之御前社	0.97	1,518	10：21	0：02
9	裁断橋跡	1.01	1,592	10：22	0：01

10	名鉄高架下	1.08	1,702	10：24	0：02
11	新堀川・熱田橋	1.24	1,953	10：28	0：04
12	JR東海道本線踏切	1.45	2,286	10：31	0：03
13	国1号内浜交差点（瑞穂区内浜町4）	1.75	2,756	10：37	0：06
14	松田橋交差点（穂波歩道橋）	2.05	3,233	10：42	0：05
15	直進し東海道へ（県222号）	2.17	3,420	10：44	0：02
16	名四国道事務所	2.29	3,612	10：46	0：02
17	休憩	－	－	10：51	0：05
18	病院前の交差点左折	2.59	4,092	10：57	0：06
19	病院角右折	2.62	4,134	10：58	0：01
20	山崎川・山崎橋へ右折	2.75	4,339	11：00	0：02
21	橋渡り切る・「東海道」石柱	2.81	4,430	11：01	0：01
22	法泉寺	3.03	4,780	11：06	0：05
23	名古屋呼続郵便局	3.13	4,935	11：08	0：02
24	熊野三社	3.22	5,086	11：10	0：02
25	地蔵院（「東海道」石柱）	3.49	5,505	11：14	0：04
26	呼続小学校前交差点	3.68	5,810	11：18	0：04
27	十字路（桜神明社・富部神社の石柱）	4.07	6,422	11：26	0：08
28	玉泉寺	4.16	6,568	11：28	0：02
29	交差点左折（「是より東かさてら」石柱）	4.43	6,985	11：33	0：05
30	名鉄踏切（道は県222号）	4.49	7,094	11：34	0：01
31	休憩	－	－	11：36	0：02
32	笠寺西門交差点（環状線）	4.65	7,335	11：38	0：02
33	笠寺観音	4.75	7,499	11：41	0：03
34	笠寺一里塚	5.25	8,287	11：50	0：09
35	コンビニ（赤坪町交差点）	5.48	8,646	11：55	0：05
36	休憩	－	－	12：00	0：05
37	名古屋赤坪郵便局（道の左）	5.53	8,733	12：01	0：01
38	天白川・天白橋	5.82	9,186	12：07	0：06
39	Ｙ字路（緑区浦里2丁目）	6.18	9,759	12：13	0：06
40	三王山交差点（県59号横断）	6.34	10,017	12：16	0：03
41	丹下町常夜灯・光明寺石柱	6.94	10,961	12：26	0：10
42	三皿交差点（県36号横断）	7.25	11,446	12：31	0：05
43	作町交差点	7.55	11,919	12：37	0：06

44	休憩	－	－	12：42	0：05
45	鳴海本陣跡	7.60	11,999	12：44	0：02
46	本町交差点（南に浅間橋）	7.74	12,228	12：46	0：02
47	うなぎの浅野屋	8.03	12,681	12：53	0：07
48	瑞泉寺・扇川・中島橋	8.19	12,925	12：56	0：03
49	金剛寺	8.44	13,333	13：00	0：04
50	平部北交差点	8.68	13,706	13：04	0：04
51	神明社	8.94	14,118	13：10	0：06
52	休憩	－	－	13：19	0：09
53	四本木交差点	9.09	14,347	13：22	0：03
54	手越川・鎌研橋	9.65	15,238	13：32	0：10
55	祇園寺	9.80	15,471	13：34	0：02
56	天満宮参道口	9.84	15,547	13：36	0：02
57	「名古屋市有松町並み保存地区」標柱	10.07	15,897	13：42	0：06
58	交差点（薬局）	10.14	16,009	13：44	0：02
59	中川橋	10.22	16,143	13：45	0：01
60	旧知多郡有松町役場跡地・絞会館	10.30	16,265	13：47	0：02
61	手越川・松野根橋	10.65	16,812	13：56	0：09
62	国1号合流（大将ヶ根交差点）	10.84	17,113	13：59	0：03
63	国1号「桶狭間古戦場」案内標識	11.42	18,043	14：11	0：12
64	休憩	－	－	14：20	0：09
65	競馬場入口交差点	11.62	18,347	14：23	0：03
66	あんず薬局	11.64	18,384	14：24	0：01
67	休憩	－	－	14：28	0：04
68	分岐路（国1号より右の道へ入る）	11.70	18,475	14：29	0：01
69	新栄町交差点	12.32	19,461	14：42	0：13
70	前後神明社参道前	12.59	19,890	14：46	0：04
71	アピタ駐車場前角	12.98	20,501	14：52	0：06
72	休憩	－	－	14：54	0：02
73	前後駅前交差点（西雲寺）	13.17	20,797	14：57	0：03
74	豊明郵便局	13.51	21,336	15：02	0：05
75	阿野一里塚	13.95	22,036	15：10	0：08
76	国1号合流	14.16	22,370	15：13	0：03
77	正戸川・正戸橋	14.39	22,721	15：16	0：03

78	西蓮寺・むつみ保育園	14.68	23,184	15：21	0：05
79	豊明駅前交差点	14.73	23,268	15：22	0：01
2006年8月24日　総距離数14.73km、総歩数23,268歩、総所要時間5時間21分					

27日目

平成18年

豊明ー岡崎

2006年８月25日金曜日

写真１　境橋

名鉄豊明駅前のコンビニで飲み物など熱中症防止用品を買い揃えて国道１号豊明駅東交差点に立つ（６時58分）。横断して国道１号左側歩道へ出る。伊勢湾岸自動車道と国道23号の高架下を歩行者向けの道路標示に従い、左折して旧道へと入り、境橋へ出る（写真１）。この橋は昔のままであれば尾張側半分が板橋、三河側半分が土橋だった。

三河国の始まりは愛知県刈谷市である。橋を渡り終わって歩く。左側に大きなパン工場（敷島製パン）がある。今川町交差点で国道１号に合流する。続きの街道に出るために、交差点の地下道を通って国道１号右側の歩道へ出て、コンビニ横の道に入る。振り返って眺めると、車が多くてよくは見えないが、先ほどの道の延長上にあることが分かる。刈谷市今川町の東海道を歩く。道は県道282号で切断されるが歩道橋で横断できる。富士松市民センターと名鉄富士松駅を結ぶ道を横断する。乗蓮寺入り口に街道周辺の案内地図があった。今川市民館を過ぎるとすぐ今岡町である。乗願寺に

写真２　「ひもかわうどん発祥地」の標柱

もさっきと同じような案内地図がある。しばらく行くと道の左側に「ひもかわうどん発祥地」という標柱があり、側面には「三河尾張うどん街道」とあった（写真２）。少し進むとバス停近くに「弘法大師御自作子安地蔵尊霊場」の石柱がある洞隣寺があった。車の間をぬって十字路を横断するとまもなく国道１号に合流する（８時06分、4,208歩）。

国道１号の右側を歩く。地図上では、歩いてきた道はここから斜めに左側へ横断、国道１号左側を半円状に回って、工業団地入口交差点と一里山町新屋敷交差点の中間で国道に合流しているのだが、そのまま右側を歩く。国道１号一里山町新屋敷交差点を過ぎて一里山歩道橋に至る。ここから向かい側の国道１号左側は知立市西丘町となる。

道の両側には部品工場、金属工場がある。トヨタに関連するのだろうか。道の右側に大きな海鮮料理店があったのが珍しかった。逢妻町交差点で国道１号から分かれて右へ入る（８時29分、6,339歩）。

逢妻川に架かる逢妻橋へ向かう（写真３）。橋終わりを左へ横断、堤防道脇の小路へ入る。道は大きく右へ曲がる。總持寺には「弘法大師御自作知立不動尊」の石柱があった。手前の知立保育園に母子が幾組と入っていく。知立神社への道が左にある。西町西で国道155号を横断する。渡って気づいたのだが、地下道があった。街道を進み、了運寺前から右折すると、右側に石垣があり、「知立古城址」と説明があった（写真４）。知立城は桶狭間の戦いで織田軍に攻め落とされたという。

写真３　逢妻橋より逢妻川下流を望む

写真４　知立古城址案内、隣に東海道図がある

すぐ先に「東海道池鯉鮒宿」の石柱があるのでここで左折する。

写真５　「池鯉鮒宿問屋場之跡」石柱

本町本に入る。道の先にリリオ・コンサートホールが見えてくる。知立本町郵便局前を過ぎ、知立駅への道を横断してホール角に立つ。このホールには市役所支所もある。再び歩き始めてすぐ左側に「池鯉鮒宿問屋場之跡」の石柱があった（８時56分、8,178歩、写真５）。

まもなく中町交差点に至る。ここは６差路の道であるが、進むべき道は来た道の延長上にあるので分かる。中山町中山、山町山と歩いて吉富米穀店前Ｔ字路に至る。さらに進んでいくと名鉄三河線踏切に出る。そしてまもなく御林（オハヤシ）交差点で国道１号に合流する。交差点の地下道で国道左側歩道へ向かう。地下道入り口に「東海道」の標柱があった。御林地下道を出る（９時17分、9,986歩）。

国道から左の松並木のある道へ入る（写真６）。しばらく行くと知立松並木の説明板がある。そこから近い、馬の像のある「やすらぎ公園」でしばし休息する。東海道並木歩道橋を渡る。歩道橋から左に牛田インターチェンジを見ることができる。歩道橋を下って知立市牛田町を歩く。道の右側に西教寺の白い壁が現れる。歩道がなく車も少ない、東海道の平坦な道が続く。来迎寺小学校前の横断用信号機を過ぎてすぐの道路右側に来迎寺一里塚がある。説明板には、ここは代々松が植えられていたとある。Ｔ字路の来迎寺町交差点の角に「元禄の道標」の説明板と石柱がある。そこから左側歩道を下るが、すぐ御鍬（オクワ）神社に至る。神社のすぐ向かい側は来迎寺公園である。来迎寺公園東交差点を過ぎて猿渡（サワタリ）川の猿渡川橋を渡ると安城市の境標示があった（10時13分、13,482歩）。

写真６　知立の松並木

緩やかな坂を少し上り、松の木のある安城市今本町の道を歩く（写真7）。道の左に常夜燈があった。ここからは道の右側のみ歩道があり、松の木もあるので右側歩道へ渡る。先ほどの川に続く石田川の石田橋を渡り、今本町4丁目交差点で県道12号を横断する。交差点手前に大きな工場があった。道の右側を歩くとある病院の案内図に「旧国道」の文字があったが、東海道のことだろう。今本町北（＊今本町8丁目）交差点を越えて角の今村郵便局の前に立つ。次の東栄町（＊里町4丁目西）交差点の左側道路は拡幅工事中で入れない。真っすぐ碧海信用金庫角へ横断して進む。石橋団地入口（＊里町4丁目）交差点を過ぎると右にJAあいち中央の店があるので入る（10時42分、16,041歩）。

写真7　安城市今本町

農協の向かいの喫茶店に「氷」の旗が見えたので入る。小用を足すのが目的だったが宇治金時を食べる。また、持ち歩いている自家製地図プリントの入れ替えをする。身体の内外共に屋内の冷気で生き返った思いだ。歩きだしてしばらくは暑さを感じなかった。しばらくすると電柱に「東栄町馬捨場」とある。工場街を歩く。T字路のところに「カーマアットホーム」というホームセンターがあった。日吉神社を過ぎてすぐ明治川神社交差点がある。名の由来の神社がその交差点手前にあった（11時26分、17,729歩）。

県道76号、明治用水を横断して浜屋町北屋敷と南屋敷の間の道に入る。道を進むと永安寺があり、「雲竜の松」の説明があった。宇頭（ウトウ）茶屋（チャヤ）町に入る。「宇頭茶屋説教所」というバス停を過ぎる。内外神明社参道がある。その向かい側に妙

写真8　尾崎東交差点手前

教寺がある。宇頭茶屋交差点で県道76号を横断する。小さな川を越えて進むと、東海道一里塚跡が熊野神社境内に、神社入り口脇に「予科練之碑」があった。神社北側に第一岡崎海軍航空隊があったのだそうだ。歩道が切れた道を進む。尾崎町公民館を経て進むと道は大きなラーメン屋を過ぎたところにある尾崎東交差点で国道１号に合流する（12時04分、20,836歩、写真８）。

国道１号の宇頭町交差点に「331.5km」の距離標があり、また岡崎市の境標示があった。歩く左側に薬王寺、道路向かいの右側に聖善寺がある。ちょうど地下道入り口があったので地下道を使って右側へ横断、聖善寺前に立つ。ちょうど薬王寺の向かいになる。歩道を進むと鹿乗（カノリ）川の鹿乗橋を越える。暮戸（クレド）交差点で県道26号を横断、用水を越え、矢作（ヤハギ）町猫田交差点を横断する（12時40分、24,075歩）。

横断してすぐ国道左の街道へ入る。岡崎市矢作町である。道に車両通行止めのポールがある。道は安城街道への道と合流する。国道１号安城街道入口交差点を横目に真っすぐ進む。道の右側に福萬寺、少し先の道の左側に䅣樹（ヒソコ）神社がある。矢作町の商店街を進む。道の左側には誓願寺があり、保育園もある。まもなく道正面に矢作川堤防が見えてくる。角に弥五騰神社があり、東海道石柱がある道は、矢作東小学校の入り口である。矢作川手前に勝蓮寺があり、そこを上ると矢作橋である。日吉丸（のちの豊臣秀吉）と蜂須賀小六との出会いを示す「出合之像」は工事中とかで移転していた。矢作橋を渡るが上流・下流共に今まで見た川では一番美しい（写真９）。特に中島を含めた河岸の木々の美しさは格別である。渡り終わって矢作橋東交差点に立つ（13時09分、26,561歩）。

写真９　矢作川は美しい

ここを横断、国道１号右側へ。少し歩いて小路を堤防の方向へ向かう。道の右側に「八帖往還通り」の石柱があり、次に「左江戸」の標柱があるので左折する。左右に八丁味噌の醸造屋を確かめつつ進むと、ある醸造屋から左に入る道筋に「八丁蔵通り」の標識があった。ＮＨＫドラマの舞台となった醸造屋だそうだ（写真10）。中岡崎駅近くで、愛知環状鉄道線の高架下に立つ。ここに岡崎観光案内図がある。この日の歩きは高架下を過ぎた松葉通り入り口で終わった（13時20分、27,344歩）。

この後、高架に沿い名鉄岡崎公園前駅へ向かった。駅前に案内図や、石に文字や図を刻んだ「岡崎城下二十七曲り」があった。

写真10　NHKドラマの八丁味噌店

※距離、歩数はその日のスタート地点からの数値を示す。距離は当時の著者の歩幅をめどに計算している。

各順	地　　点	距離（km）	歩数（歩）	通過時刻（時：分）	所要時間（分）
1	豊明駅前交差点・国1号	0.00	0	6：55	0：00
2	豊明駅東交差点・国1号	0.16	249	6：58	0：03
3	休憩	－	－	7：10	0：12
4	国1号・国23号トンネル前	0.38	587	7：13	0：03
5	境川・境橋	0.55	862	7：17	0：04
6	Pasco（敷島製パン）	0.89	1,396	7：23	0：06
7	今川町交差点	1.09	1,716	7：27	0：04
8	休憩	－	－	7：35	0：08
9	地下道で右へ渡る	1.19	1,866	7：37	0：02
10	十字路（直進）	1.41	2,216	7：40	0：03
11	今川町歩道橋終わる	1.58	2,492	7：43	0：03
12	富士松駅への通り横断	1.68	2,648	7：46	0：03
13	乗蓮寺	1.77	2,795	7：48	0：02
14	今川市民館	1.99	3,140	7：53	0：05
15	刈谷市今岡町に入る	2.05	3,234	7：54	0：01
16	乗願寺	2.15	3,391	7：56	0：02
17	「ひもかわうどん発祥地」標柱	2.39	3,767	8：00	0：04
18	弘法大師御自作子安地蔵尊霊場	2.44	3,852	8：02	0：02
19	国1号合流（右側を歩く）	2.67	4,208	8：06	0：04

20	工業団地入口交差点	2.91	4,585	8：10	0：04
21	一里山町新屋敷交差点	3.38	5,330	8：17	0：07
22	一里山歩道橋	3.56	5,619	8：21	0：04
23	海鮮料理店の前	3.89	6,145	8：26	0：05
24	逢妻町交差点（右へ）	4.02	6,339	8：29	0：03
25	逢妻川・逢妻橋	4.15	6,555	8：32	0：03
26	橋終わり（左へ）	4.25	6,711	8：34	0：02
27	總持寺	4.47	7,050	8：39	0：05
28	国155号横断	4.72	7,445	8：44	0：05
29	了運寺（右折）	4.83	7,631	8：47	0：03
30	知立古城址	4.87	7,693	8：48	0：01
31	「東海道」石柱（左折）	4.92	7,773	8：50	0：02
32	リリオ・コンサートホール	5.12	8,081	8：54	0：04
33	池鯉鮒宿問屋之場跡	5.18	8,178	8：56	0：02
34	中町交差点（6差路）	5.25	8,285	8：58	0：02
35	吉富米穀店前T字路	5.78	9,120	9：07	0：09
36	名鉄三河線踏切	5.97	9,421	9：10	0：03
37	国1号合流（「東海道」標柱）	6.25	9,873	9：16	0：06
38	御林地下道出る	6.33	9,986	9：17	0：01
39	知立松並木説明	6.47	10,218	9：20	0：03
40	やすらぎ公園（馬の像）	6.60	10,417	9：22	0：02
41	休憩	–	–	9：38	0：16
42	衣浦豊田道路・東海道並木歩道橋	6.91	10,903	9：44	0：06
43	西教寺	7.43	11,737	9：53	0：09
44	「来迎寺小前」（横断用信号機）	7.83	12,361	9：59	0：06
45	来迎寺一里塚	7.92	12,512	10：01	0：02
46	T字路・来迎寺町交差点・「元禄の道標」説明	8.14	12,861	10：05	0：04
47	御鍬神社	8.29	13,088	10：08	0：03
48	来迎寺公園東交差点	8.42	13,296	10：11	0：03
49	猿渡川・猿渡川橋	8.49	13,401	10：12	0：01
50	安城市の境標示	8.54	13,482	10：13	0：01
51	常夜燈・歩道右のみ	8.85	13,980	10：19	0：06
52	今本町4丁目交差点（県12号横断）	9.16	14,465	10：25	0：06

53	今本町北交差点（今村郵便局角）	9.65	15,235	10：33	0：08
54	JAあいち中央	10.16	16,041	10：42	0：09
55	休憩	－	－	11：09	0：27
56	交差点	10.48	16,550	11：13	0：04
57	T字路（カーマアットホーム）	10.90	17,213	11：20	0：07
58	日吉神社	11.03	17,419	11：23	0：03
59	明治川神社交差点（県76号横断）	11.23	17,729	11：26	0：03
60	永安寺・雲竜の松	11.39	17,988	11：30	0：04
61	内外神明社参道	11.87	18,744	11：38	0：08
62	宇頭茶屋交差点（県76号横断）	12.08	19,080	11：43	0：05
63	小川越える	12.19	19,249	11：44	0：01
64	東海道一里塚跡・熊野神社	12.36	19,517	11：48	0：04
65	歩道切れる	12.52	19,778	11：53	0：05
66	尾崎町公民館	12.72	20,082	11：56	0：03
67	国1号尾崎東交差点	13.19	20,836	12：04	0：08
68	宇頭町交差点・距離標（331.5㎞）	13.54	21,380	12：09	0：05
69	左：薬王寺、右：聖善寺	13.74	21,696	12：13	0：04
70	地下道で横断、聖善寺前	13.85	21,870	12：16	0：03
71	鹿乗川・鹿乗橋（交差点）	14.06	22,214	12：20	0：04
72	おおほりクリニック	14.31	22,609	12：25	0：05
73	暮戸交差点（県26号横断）	14.68	23,189	12：31	0：06
74	用水越える	15.08	23,826	12：37	0：06
75	矢作町猫田交差点	15.24	24,075	12：40	0：03
76	国道左の街道へ	15.31	24,188	12：42	0：02
77	福萬寺	15.53	24,526	12：46	0：04
78	羂樹神社	15.59	24,629	12：48	0：02
79	誓願寺	15.92	25,143	12：53	0：05
80	弥五騰神社	16.11	25,449	12：57	0：04
81	勝蓮寺	16.45	25,986	13：03	0：06
82	矢作橋	16.53	26,115	13：04	0：01
83	矢作橋東交差点横断	16.82	26,561	13：09	0：05
84	小路へ右折、堤防方向へ向かう	16.89	26,685	13：10	0：01
85	「八帖往還通」石柱	17.02	26,880	13：13	0：03
86	「左江戸」標柱（左折）	17.02	26,880	13：15	0：02

87	「八丁蔵通り」標識	17.16	27,100	13：17	0：02
88	中岡崎駅高架下・案内図	17.27	27,286	13：19	0：02
89	松葉通り入り口	17.31	27,344	13：20	0：01
2006年8月25日　総距離数17.31km、総歩数27,344歩、総所要時間6時間25分					

28日目

平成18年

岡崎－本宿

2006年８月26日土曜日

８時23分、愛知環状鉄道中岡崎駅高架下の松葉通りの入り口に立つ。岡崎市中岡崎町を歩く。中岡崎町交差点の角には岡崎城への道を案内するプレートが埋め込まれ、「岡崎城まで六丁（660m）」、逆向きに「八丁みそ蔵まで二丁（220m）」とある（写真１）。また交差点横断歩道前に「松葉総門跡」の石柱があった。交差点を横断、直進すると突き当たる。その板屋町の角に「東海道」石柱があり、突き当たりのところに「岡崎城下二十七曲り」のひとつ「板屋町角」の石柱があり、左折する。十字路で岡崎城への道を横断、次いで新田白山神社（ニッタハクサン）への道を横断、広くなった道を直進、国道１号へ出る。左折して八帖歩道橋を渡り、国道１号を横断し、道の左側に立つ。板屋町口バス停のすぐ先の筋へ左折する。八帖北町と田町の間を通り、突き当たりを右折して伊賀川に架かる三清橋（サンセイ）を渡る。すぐ岡崎女子短期大学付属ふたば幼稚園手前の角を左折する。幼稚園の向かいは工事中の市図書館交流プラザである。（８時49分、1,807歩）。

写真１　歩道上のプレート

狭い道をゆっくりと上り、白山神社に出る。材木町で突き当たるので右折、材木町３丁目交差点を直進、材木町２丁目に入る。ここで本来の道を通り越して本間商店角より一度右折したが、引き返して一つ手前の道を右折する。十字路を直進、光善寺前を通り、次の４差路を左折、次の材木町１丁目交差点で右折する。「かに本家」前を通り、浄瑠璃寺のところで左折する（９時18

分、2,921歩）。

そこにちょっとした公園があり、説明板がある。シビコの横を歩く。本町通１丁目交差点を直進、UFJ（＊三菱UFJ）銀行前を歩くが、ここは連尺（レンジャク）通りである。連尺通１丁目交差点を直進して東邦ガスショールームを右折する。風格のある中華店がある。康生通東２丁目で交差点を横断するが、ここはまた籠田（カゴダ）公園からの道も交差する５差路である。岡崎信用金庫前を下るが次の交差点で左折する。岡崎康生郵便局前の交差点を横断すると中央分離帯に「籠田惣門跡」とあった。その反対側は市営地下駐車場入り口である。総門通りの名のある東海道を進むと道左手にレンガ造りの岡崎信用金庫資料館がある（写真２）。資料館から100mほど進み、角に明治の道標「東　京みち」の石柱がある交差点を左折し、すぐまた伝馬通１丁目交差点で右折する。そこに「籠田惣門」の石造りの模式、二十七曲りの図などがあった（10時07分、4,578歩）。

写真２　岡崎信用金庫資料館

道の左側の奥に圓頓（エントン）寺が見える。伝馬通りの各交差点を直進していく。途中コンビニで休憩もした。蓬莱町１丁目交差点で右折するがすぐ両町２丁目交差点で左折する。両町３丁目交差点を直進する。法圓寺、根石原観音堂が道の左側にある。ここは若宮町である。東海道は若宮庁舎（＊岡崎げんき館）東角で突き当たるので右折、続いて道が斜め左に入る交差点があるので左折する。ここに「岡崎城下二十七曲り」の石彫りの案内があった。ここに東の総門があったとある（10時48分、6,712歩、写真３）。

写真３　岡崎東総門

左に欠町（カケ）、右に根石町（ネイシ）を見ながらその間の道を歩く。道の左側に常夜燈がある。法光寺を過ぎるとすぐ、道は国道１号と並走する。道は更沙川の筋違（スジカイ）橋を経て国道１号から少し離れて川沿いに進む。私は川の手前で左へ折れ、藪下橋を渡って合流した。時間的にも距離的にもほとんど差はない。岡崎インター西交差点を横断、しばらく国道１号に沿って松林が続く更沙川の堤を歩く。この後、国道１号は車専用となり、案内に従い、国道より左へ入る。そのまま進んでインター下トンネルへ。トンネルを三つくぐって出る。そして100円ショップの前で再び国道１号と合流する。合流して国道左側をしばらく歩く。タカハシ興産の角から左の道へ入る。大平八幡宮入り口がある（11時20分、9,148歩）。

大平町の上りの道を行くと大平西町バス停のところに常夜燈があり、その向かいに史蹟大平一里塚があった（写真４）。上っていくと途中の店にＮＨＫ番組で東海道を歩いていた岩本輝雄氏のサインが飾ってあった。さらに上っていくと専光寺がある。岡崎大平郵便局を過ぎて歩く。道が平坦になったところに常夜燈があり、隣は大平交番である。また公民館もある。道は下り始め、薬師寺を過ぎてすぐ大平町東交差点で国道１号と合流する（11時39分、10,370歩）。

写真４　大平一里塚付近の街道

「東海道」の石柱に従い、交差点を横断して向かいの道へ進む。日本高分子前を通り、小川を越えて、舗装のない道を乙川堤防へ向かう。大平川神社がある。川を見ると親子連れが遊んでいる（写真５）。どうやら渡れるようだが、堤防を大平橋へ向かう。ところが橋

写真５　乙川に突き当たる

に上る道がない。仕方なく田の畦道を大回りして橋の手前に出て国道１号へはい上った。やっと乙川の大平橋を渡る。渡り終わるとすぐ堤防道へ右折し、東海道標示があるのでそこから左折する。ここで念のために川を歩いて渡れるか見にいった。まだ親子連れが遊んでいる。確実に渡れそうであるが、その時は滑り止めの付いた靴が要るだろう。東海道標示のところに戻って水田の中の道を歩く。山綱川の高橋を渡ってすぐ県道48号との交差点を横断、坂を上る。美合(ミアイ)町南屋敷交差点の安藤食品店角に立つ。次の美合新町交差点を過ぎる。松並木がある。また東海道標示があった。さらに次の交差点を横断すると、「東海道」の石柱などの案内があり、ベンチもあった。ここは国道１号美合新町北交差点にも近く、またすぐ近くに中華の店があり、車の出入りが激しかった。竜泉寺川の坂下橋を渡ると道はすぐに国道１号に合流する（12時37分、13,805歩）。

写真６　藤川の松並木

合流した道はしばらく国道１号の右側を並走する。岡町神馬崎交差点に阿弥陀寺がある。藤川町西交差点で右へ入り藤川宿(シュク)に向かう。そこに「藤川宿」と書かれた説明板もある。道両脇に松並木が続く（写真６）。ほっとする風景である。藤川の松並木の説明や「東海道」の石柱がある。名鉄踏切を越えると岡崎東高校への道との分岐点に東海道標示がある。もう少し先にある藤川宿の一里塚は説明板だけであった。うっかり見逃すところだった。藤川小学校手前には「藤川の十王堂」があり、芭蕉句碑もあった。小学校前には藤川宿の説明や標柱が立っている。道は藤川宿中心部へ入る。伝誓寺を右手に見て、百田(ヒャクダ)川の宿場橋を渡る。左側へのびている道を挟むように常夜燈があり、「東海道」の石柱がある。そこからすぐのところに藤川宿資料館があり、ここは脇本陣跡である。すぐ本陣跡があり第二資料館（＊藤川宿本陣前広場）となっている（写真７）。家々に銭屋、米屋などの屋号札がある。少し先に問屋場跡がある。市場町に入り、小川を越え、交差点を過ぎる。そこに藤川宿駐車場があり、トイレなどあるので休憩した。津島神社と刻した石柱があったので望むと、神社は名鉄線路、山綱川、国道１号を越えた先の山裾にある。ほぼ藤川宿が終わるところにはまた旧東海道などの案内があった。そこからすぐに道は国道１号に合流する(13時57分、18,881歩)。

写真７　藤川宿第二資料館（本陣跡）

市場町交差点を過ぎる。道脇に畑が広がる。舞木町西交差点を横断、国道の左へのびている道に入る。山綱川の舞木橋を渡ると道は少し上る。そこに東海道標示や永證寺の石柱があった。興円寺への入り口を過ぎてから下る。山中稲荷はたくさんの幟に取り巻かれていた。名鉄名電山中駅前の交差点へ出る。目の前を電車が走り去った。駅へ立ち寄って時間を確認すると、次の電車まで時間がある。思い切って次の駅まで歩こうと決めた。山中の商店街・家々を抜けると道はまた国道１号へ合流する。広々とした平野の中央を歩く。東海中学校入口交差点近くに地下道入り口があった。山綱町下中野交差点を過ぎて次の本宿（モトジュク）町沢渡（サワタリ）交差点で、国道１号右側の松の木がある道へ入る(写真８)。ここの石柱は片面に「左国道一号」、もう一面に「右東海道」と刻まれている。この道には

写真８　本宿町沢渡交差点

写真９　本宿の東海道、正面家並み先に名鉄本宿駅ホームが見える

松並木が残る。上った道が下り始めるところから家並みの先に名鉄本宿駅が見えてきた（写真９）。駅に向かう交差点に立つ。角に豊川信用金庫がある。今日はここで終わることにした（14時53分、23,754歩）。

本宿駅まで来たのは正解だった。ここでは名鉄は特急以外すべて停車するからだ。

※距離、歩数はその日のスタート地点からの数値を示す。距離は当時の著者の歩幅をめどに計算している。

各順	地　点	距離(km)	歩数（歩）	通過時刻（時：分）	所要時間（分）
1	松葉通り入り口	0.00	0	8：23	0：00
2	中岡崎町交差点	0.18	273	8：27	0：04
3	板屋町角の石柱（左折）	0.29	452	8：29	0：02
4	新田白山神社入り口	0.44	687	8：32	0：03
5	国1号へ出る	0.55	846	8：34	0：02
6	左折して八帖歩道橋へ	0.60	941	8：36	0：02
7	八帖歩道橋横断、二つ目の筋へ左折	0.75	1,150	8：39	0：03
8	八帖北町突き当たりを右折	1.01	1,582	8：44	0：05
9	伊賀川・三清橋	1.07	1,685	8：47	0：03
10	幼稚園手前を左折	1.15	1,807	8：49	0：02
11	白山神社	1.27	2,005	8：53	0：04
12	材木町（突き当たり右折）	1.33	2,086	8：54	0：01
13	材木町3丁目交差点	1.45	2,289	8：56	0：02
14	次の角を右折	1.54	2,418	8：59	0：03
15	休憩	－	－	9：10	0：11
16	交差点直進	1.61	2,534	9：11	0：01
17	光善寺	1.66	2,609	9：12	0：01
18	４差路左折（材木町と魚町の間）	1.68	2,643	9：13	0：01
19	材木町1丁目交差点右折	1.77	2,794	9：16	0：03
20	かに本家（左折）	1.85	2,921	9：18	0：02
21	本町通1丁目交差点	2.03	3,204	9：22	0：04
22	連尺通1丁目交差点	2.12	3,345	9：25	0：03
23	休憩	－	－	9：42	0：17
24	連尺通2丁目角（右折）	2.26	3,563	9：45	0：03
25	康生通東2丁目交差点横断	2.37	3,729	9：49	0：04

26	次の交差点左折	2.43	3,827	9：51	0：02
27	岡崎康生郵便局前交差点横断・籠田惣門跡	2.48	3,912	9：53	0：02
28	岡崎信用金庫資料館（総門通り）	2.57	4,053	9：56	0：03
29	伝馬通1丁目交差点（右折）	2.90	4,578	10：07	0：11
30	圓頓寺（道左奥）	2.98	4,698	10：09	0：02
31	伝馬通4丁目交差点	3.17	4,994	10：12	0：03
32	伝馬通5丁目交差点	3.29	5,194	10：16	0：04
33	コンビニ・徳王神社前バス停	3.44	5,432	10：19	0：03
34	休憩	−	−	10：28	0：09
35	蓬莱町1丁目交差点（右折）	3.55	5,603	10：30	0：02
36	両町2丁目交差点（左折）	3.64	5,736	10：34	0：04
37	両町3丁目交差点（直進）	3.81	6,006	10：37	0：03
38	左に法圓寺	3.86	6,087	10：38	0：01
39	突き当たり右折・若宮庁舎の角	4.15	6,542	10：45	0：07
40	交差点より斜め左に入る（倉橋歯科）	4.25	6,712	10：48	0：03
41	常夜燈	4.42	6,973	10：52	0：04
42	法光寺	4.54	7,166	10：54	0：02
43	更沙川・筋違橋	4.71	7,432	10：56	0：02
44	休憩	−	−	11：00	0：04
45	更沙川・藪下橋	4.96	7,826	11：03	0：03
46	国道より左へ入る（案内あり）	5.31	8,385	11：11	0：08
47	道路より右へ（トンネル3回）	5.41	8,540	11：13	0：02
48	国1号合流（100円ショップ）	5.61	8,861	11：17	0：04
49	国道より左へ（大平八幡宮入り口）	5.79	9,148	11：20	0：03
50	大平一里塚・常夜燈・大平西町バス停	6.05	9,550	11：26	0：06
51	専光寺	6.20	9,787	11：30	0：04
52	岡崎大平郵便局	6.24	9,849	11：31	0：01
53	常夜燈	6.44	10,160	11：36	0：05
54	大平町東交差点（国1号合流）	6.57	10,370	11：39	0：03
55	大平町東交差点（横断）	6.61	10,430	11：41	0：02
56	休憩	−	−	11：51	0：10
57	小川越える	6.79	10,719	11：54	0：03
58	大平川神社	6.86	10,824	11：56	0：02

59	堤防から橋の前へ	6.99	11,031	11：59	0：03
60	畦道を回って国1号へ	7.14	11,278	12：03	0：04
61	乙川・大平橋	7.18	11,336	12：04	0：01
62	渡り終わる（堤防道へ右折）	7.33	11,579	12：07	0：03
63	東海道標示（左折）	7.44	11,740	12：09	0：02
64	休憩	−	−	12：11	0：02
65	山綱川・高橋	7.67	12,110	12：15	0：04
66	県48号との交差点（横断）	7.80	12,317	12：17	0：02
67	美合町南屋敷交差点（安藤食品店）	8.06	12,731	12：23	0：06
68	美合新町交差点	8.29	13,084	12：27	0：04
69	交差点（東海道の石柱ほか）	8.55	13,504	12：32	0：05
70	竜泉寺川・坂下橋	8.63	13,632	12：34	0：02
71	国1号合流	8.74	13,805	12：37	0：03
72	岡町神馬崎交差点・阿弥陀寺	8.99	14,199	12：41	0：04
73	藤川町西交差点（右へ）	9.64	15,225	12：53	0：12
74	藤川の松並木説明	9.78	15,444	12：57	0：04
75	名鉄踏切	10.08	15,918	13：01	0：04
76	休憩	−	−	13：03	0：02
77	藤川宿の一里塚	10.54	16,648	13：10	0：07
78	十王堂・藤川小学校・芭蕉句碑	10.64	16,811	13：13	0：03
79	伝誓寺	10.96	17,313	13：18	0：05
80	百田川・宿場橋	10.98	17,336	13：19	0：01
81	常夜燈・東海道の石柱	11.00	17,380	13：20	0：01
82	藤川宿資料館・脇本陣跡（すぐ本陣）	11.08	17,494	13：21	0：01
83	問屋場跡	11.26	17,777	13：25	0：04
84	小川越える	11.35	17,918	13：27	0：02
85	交差点	11.41	18,017	13：28	0：01
86	藤川宿駐車場（トイレあり）	11.55	18,236	13：31	0：03
87	休憩	−	−	13：49	0：18
88	旧東海道など説明（藤川宿）	11.85	18,716	13：55	0：06
89	国1号合流	11.95	18,881	13：57	0：02
90	市場町交差点	12.04	19,014	13：59	0：02
91	舞木町西交差点（左へ入る）	12.63	19,948	14：07	0：08
92	山綱川・舞木橋	12.82	20,252	14：11	0：04

93	興円寺入り口	13.17	20,805	14：17	0：06
94	交差点（名電山中駅前）	13.39	21,150	14：22	0：05
95	休憩	－	－	14：25	0：03
96	国1号合流	13.76	21,735	14：31	0：06
97	東海中学校入口交差点	14.10	22,270	14：36	0：05
98	地下道入り口	14.21	22,446	14：38	0：02
99	山綱町下中野交差点	14.37	22,696	14：40	0：02
100	本宿町沢渡交差点（右へ入る）	14.57	23,012	14：44	0：04
101	名鉄本宿駅前（豊川信金）	15.04	23,754	14：53	0：09
2006年8月26日　総距離数15.04km、総歩数23,754歩、総所要時間6時間30分					

29日目　　平成18年

本宿－豊橋

2006年８月27日日曜日

名鉄本宿駅で降り、前日の終点である岡崎市本宿町の通りの角に立つ（７時37分）。歩き始めてすぐ「東海道一里塚跡」の石柱があった。少し行ったところで十王堂跡の説明を見る。常夜燈を過ぎると本宿陣屋跡の案内があるが、ここは現在は冨田病院となっている。鉢地川の法蔵寺橋を渡ると法蔵寺がある（写真１）。説明板には徳川家康が幼少の頃ここで学んだとある。また「法蔵寺団子」の由来の説明もある。国道１号に合流する。合流地点には、国道１号を下ってくる人向けに、「左　東海道」「右　国道一号」と書かれた石柱と説明板が設置されている（７時52分、1,172歩）。

写真１　法蔵寺

国道の右側を歩くが、しばらくは国道と並行して側道があるので歩道が二つあるような感じである。新箱根入口交差点を過ぎて、まもなく側道と車道の間に門（冠木門）と常夜燈らしきものが現れる。「是より西 本宿村」という説明があった（写真２）。そう言えば、本宿村については駅地下道に

写真２　本宿村の門

も詳しい地図が描かれていた。雑草に覆われた側道を歩く。国道１号の左側に名鉄名古屋本線、さらにその左側には東名高速道路が走る。本宿町深田交差点を過ぎたところにドライブインがあり、大型トラックが何台も駐車している。音羽町西千東（＊長沢町西千東）交差点も前の交差点と同じく、国道右手の工場群とを結ぶＴ字路である。国道１号に「313.5㎞」の距離標が見える。エネオスのガソリンスタンドを過ぎて市街地が見えてくる。右手にやっと見えた普通の里道入り口に「村社赤石神社」の石柱があった。すぐ関屋交差点に至る（８時25分、4,395歩）。

写真３　右折して千両橋へ

東海道はここから右へ入り県道374号となる。まず千東川の千両橋を渡る(写真３)。家々に囲まれた狭い里道を歩く。千東川の大榎橋を渡ると常夜燈がある。さらに小さな川を越えたところにも常夜燈があり、その横に巓神社の石柱がある。長沢簡易郵便局先は十字路である。右手は音羽川に架かる御城山橋、左手の先には国道１号の長沢交差点がある。横断して誓林寺、誓林寺前バス停の前を通る。長沢小学校を過ぎたところの歩道脇に「一里塚跡」の木製標柱が立っていた。歩道は右側だけとなる。前方に音羽蒲郡有料道路（＊音羽蒲郡道路）の高架が見える。その下を通り、音羽川の八王子橋を渡る。まもなく常夜燈があり、「八王子神社」と記した石柱があった。神社はそこから入った山手にある。

ここはもう赤坂宿の入り口である。正面に見える音羽中学校目指して進む。「大日如来弘法大師御自作」の石柱、薬局前バス停（＊堀内クリニックバス停）を過ぎて右手に水田が広がる道を行く。中学校では野球の練習をやっていた。学校をめぐる用水の水がきれいである。杉森八幡社を参道口から見る。ここからすぐのところに「東海道赤坂宿」という石柱の立つ、御休処「よらまいかん」がある。辺りに児童館やグラウンド、赤坂公民館もある。ここのトイレで用を足し休憩した。歩き始めてまもなく「大橋屋」という宿屋に着く。今も営業している江戸時代以来の宿屋である。写真に収める（写真４）。

写真４　旅籠「大橋屋」

下ってきたという若い男性もさかんに写していた。赤坂紅里交差点を過ぎてすぐ、右側に復元された門のある本陣跡、左側に問屋場跡がある（９時28分、9,677歩）。

音羽郵便局、関川神社を過ぎて進む。豊川市境標示がある天王（テンノウ）川の一ノ橋を渡る。ここからが御油（ゴユ）の松並木で、橋を渡ったところに「天然記念物 御油ノ松並木」と標柱がある。ここは車さえ来なければまさに東海道そのものである（写真５）。雰囲気を堪能しつつ歩くと弥次喜多茶屋という店があったが営業していなかった。松並木が終わったところに案内図がある。ここ御油町並松から、東林寺参道口、イチビキ工場のある御油町美世賜（ミヨシ）に入る。御油郵便局前より右折するが、その角の民家に「東海道」とだけ記されている案内がある。突き当たりを目指して行くと途中に問屋場跡があった。ここを左折したところに、今度はベルツ夫人の実家が御油の宿屋、との説明板がある。音羽川の御油橋を渡る。橋の手前に若宮八幡社がある（10時07分、12,979歩）。

写真５　御油の松並木

橋を渡りながら下流に目をやると、なんと犬が河岸を歩く主人の紐に従い見事な泳ぎをしていた。歩いてきた東海道と県道368号が交差する十字路の角に「姫街道」と記した標柱があり、ここが姫街道との分岐点である。私は「がましん」（蒲郡信用金庫）へ直進する。大社神社前を通り、国府（コウ）町流霞（リュウカ）を行く。新栄２丁目交差点を横断する。薬師瑠璃光如来のところにはたくさんの幟が立っていた。しばらく行くと常夜燈が料亭敷地にある。豊川信用金庫を経て進むと「うば車」なる店の看板を見た（写真６）。大きい店のようである。岡崎信用金庫と移転された豊川国府郵便局を過ぎると国道１号国府町藪下交差点となる（10時35分、15,402歩）。

写真６　国府町藪下交差点手前にあった「うば車」の看板

ここで自分の作った地図を確認する。目の前の工場の方に本来は道があるはずだが見えない。それらしい代わりの道も見えないので国道１号を歩き、白鳥地下道で国道の左側へ。国道を東へ進み、名鉄の白鳥跨線橋を上り、上からも確認するが分からない（写真７）。仕方なく跨線橋を下りかけたところにある白鳥跨線橋東交差点から左へ下る。下ったところで国道１号に沿う農道を街道に見立てて歩く。進入禁止とあったが車のためのものだろう。白鳥５丁目西交差点でまた国道１号と合流するので横断して県道496号へと直進する。本当は間違って国道１号をそのまま行っていたので引き返したというのが真相だ。９分無駄をした（11時06分、17,414歩）。

写真７　白鳥跨線橋より見る

道の右側は豊川市小田渕町、左側は白鳥町である。工場街の広い通りではあるが日曜とあって車は多くない。県道31号に出るが正面へは横断できないようになっている。右手に陸橋があるのでその下をとも思ったがよく分からないので、左手の国道１号の京次西交差点から横断して戻り、街道の続きの道に入る。また同じく工場街を歩く。西古瀬川の西古瀬橋を渡る。次に白川の五六橋を渡る。名鉄小田渕駅への道を横断して進む。左手に国道１号桜町交差点が見える。佐奈川に架かる佐奈橋を渡る。歩道はないが幸い車が少ない。速須佐之男（ハヤスサノオ）神社がある。そこから３分のところに「伊奈一里塚跡」の石柱がある（12時06分、21,783歩）。

改築された迦具土(カグツチ)神社では何か集まりがあったらしく人がゾロゾロ出てきたので写真を撮りそびれた。そこからすぐの東部テニスコート（＊駐車場）入り口に「伊奈村立場茶屋加藤家跡」という標柱があった。明光寺の先の宿西(シュクニシ)交差点で県道384号を横断、角のコンビニに立ち寄る。交差点右の県道384号沿いには小坂井東小学校、小坂井町役場（＊豊川市小坂井支所）がある。小坂井郵便局への道を横断してJR飯田線踏切を渡る。JR小坂井駅はすぐ右手にある。少し下って菟足(ウタリ)神社前を通り、才ノ木交差点を横断、用水を越えて才ノ木南交差点で国道247号を横断する。善光寺川の万石(マンゴク)橋を渡り、難所の豊川放水路の高橋を渡る。難所とは歩道がないということだ。しかし日曜とあって車は少ないし、向こうから自転車で来る人がいた。渡り切って進むと豊橋市の境標示と東海道標示があった。右側に豊橋魚市場がある（13時00分、25,766歩、写真８）。

写真８　豊橋市へ入る

直進して鹿菅(シカスガ)橋北交差点を横断し、江川の鹿菅橋を渡る。横須賀町交差点を横断し、真っすぐな道を歩く。豊橋市下地(シモジ)町に入る。下地町四ッ屋で県道496号（東海道）は右から来た県道387号と合流する。道は下地町５丁目に入る。下地交差点先に、「下地一里塚跡」の石柱がある。それには「江戸日本橋より七四里」とある。道は同４丁目、３丁目と続く。３丁目の聖眼寺を経て進むと豊橋下地郵便局がある。道の右側は下地の堤防である。すぐに「右　御油道」の石柱があり、その先のとよばし北交差点で県道387号は左折する（13時39分、29,280歩）。

東海道は右折して県道496号となって豊(トヨ)橋を渡る。橋から川で遊ぶ人を見る。橋を渡り終えて歩くが、船町交差点に東海道標示があるので、それに従い横断左折する。道の左側に神明社がある。今度は交差点に東海道標示が見えたので横断して、湊町136の角を右折する。見ると渡った交差点向かい側にも標示があったが、渡る前には気づかなかった。道は少し上る。国道23号を横断して進む。すると二つ目の交差点に東海道標示が見えてくるので横断してそこに立つ。東海道はここを左折する。右手角は松葉公園である。今日はここを終点とした（14時03分、30,910歩、写真9）。

写真9　東海道標示（豊橋市上伝馬町）を左折する

実は終了直前から激しい腹痛を強く感じていた。幸い松葉公園にトイレがあったので助かった。

※距離、歩数はその日のスタート地点からの数値を示す。距離は当時の著者の歩幅をめどに計算している。

各順	地　　点	距離（km）	歩数（歩）	通過時刻（時：分）	所要時間（分）
1	名鉄本宿駅前通り角	0.00	0	7：37	0：00
2	「東海道一里塚跡」石柱	0.04	53	7：38	0：01
3	十王堂跡	0.19	290	7：41	0：03
4	常夜燈	0.26	406	7：43	0：02
5	本宿陣屋跡案内板（冨田病院）	0.44	687	7：46	0：03
6	鉢地川・法蔵寺橋・法蔵寺	0.58	904	7：48	0：02
7	国1号合流・「左東海道」石柱	0.75	1,172	7：52	0：04
8	新箱根入口交差点	0.88	1,387	7：54	0：02
9	冠木門・本宿村案内	1.12	1,757	7：58	0：04
10	本宿町深田交差点（T字路）	1.21	1,899	8：00	0：02
11	音羽町西千束交差点（T字路）	1.59	2,504	8：06	0：06
12	国1号距離標（313.5km）	1.81	2,849	8：10	0：04
13	エネオスガソリンスタンド	2.48	3,917	8：20	0：10
14	赤石神社入り口	2.65	4,174	8：23	0：03
15	関屋交差点・県374号・千両橋	2.79	4,395	8：25	0：02
16	千束川・大榎橋	2.95	4,657	8：28	0：03
17	交差点（T字路）	3.22	5,084	8：33	0：05
18	「巓神社」の石柱	3.48	5,489	8：37	0：04
19	音羽川・御城山橋	3.60	5,680	8：39	0：02

20	誓林寺	3.67	5,790	8：41	0：02
21	長沢小学校	4.05	6,386	8：47	0：06
22	「一里塚跡」木製標柱	4.23	6,681	8：50	0：03
23	音羽川・八王子橋	4.38	6,918	8：55	0：05
24	「八王子神社」の石柱	4.58	7,235	8：58	0：03
25	休憩	–	–	9：00	0：02
26	音羽中学校（正門）	5.37	8,484	9：11	0：11
27	杉森八幡社参道	5.64	8,911	9：15	0：04
28	赤坂宿・赤坂公民館	5.91	9,332	9：20	0：05
29	休憩	–	–	9：23	0：03
30	大橋屋	6.01	9,485	9：25	0：02
31	赤坂紅里交差点	6.09	9,616	9：27	0：02
32	本陣跡（右）・問屋場跡（左）	6.13	9,677	9：28	0：01
33	音羽郵便局・関川神社	6.25	9,869	9：30	0：02
34	豊川市境標示・天王川・一ノ橋・御油ノ松並木	6.60	10,422	9：37	0：07
35	休憩	–	–	9：41	0：04
36	弥次喜多茶屋	7.14	11,280	9：47	0：06
37	案内図（御油の松並木ほか）	7.34	11,595	9：52	0：05
38	東林寺参道口	7.64	12,068	9：57	0：05
39	御油郵便局前（右折）	7.89	12,457	10：01	0：04
40	突き当たり左折（御油町美世賜）	7.99	12,619	10：03	0：02
41	若宮八幡社・音羽川・御油橋	8.22	12,979	10：07	0：04
42	姫街道分岐の交差点（御油追分）	8.50	13,428	10：12	0：05
43	大社神社（左側）	8.76	13,830	10：16	0：04
44	新栄2丁目交差点	9.13	14,413	10：23	0：07
45	薬師瑠璃光如来	9.42	14,876	10：29	0：06
46	常夜燈・料亭「丸美」	9.52	15,038	10：31	0：02
47	国府町薮下交差点（国1号合流）	9.75	15,402	10：35	0：04
48	休憩	–	–	10：45	0：10
49	白鳥地下道（久保町向田交差点）	9.82	15,515	10：46	0：01
50	白鳥地下道（国道左へ出る）	9.93	15,687	10：48	0：02
51	白鳥跨線橋（名鉄名古屋本線）	10.36	16,367	10：55	0：07
52	白鳥跨線橋東交差点（左折）	10.47	16,531	10：57	0：02

53	すぐ右折（農道歩く）	10.65	16,813	10：59	0：02
54	白鳥5丁目西交差点（国1号横断・県496号へ）	11.03	17,414	11：06	0：07
55	休憩	－	－	11：15	0：09
56	県31号（横断できず国1号交差点へ）	11.29	17,824	11：18	0：03
57	国1号京次西交差点渡る	11.40	18,000	11：20	0：02
58	続きの道（県496号）に入る	11.47	18,108	11：22	0：02
59	山桃交差点（左・国1号京次交差点）	11.71	18,489	11：26	0：04
60	西古瀬川・西古瀬橋	12.15	19,187	11：33	0：07
61	白川・五六橋	12.55	19,824	11：41	0：08
62	休憩	－	－	11：46	0：05
63	小田渕駅への交差点（駅見えず）	12.78	20,187	11：50	0：04
64	交差点（左・国1号桜町1丁目交差点）	13.04	20,594	11：54	0：04
65	佐奈川・佐奈橋	13.18	20,823	11：56	0：02
66	速須佐之男神社	13.63	21,528	12：03	0：07
67	伊奈一里塚（江戸日本橋より七五里）	13.79	21,783	12：06	0：03
68	迦具土神社	14.02	22,145	12：10	0：04
69	伊奈村立場茶屋加藤家跡	14.08	22,239	12：11	0：01
70	明光寺	14.62	23,091	12：19	0：08
71	宿西交差点（県384号横断）	14.74	23,283	12：21	0：02
72	休憩	－	－	12：31	0：10
73	JR飯田線踏切（小坂井駅近く）	15.18	23,972	12：37	0：06
74	菟足神社	15.45	24,402	12：42	0：05
75	才ノ木交差点渡る	15.51	24,494	12：44	0：02
76	才ノ木南交差点（国247号横断）	15.62	24,678	12：46	0：02
77	善光寺川・万石橋	15.86	25,046	12：53	0：07
78	豊川放水路・高橋（歩道なし）	15.97	25,230	12：55	0：02
79	渡り切る	16.12	25,463	12：57	0：02
80	豊橋市境標示・東海道標示	16.31	25,766	13：00	0：03
81	水路越える	16.81	26,550	13：07	0：07
82	鹿菅橋北交差点	16.92	26,721	13：09	0：02
83	江川・鹿菅橋	16.98	26,819	13：11	0：02
84	横須賀町交差点	17.12	27,046	13：13	0：02
85	下地一里塚跡（江戸日本橋より七四里）	18.00	28,440	13：28	0：15

86	豊橋下地郵便局	18.30	28,906	13：34	0：06
87	「右 御油道」の石柱	18.40	29,059	13：36	0：02
88	とよばし北交差点（左・県387号、右・県496号）	18.54	29,280	13：39	0：03
89	休憩	－	－	13：45	0：06
90	東海道標示、横断左折（船町交差点）	18.93	29,904	13：52	0：07
91	神明社（道左）	18.98	29,988	13：53	0：01
92	東海道標示、横断右折（湊町136）	19.21	30,338	13：57	0：04
93	交差点横断（道右に東海道標示）	19.37	30,600	14：00	0：03
94	右に松葉公園・東海道標示（左折）	19.57	30,910	14：03	0：03
2006年8月27日 総距離数19.57km、総歩数30,910歩、総所要時間6時間26分					

30日目

平成18年

豊橋－新居

2006年８月28日月曜日

前日の終点、豊橋市の松葉公園の向かい角の東海道標示下に立つ（10時02分)。少し出発が遅れたが幸い今日は曇りである。竹内産婦人科病院を左先に見ながら歩き始める。札木西交差点を横断する。中京銀行が交差点左角にある。左手に吉田宿（シュク）本陣跡、現在は「うなぎ丸よ」が見えてくる(写真１)。左へ渡る。すぐ札木交差点があるので横断すると「吉田宿問屋場跡」の標柱があり、向かい側歩道には東海道標示もある。呉服町バス停の先で東海道標示に従い左折する（10時16分、1,065歩)。

写真１　吉田宿本陣跡（うなぎ丸よ）

ところが今度は右折すべき地点にはその標示がない。引き返して地図で確認して再び歩く。左側にうどんの嶋田屋、右側にムラタがある最初の十字路で右折、曲尺手（カネンテ）町を歩く。すぐ広い道に出るが中央分離帯に東海道と標示があったのでつい直進して失敗。これはここから左折せよとの意味だったようだ。その標示よりさらに右奥の道路中央分離帯には「吉田宿」の石柱もあった。左折して今度は国道１号の一つ手前の道路を右折、道左角に小石マタニティクリニックがある十字路を横断、進むと道右側にマルハチという地元スーパーがある。道は国道１号とつなぐ大きな道に出る。道路向かいに淺倉畳店がある。ここを左折する。「東惣門跡」復元構造物がある国道１号東八町交差点の歩道橋に出る（写真２)。交差点の５差路を歩道橋で渡り、南東へ向

写真２　東惣門跡

かう国道１号の右側歩道の方へ下る（11時00分、2,373歩）。

引き返したりしたので通常の倍もかけて歩いてきた。今度は国道１号の渋滞する車の排気ガスを吸いながら歩くだけとなる。西新町交差点、東新町交差点を経て瓦町交差点に至る。交差点角に壽泉寺があり､「延命地蔵尊」と石柱にある。ここの門など中国風の建物に見えたのだが。ここで県道502号を横断する。瓦町歩道橋、円六橋交差点、伝馬町の変則的な交差点と横断直進する。豊橋東高校への東高校北交差点、次の三ノ輪西交差点、その次の三ノ輪町交差点を経て山中川の山中橋を渡る。すぐ山中橋東交差点がある。ここで国道を横断して左側に出て歩くべきだった。横断せず右側をそのまま歩いていったら、殿田橋交差点の手前で道は国道から左へ入るのだと分かった。そこでこの交差点で左へ横断、少し引き返す形で街道入り口に立つ。ここに「飯村（イムレ）一里塚跡」の石柱と東海道標示があった(写真３)。歩き始めて先ほどの殿田橋交差点からの道を横断して殿田橋を渡る。道は右側の国道１号と並行する。飯村南１丁目を上っていくと東海道標示があった。その斜め向かいには大きな薬局があった。飯村南二丁目交差点のすぐ手前にある清晨寺付近では工事をしていたが何とか写真が撮れた。県道31号を横断して直進する。道の左手は飯村南４丁目、右手は岩屋町である。豊橋岩屋郵便局に至る（12時05分、8,245歩)。

写真３　一里塚跡

道は分岐路となり、広い道は右へ向かう道だが、私は東海道標示に従い左の道へ入る。右側の歩道を歩くと急に道が少し盛り上がるので、何かと思ったら「旧東海道松並木」の標示があり、松の小木があった。木に緑の文字で「岩屋緑地」と書かれている公園入り口に駐車場があり、トイレもある。道は大岩町に入り、東海道標示がある道を進む。下っていく道の正面に大きな山が望める。道は少し上りとなり、T字路の交差点で突き当たりとなる。この大岩町境目の交差点を右折する。一帯は新興住宅地の感じである。道は少し上りとなる。遠くに市街地が望める。この辺一帯の食堂はほとんど定休日であった。休憩したい思いを抑えて坂を下っていくと豊橋市視聴覚教育センターの入り口があった。入り口は鎖で閉ざされていた。そこからすぐ県道3号火打坂交差点に出る（12時39分、11,069歩、写真4）。

写真4　県道3号火打坂交差点へ

ここには交差点角に東海道標示がある。横断して二川宿（フタガワシュク）へ向かう。JR二川駅北口はきれいに整備されており、駅前には案内図があった。直進し宿場へ向かう。この道は県道404号である。交差点がある。左は大岩神明宮へ続く道で、右は南へ向かう県道404号である。直進していくと道の左側に「西問屋場跡」の石柱があった。大岩寺への道を横断していくと今度は右側に陣屋風に作られた豊橋市二川宿本陣資料館の建物があった（写真5）。白塀には「名所風景展」のポスターが何枚も並んでいた。この資料館の前に「西駒屋」という商家がある。この辺は豊橋市二川町中町という。綿屋、笹屋、俵屋などの屋号の家がある。脇本陣跡を過ぎて十字路を横断すると二川町新橋町となる。道はここで少しだが左へ右へと鍵形になる。そこに駒屋という商家がある。新橋川の新橋を越えると二川町東町に入る。左側に八幡神社参道がある。妙

写真5　二川宿本陣（豊橋市二川宿本陣資料館）

写真６　二川町の東海道新幹線高架下へ

泉寺参道前を過ぎて80ｍぐらいの角の商店横に一里塚跡があるはずなのだが、東海道標示の方に目がいってつい見逃してしまった。第二東海道踏切を渡る。梅田川の橋には「筋違（スジカイ）橋」とある。東海道新幹線高架下をくぐると国道１号二川ガード南交差点に出る（13時42分、14,920歩、写真６）。

国道１号を東へ向かい、道の左側を歩く。右側の工場地域と結ぶ県道403号との三弥（ミツヤ）町交差点を過ぎて少し上りとなる。源吾坂バス停があったので見たら１日１便だった。道から東西四方を遠望できる。籠田（カゴタ）交差点近くに「286.5㎞」の距離標があった。この交差点にはコンビニもある。豊清（ホウセイ）町茶屋ノ下交差点を過ぎる。三ツ坂バス停があったので再度確かめると平日の１便のみだった。国道に「285㎞」「潮見バイパスまで2.1㎞」の距離標がある。弥栄口（イヤサカグチ）バス停を過ぎる。一里山交差点で県道402号を横断して進む。すぐ一里山東交差点に至る（14時41分、20,793歩）。

写真７　愛知・静岡境界の境川へ

この交差点少し手前に左へ入る道があるので引き返してその道に入り、交差点から来る道に合流して左折、東へ向かう。道を下ると静岡県湖西（コサイ）市境標示があり、境川がある。この川が愛知県と静岡県の境をなす（写真７）。道は湖西市へ向かう県道173号として整備されている。上っていくと道左側に旧道らしきものがあったので少しだけその道を歩く。すぐ合流した道はまもなく分岐路となる。その手前の道右手に笠子神社がある。県道は右へ大きくカーブするが、街道は左へ、白須賀宿（シラスカシュク）へと向かう（写真８）。街道を進むとＴ字路があり、道の右側に成林寺参道がある。またすぐ左側に「白須賀宿マップ」がある。街道の風情の残る住宅街を上っていく。T字路の左角に庚申堂があり、また「見ざる」ほかの像があった。神明宮参道口を過ぎてすぐ白須賀駐在所前交差点を横断する。交差点左手に公民館がある。進むと本陣跡が美容院前にあった。犬が吠えるのですぐ立ち去る（15時15分、23,237歩）。

写真８　白須賀宿西端

白須賀郵便局を過ぎてまもなく、道は左へ右へと曲がる。ここに東海道標示とともにこの曲尺手（カネンテ）道の説明板がある。道をほぼ上り切ったところにT字路があり、県道173号はここから左へ向かう。直進して進むと下りとなり、視界が開ける。分岐路を左へ入ると白須賀小学校と白須賀中学校が並んである。太鼓の練習をしていたのは中学校のようだった。道は学校を回る。道の右側に潮見坂公園跡があり、碑や説明などがある。太平洋を望むが曇っていて遠方は見えなかった（写真９）。ほぼ平坦な道を行くと道の右側にまた同じ「白須賀宿マップ」がある。そのすぐ先に「おんやど白須賀」の施設があった（写真10）。ここから道は下りとなる。相当な急坂である。分岐路が２度あるが、最初を左へ、次を右へ進む。下り切る直前にまた太平洋が見える。下り切ってほっとする（15時46分、25,860歩）。

写真９　潮見坂公園跡より太平洋を見る

写真10　おんやど白須賀

ここにもまた白須賀宿関係の標

柱や表示がある。ここから左折して新居(アライ)へ向かう。天候は晴れたり曇ったりである。まもなく道の左側奥にある蔵法寺参道口に至る。内宮神明神社から交差点を過ぎていくと道の左手にある民家前に「一里塚跡」「高札建場跡」の立て札がある。前年、2005（平成17）年の選挙で「刺客」として話題となった女性議員のポスターを見た。道はほぼ平坦だが、時に上り下りして続く。火鎮(ホズメ)神社を過ぎるころには歩く道の真正面に自分の影がある。新居町境標示を過ぎる。東新寺を過ぎてまもなく立場跡があり、立場の説明板がある。松並木が続くようになると「浜名旧街道」の標示があった（写真11）。道の右手には水田が広がる。浜名養護学校への道を横断する。道の右側に紅葉寺跡として左向きの矢印があるが見えなかった。道の右側の民家前に「橋本宿(シュク)」の石柱がある。すぐ橋本西交差点で国道１号（＊県道417号）に合流する（16時49分、31,974歩）。

写真11　浜名旧街道の松並木

合流した道を歩くがすぐ橋本交差点で左折する。道が突き当たるので右折するが、そこに「棒鼻跡」の石柱と説明板があった。右から道が合流するところ（＊十字路）を左へと進むと一里塚跡があった。常夜燈、新居町入口交差点を過ぎて、新居関所へ右折するＴ字路（＊十字路）の泉町交差点に立つ。ここは本陣跡でもある。車は新居関所方面から来てここで右折して浜名湖に沿って湖西市中心部へ向かう。道は国道301号である。横断して新居関所に着く。関所跡バス停から格子塀越しに関所を見る（17時13分、34,060歩、写真12）。

写真12　新居関所

すでに関所は閉まっているので、そのままJR新居町駅へ歩き、電車でホテルへ帰った。

※距離、歩数はその日のスタート地点からの数値を示す。距離は当時の著者の歩幅をめどに計算している。

各順	地　点	距離(km)	歩数（歩）	通過時刻（時：分）	所要時間（分）
1	松葉公園向かい角（東海道標示下）	0.00	0	10：02	0：00
2	札木西交差点（中京銀行向かい）	0.18	280	10：06	0：04
3	吉田宿本陣跡（うなぎ丸よ）	0.33	520	10：09	0：03
4	問屋場跡標柱・東海道標示	0.43	669	10：12	0：03
5	東海道標示（左折）・呉服町バス停	0.68	1,065	10：16	0：04
6	休憩	－	－	10：25	0：09
7	嶋田屋・ムラタの角（右折）	0.74	1,154	10：26	0：01
8	「吉田宿」石柱（道路中央分離帯）	0.87	1,360	10：32	0：06
9	休憩	－	－	10：47	0：15
10	道路横断（左折直進）	0.89	1,395	10：48	0：01
11	国1号一つ手前道路（右折）	0.95	1,501	10：50	0：02
12	小石マタニティクリニック・十字路	1.13	1,770	10：53	0：03
13	マルハチ（地元スーパー）	1.24	1,953	10：55	0：02
14	左折（道路向かいに淺倉畳店）	1.34	2,106	10：57	0：02
15	国1号東八町歩道橋・東惣門跡	1.39	2,187	10：58	0：01
16	歩道橋を国1号に下る（斜めに入る）	1.51	2,373	11：00	0：02
17	西新町交差点	1.65	2,593	11：02	0：02
18	東新町交差点	1.95	3,078	11：08	0：06
19	瓦町交差点・壽泉寺	2.30	3,628	11：14	0：06
20	瓦町歩道橋	2.44	3,843	11：17	0：03
21	円六橋交差点	2.63	4,155	11：20	0：03
22	伝馬町交差点	2.81	4,430	11：23	0：03
23	三ノ輪西交差点	2.98	4,700	11：26	0：03
24	山中川・山中橋	3.37	5,316	11：33	0：07
25	殿田橋交差点（左へ横断、少し引き返す）	3.90	6,161	11：42	0：09
26	「飯村一里塚跡」石柱・東海道標示（右折）	3.93	6,207	11：43	0：01
27	殿田川・殿田橋	4.02	6,347	11：45	0：02
28	東海道標示（薬局手前）	4.53	7,147	11：53	0：08
29	飯村南二丁目交差点	4.99	7,879	12：00	0：07

30	豊橋岩屋郵便局（分岐路左へ）	5.22	8,245	12：05	0：05
31	休憩	－	－	12：08	0：03
32	「旧東海道松並木」標示	5.73	9,046	12：16	0：08
33	岩屋緑地（トイレがある）	5.93	9,355	12：20	0：04
34	東海道標示（分岐路左へ）	6.11	9,643	12：23	0：03
35	Ｔ字路（信号あり、右折）	6.29	9,928	12：27	0：04
36	県3号火打坂交差点・東海道標示	7.01	11,069	12：39	0：12
37	休憩	－	－	12：43	0：04
38	二川駅の前の角	7.51	11,854	12：51	0：08
39	休憩	－	－	13：03	0：12
40	交差点（県404号は南へ）	8.02	12,665	13：10	0：07
41	「西問屋場跡」の石柱	8.28	13,075	13：15	0：05
42	二川宿本陣（豊橋市資料館）	8.50	13,415	13：19	0：04
43	休憩	－	－	13：24	0：05
44	交差点横断	8.69	13,718	13：28	0：04
45	新橋川・新橋・八幡神社参道	8.83	13,937	13：32	0：04
46	妙泉寺参道前	8.96	14,152	13：34	0：02
47	第二東海道踏切	9.18	14,504	13：37	0：03
48	二川ガード南交差点（国1号合流）	9.45	14,920	13：42	0：05
49	三弥町交差点・歩道橋	9.93	15,687	13：52	0：10
50	源吾坂バス停（バス1日1便）	10.25	16,189	13：56	0：04
51	籠田交差点・距離標（286.4㎞）・コンビニ	10.45	16,507	13：59	0：03
52	豊清町茶屋ノ下交差点（Ｔ字路）	11.04	17,438	14：08	0：09
53	三ツ坂バス停（平日のみ1便）	11.20	17,683	14：11	0：03
54	距離標（285㎞）・距離標（潮見バイパスまで2.1㎞）	11.77	18,591	14：20	0：09
55	弥栄口バス停	12.01	18,967	14：24	0：04
56	一里山交差点（県402号横断）	12.95	20,458	14：37	0：13
57	一里山東交差点（手前に戻り左へ）	13.17	20,793	14：41	0：04
58	休憩	－	－	14：45	0：04
59	一里山東交差点からの道に合流	13.25	20,924	14：46	0：01
60	静岡県湖西市境標示・境川	13.45	21,241	14：50	0：04
61	分岐路左へ（白須賀宿）・笠子神社	13.86	21,888	14：58	0：08
62	休憩	－	－	15：00	0：02

63	成林寺	13.97	22,065	15：02	0：02
64	庚申堂	14.23	22,475	15：07	0：05
65	神明宮参道口	14.58	23,027	15：12	0：05
66	本陣跡（美容院前）	14.71	23,237	15：15	0：03
67	白須賀郵便局	14.80	23,378	15：17	0：02
68	東海道標示・曲尺手説明板	14.94	23,605	15：19	0：02
69	T字路（直進）	15.11	23,868	15：23	0：04
70	分岐路左へ（おんやど白須賀へ）	15.30	24,164	15：26	0：03
71	白須賀小・中学校	15.43	24,368	15：28	0：02
72	潮見坂公園跡・説明板ほかあり	15.53	24,537	15：30	0：02
73	白須賀宿マップ	15.71	24,807	15：34	0：04
74	おんやど白須賀	15.77	24,911	15：36	0：02
75	分岐路（左へ）	15.97	25,222	15：40	0：04
76	分岐路（右へ）	16.10	25,438	15：42	0：02
77	下り切る（左折）・白須賀宿の説明	16.37	25,860	15：46	0：04
78	蔵法寺参道口	16.58	26,192	15：50	0：04
79	内宮神明神社	16.83	26,589	15：54	0：04
80	「一里塚跡」「高札建場跡」の立て札	16.92	26,719	15：56	0：02
81	火鎮神社	17.89	28,258	16：11	0：15
82	新居町境標示（白須賀・新居の境）	18.10	28,598	16：15	0：04
83	東新寺	18.63	29,432	16：22	0：07
84	立場跡説明板	18.68	29,507	16：24	0：02
85	「浜名旧街道」標示	18.90	29,850	16：27	0：03
86	浜名養護学校への道	19.09	30,156	16：31	0：04
87	紅葉寺跡（矢印方向に見えず）	19.80	31,284	16：42	0：11
88	橋本西交差点（合流）	20.24	31,974	16：49	0：07
89	橋本交差点（左折）	20.42	32,260	16：53	0：04
90	突き当たり（右折）	20.57	32,493	16：55	0：02
91	分岐路左へ	20.65	32,624	16：57	0：02
92	一里塚跡	20.71	32,717	16：58	0：01
93	常夜燈	20.95	33,091	17：01	0：03
94	T字路（新居中学校入り口）	21.12	33,368	17：04	0：03
95	泉町交差点（右折）	21.32	33,684	17：07	0：03
96	T字路横断（新居関所前）	21.48	33,927	17：10	0：03

97	新居関所・関所跡バス停	21.56	34,060	17：13	0：03
98	JR新居町駅	22.26	35,160	17：25	0：12
2006年8月28日 総距離数22.26km、総歩数35,160歩、総所要時間7時間23分					

31日目

平成18年

新居－浜松

2006年８月29日火曜日

朝、JR新居町駅に着いてからいったん関所跡まで行ったがまだ開いていなかったので、見学はあきらめて引き返した。すると渡し舟があると分かったので船着き場へ行ってみた。恐らく予約した団体用だと考えた(写真１)。新居町駅前のバス乗り場へ向かう。新居町駅バス停で遠州鉄道バスに乗ったのが９時03分。バスが走る国道１号[※1]の左には東海道本線、東海道新幹線が走り、その左にももう一つ道がある。浜名バイパスは国道１号右のはるか彼方を走る。バスは西浜名橋、中浜名橋を渡り浜松市に入る。バスは舞阪(マイサカ)町役場前（＊協働センター前）交差点から右折、９時10分、舞阪西町バス停に着いた。港へ行こうとしたら角に西町常夜灯があった。さらに本雁木(ホンガンゲ)跡の説明板があった。港へ下ってみる。渡し場跡は見回したが分からなかった。私は大名が利用したという北雁木を訪ねたかったのだが。

写真１　新居の渡し

港から歩き始める。先ほどの常夜灯の横を通って東海道に入る(写真２)。右道路沿いに説明板やいろいろな標示がある。すぐ脇本

写真２　舞坂宿の西町常夜灯

陣がある。舞坂宿※2は街道筋に古い店なども残る。宝珠（ホウジュ）院を過ぎると道の左側に「旧東海道案内図」があり、座って休憩した。道両側には「のり・しらす干し」と看板に書いてある店がいくつもある。交差点右側の角に「史跡見付石垣」があった。宿場の東の石垣だとある。うっかり見逃すところだった。やがて国道１号新町交差点に至る。「東海道舞坂宿（シュク）」の大きな看板が立つ。横断して松並木の道へ入ると休憩所のある公園がある（９時36分、1,499歩）。

私は松並木の左側歩道を歩いたので、右側の松の間に何かあるとは思ったが東海道五十三次のモニュメントとはその時は気づかなかった。この道は県道49号である（写真３）。「旧東海道松並木」の標柱があった。すぐ先に舞坂橋跡の説明板もあった。土橋で７尺の長さだったとある。信号のある交差点を横断する。道の右側にカワイのグランドピアノを模した看板が見えた。旧舞阪町の石彫りの「東海道松並木」の碑があった。それには「現在700m株数約330本」とある。常夜灯を過ぎて松並木が終わる（９時53分、2,621歩）。

写真３　舞坂宿の旧東海道松並木

舞阪駅南入口交差点、馬郡（マゴオリ）跨線橋南交差点を横断する。交差点角に春日神社がある。また東海道標示がある。ここから県道316号となった馬郡町（＊西区馬郡町）の東海道を歩く。西本徳寺、次いで東本徳寺がある。ここで年配のタクシー運転手に道を聞かれたのには閉口した。観音堂跡、稲荷神社を経て坪井町北交差点に至る（10時30分、5,547歩）。

県道316号をさらに進む。愛宕神社の隣は篠原交番で浜松信用金庫が向かいにある。篠原川の長里橋を渡ると篠原小学校があり、学校前のバス停向かいに東海道標示がある。歩いていくと道路角に「高札場跡」の説明板があった。そこから少し先に篠原郵便局がある（写真４）。道は依然として一直線に東へ進む。右手に遠鉄ストアを見ながら進むとすぐ左は神明宮参道である。県道316号が右へと曲がるＴ字路を横断しようとしたら、右折する車が多く、様子を見て渡らなければならなかった。立場バス停があったが、立場跡や説明などは見えなかった。道はエンシュウ手前で国道257号に合流する（11時11分、9,305歩）。

近くにあるコンビニで休憩してから国道257号の左側を歩き始める。すぐのところに西友（＊バロー）がある。高塚駅入口交差点を過ぎたところにある歩道橋に「浜松６㎞」の案内標識があった。

写真４　篠原郵便局前の東海道

歩道橋下に来ると左側の参道奥に郷社熊野神社が見える。東海道標示が道の左側に見える。可美中学校正門に至る。道の向かい側には村社熊野神社がある。少し行ったところの左手に増楽郵便局があった（11時49分、12,113歩）。

浜松市街地に入ったので車が多くなる。道は増楽町から若林町（＊共に南区）に入る。諏訪神社があり、その北側に可美小学校がある。有名な紳士服店が並ぶ交差点には両側に東海道標示がある。道の左側に可美市民サービスセンターがある。そこの歩道橋に「浜松４㎞」の案内標識があった。

東若林交差点に至る。手前左側には八幡神社がある。国道257号はここから左へ大きく曲がり下る。国道に「天竜25㎞・浜松市街３㎞」の案内標識がある。歩道の右側には一里塚跡があった（写真５）。堀留川の鎧橋に平安時代由来の橋との説明板があった。道の左側に東海道標示、その先に「賀茂真淵記念館１㎞」の案内標識がある。森田町交差点を過ぎてすぐ新幹線森田架道橋下をくぐる（12時32分、16,122歩）。

写真５　一里塚跡（東若林町）

西浅田北交差点から東海道標示に従い、東海道本線高架に沿って国道257号を進む。浜松架道橋で東海道本線をくぐる。道はほぼ北を差して進む。成子交差点に東海道標示があるので直進する。旅籠町交差点から右の平田通りへ行くと浜松駅であるが、ここも直

写真６　川口本陣跡　　　写真７　遠鉄高架下から撮る。右に第一通り駅

進する。伝馬町交差点は車の間をぬって渡れるとは思ったが、地下道を通って先へ出る。すると川口本陣跡の案内板があったが、その案内は車道を背にして立てられている（写真６）。宿の位置が今の車道部分だったのだろうか。連尺（レンジャク）交差点ではまた地下道[※3]を用いて、東へ向かう国道152号に出た。道を東へ歩き始めると「神明坂」の標柱があった。確かに今は道は下っている。田町交差点を過ぎてまもなく遠州鉄道高架下の万年橋に至る（13時28分、19,988歩、写真７）。

この日は晴天で暑く、ここを終点とした。すぐ右の遠鉄第一通り駅に行き、新浜松駅までの１区間だけ乗った。この日は疲れていたのでうなぎを食した。泊まったホテルは応対が非常によかった。

※１　歩いていた2006（平成18）年、国道１号のこの区間は国道301号と重複していた。2016（平成28）年、国道１号の機能が浜名バイパスに一本化されたため、以後この区間は単独の国道301号となっている。

※２　舞坂宿は、旧来、江戸時代の地名は「舞坂」であったが、今日では「舞阪」である。本陣宿場名は「舞坂」のままとなっている。

※３　浜松市の地下道は、交通量の増加に伴い昭和30～40年代に多く設置された。バリアフリー化への対応で横断歩道への転換が進められ、連尺交差点の地下道も2016（平成28）年に撤去、横断歩道へ切り替えられた。

※距離、歩数はその日のスタート地点からの数値を示す。距離は当時の著者の歩幅をめどに計算している。

各順	地　　点	距離(km)	歩数（歩）	通過時刻（時：分）	所要時間（分）
1	バス発車（新居町バス停）	0.00	0	9：03	0：00
2	バス到着（舞阪西町バス停）	0.00	0	9：10	0：07
3	舞阪の港（渡し跡見えず）	0.00	0	9：15	0：05
4	西町常夜灯	0.05	64	9：16	0：01
5	脇本陣	0.08	125	9：17	0：01
6	宝珠院	0.33	515	9：22	0：05
7	道左に「旧東海道案内図」	0.47	734	9：25	0：03
8	休憩	－	－	9：27	0：02
9	史跡見付石垣	0.74	1,157	9：32	0：05
10	国1号新町交差点･「東海道舞坂宿」看板･公園	0.95	1,499	9：36	0：04
11	「旧東海道松並木」標柱	1.17	1,844	9：40	0：04
12	舞坂橋跡説明板	1.20	1,883	9：42	0：02
13	信号つき交差点	1.24	1,956	9：43	0：01
14	「東海道松並木」の碑	1.30	2,052	9：45	0：02
15	常夜灯	1.62	2,554	9：52	0：07
16	松並木終わる	1.66	2,621	9：53	0：01
17	休憩	－	－	9：59	0：06
18	舞阪駅南入口交差点	1.79	2,819	10：01	0：02
19	馬郡跨線橋南交差点	1.98	3,123	10：05	0：04
20	西本徳寺	2.13	3,357	10：08	0：03
21	東本徳寺	2.26	3,557	10：10	0：02
22	観音堂跡	2.85	4,499	10：20	0：10
23	稲荷神社	3.27	5,165	10：26	0：06
24	坪井町北交差点	3.52	5,547	10：30	0：04
25	愛宕神社・篠原交番・浜松信金	4.01	6,323	10：38	0：08
26	篠原川・長里橋	4.21	6,646	10：42	0：04
27	篠原小学校・東海道標示	4.27	6,746	10：43	0：01
28	高札場跡説明板	4.80	7,578	10：53	0：10
29	神明宮参道	5.39	8,507	11：02	0：09
30	T字路直進（右折車多し）	5.54	8,746	11：05	0：03
31	立場バス停（立場跡・説明等見えず）	5.69	8,977	11：07	0：02

32	国257号合流・コンビニ	5.89	9,305	11：11	0：04
33	休憩	－	－	11：19	0：08
34	高塚駅入口交差点	6.38	10,070	11：26	0：07
35	郷社熊野神社参道	6.48	10,227	11：28	0：02
36	東海道標示（道左）	6.83	10,778	11：34	0：06
37	可美中学校正門・村社熊野神社（道左）	7.43	11,728	11：45	0：11
38	増楽郵便局（道左）	7.67	12,113	11：49	0：04
39	諏訪神社	7.77	12,275	11：52	0：03
40	交差点（対角に東海道標示）	8.14	12,853	11：57	0：05
41	東若林交差点・八幡神社	9.27	14,636	12：15	0：18
42	「天竜25km・浜松市街3km」案内標識・一里塚	9.40	14,852	12：18	0：03
43	堀留川・鎧橋（説明板）	9.64	15,225	12：22	0：04
44	森田町交差点	10.07	15,908	12：30	0：08
45	東海道新幹線森田架道橋	10.21	16,122	12：32	0：02
46	西浅田北交差点・東海道標示	10.44	16,494	12：38	0：06
47	浜松架道橋	10.98	17,347	12：50	0：12
48	休憩	－	－	12：58	0：08
49	成子交差点・東海道標示（直進）	11.17	17,646	13：01	0：03
50	旅籠町交差点（直進）	11.53	18,206	13：06	0：05
51	伝馬町地下道	11.76	18,569	13：10	0：04
52	休憩	－	－	13：12	0：02
53	地下道出る・川口本陣跡案内板	11.85	18,711	13：14	0：02
54	連尺地下道	12.11	19,128	13：19	0：05
55	地下道南口出る（国152号へ右折）	12.19	19,258	13：21	0：02
56	「神明坂」の標柱	12.26	19,370	13：22	0：01
57	田町交差点	12.48	19,714	13：26	0：04
58	万年橋・遠鉄第一通り駅	12.66	19,988	13：28	0：02
2006年8月29日 総距離数12.66km、総歩数19,988歩、総所要時間4時間25分					

32日目

平成18年

浜松ー袋井

2006年8月30日水曜日

朝、遠鉄第一通り駅で降りて万年橋の前日最終点に立つ（6時11分）。国道152号を東へ進む。板屋町交差点を直進する。東海道標示がある。早朝なので人はほとんど見かけない。空は今にも降り出しそうな、しかし歩くにはよい天気だ。アクト通りを横断する。右手に浜松アクトタワーなるものがある広い通りである。学園通りを横断直進、続いて松江交差点を過ぎる。馬込川に架かる馬込橋を渡る（6時25分、1,315歩）。

橋を渡ったところの町名は木戸（キド）町（＊浜松市中区木戸町）。すぐ相生町（＊同相生町）に入る。相生町交差点を過ぎて東鎧橋を渡る。7歩で渡り切った。天神町交差点には東海道標示を四つも見つけた。天神歩道橋に「磐田11km」とあった。浜松植松郵便局を過ぎて芳川の琵琶橋を渡る。目の前の子安交差点はX字に道が交差する。国道152号は左折して北へ向かう。私は地下道を通って正面の東海道（県道312号）へ入る。東海道標示がある。道は子安町から大蒲（オオカバ）町（＊共に東区）へ入る。大蒲町交差点のコンビニで記録用の適当なノートを買おうと思ったが気に入った品がなかった。浜松アリーナの前を通る。そのすぐ先に別なコンビニがあり、そこで好みのノートを買うことができた。和田町西バス停のところに東海道らしい松があった。歩いていくと「土橋」と記した木柱があった。天竜川町西交差点にも松があった（写

写真１　天竜川町西交差点の松

真１）。道は天龍川駅入口交差点から県道296号を越えて続く。浜松橋羽郵便局の先にまた松がある。歩道はカラー舗装となる。小川を越え、薬師交差点を経て和田小学校前の交差点を通り、浜松バイパス（国道１号）高架下をくぐる（７時45分、8,115歩）。そこに東海道標示がある。まだ浜松市であり、ここは薬新町（＊東区薬新町）である。

県営薬新団地一角に「堤跡」の木柱があった。そこからすぐの天竜市民サービスセンター（＊天竜協働センター）の前を過ぎると安間（アンマ）川である。安間橋を渡ると道が分岐路となるので右の県道314号へ入る。道の左側に金原明善翁生家と記念館がある。金原明善は天竜川改修に尽くした。小川に「中ノ町村和田村村境」の標柱があった。松林寺前を過ぎ、中野の市街地を天竜川へ向かう。道の突き当たりの六所神社を東海道標示に従い右へ曲がり上ると天竜川である（８時13分、10,588歩、写真２）。

写真２　天竜川へ出る

天竜川はバスで渡ると決めていたのでバス停へ向かう。橋に歩道がないと分かっていたからだ。天竜川西交差点で渋滞中の橋を見る。渋滞中なら渡れるかもと思ったが、予定通り左折してバス停へ向かうと、何と女子高校生が自転車で来るではないか。思わず「渡るのか」と聞くとうなずくので「気をつけて」と言った。渋滞中なら大丈夫なのだろうか。中ノ町バス停付近はバイパス拡幅工事中であった。バスは定刻前に来たが、定刻になってから発車した。渋滞の天竜川橋を渡って８時39分に長森バス停に着く（写真３）。天竜川中央から東は磐田市である。バスを降りて天竜川橋まで少し引き返し、天竜川橋東交差点を横断して東海

写真３　バスから見た下流側

道への道に入るためすぐに右折する。源平新田公民館の角を左折、「天竜橋跡」の説明を読む。突き当たりを右折して一時的に県道262号を歩く。すぐ用水を斜めに横断し、豊田工業前の信号のところで左折する。「長森立場」「長森かうやく」の説明板がある。磐田市森下の若宮八幡宮を過ぎて小川を越え、浜松信用金庫のある森下南交差点に至る。すぐ県道261号と合流する（９時14分、14,363歩）。

豊田南小学校前を歩く。彷僧川（ボウソウ）を越える。宮之一色（ミヤノイッシキ）に入ると「宮之一色秋葉山常夜燈」がある。用水を越え、下万能（シモマンノウ）バス停を過ぎてすぐのジョイフルで休憩した。実はこの手前に宮之一色一里塚があったのだが、見逃してしまった（９時32分、16,065歩、写真４）。

写真４　ジョイフル

ここで33分休んで歩き始めた。万能橋交差点で寺谷用水を越える。祝川を越えるが橋の名は一言橋とあった。道は上りとなる。県道261号はやがて左へ曲がる。東海道は真っすぐ進む。道の右側にある「大乗院坂界隈」の説明板にこの坂を大乗院坂というとあった。中泉公民館（＊中泉交流センター）の前に江戸時代と大正時代とに分けて中泉の説明図がある。道は下りとなり、久保川を越えるが橋欄干に「田町」とある。橋のそばの酒屋にはビールサーバーが置いてあった。量り売りでもするのだろうか。道は上りとなる。浅間神社前を通り、JR磐田駅へ通じる天平通り（ジュビロード）へ出て左折して見付を目指す。通りにはジュビロ磐田の旗がひらめく（10時37分、18,885歩、写真５）。

写真５　ジュビロ磐田の旗がひらめく商店街

道は少しずつ上る。磐田市役所入口交差点を過ぎて府八幡宮（フハチマングウ）に至る。道の左側は遠江(トオトウミ)国分寺跡である。道が下り始める。右側に磐田郵便局、左側には磐田南高校がある。加茂川交差点で国道１号[※1]を横断して進む。加茂川橋の左側に西光寺がある。次の交差点を右折して見付宿場通りへ入る。すぐ「西坂の梅塚」のところで少し休憩する。ここには歩道に「見付十七小路」として案内プレートがある。慈恩寺への入り口を通り、旧見付学校入り口に立つ。左折して学校を見にいく（写真６）。見学もできるようであるがそのまま街道へ引き返し歩く。磐田見付郵便局を過ぎるとすぐ今之浦川の中川橋を渡る。

写真６　見付学校

やや上りとなる。小川に架かる愛宕橋を渡る。東木戸の復元されたものがあった（11時28分、23,017歩）。

ここでうっかりそのまま進んでしまった。まして道脇に「見付宿(シュク)」の大きな標示などあり、説明もあるので信じ込んでしまった。結局は引き返して歩くことになった。東木戸からの再出発は27分遅れとなってしまった。正しいのは左の急坂の道である（写真７）。「木戸跡」の立て札もある。坂を上ったところに「秋葉灯籠」がある。その手前に一里塚[※2]があるはずだが分からなかった。この辺は富士見町という。下校途中の中学生に聞くと、高い建物の上からなら富士山が見えるのだそうだ。道は三本松橋を渡って県道277号を横断、すぐ国道１号に合流する。そこに「わかば台団地入口」バス停がある（12時06分、24,067歩）。

写真７　愛宕橋から左の坂へ

目の前の横断歩道橋で国道１号の右側歩道へ渡り、すぐ右へ入る。東海道を下る。分岐路があるが松がある左の道を行く。坂が急な上りとなるところに浜松養護学校磐田分校と磐田学園がある。坂を上り切って服部病院前の交差点を横断して進む。ここを左折すればすぐ国道１号に出る。三ケ野（ミカノ）立場跡を過ぎて十字路の三ケ野公民館（＊公会堂）角を左折する。ここで迷ったのは道に「明治の道」とあったからだ。引き返そうかとも思ったがそのまま山道を下っていった。下り切ったところの小川を越えると「旧東海道松並木」の説明板があった(写真８)。少なくともここは東海道だ。先に進むと交差点があり、横断したところに「なぐら商店」（＊食事処「なぐら」）がある（12時39分、27,221歩）。

写真８　「旧東海道松並木」の説明

商店とガソリンスタンドの間の道はトラックの駐車場になっているが、そこを進んで堤防へ上る。そして太田川の三ケ野橋を渡る。街道左側に全海寺がある。西島交差点に国道西島（＊磐田西島）バス停があった。蟹田川の西木橋で袋井市の境標示を見る。ここが磐田市と袋井市の境界だ。遠州トラックの前にあるＹ字路を左へ入り、木原を歩く。許禰（キネ）神社には木原畷古戦場の説明板がある。そこから２分のところに木原一里塚とその説明があった。復元されたものだろうが立派な一里塚である。道は松橋川の松橋のところでまた合流する。久しぶりに東海道標示を見る。川井西交差点を経て川井交差点先を横断、分岐路となるので右の道（県道253号）へ進む。川井には澤野医院記念館に次いで「東海道どまん中西小学校」と校門に書いてある袋井西小学校がある（13時29分、31,332歩、写真９）。

写真９　東海道どまん中西小学校

次の交差点から道は右へ大きく曲がって下る。少し広い交差点に出る。右側に袋井中学校がある。宇刈川の御幸橋を渡る。常夜燈などがある。坂を上って静橋北交差点に至る。渡って右にある袋井宿場公園（写真10）角に立つ。ここを本日の終点とした（13時40分、32,394歩）。JR袋井駅へと南へ向かう。着いたのは13時51分だった。

※1　後には県道413号となっている。
※2　阿多古山一里塚は、北塚と南塚がある。「木戸跡」標示から遠くはないが、東海道より左右に入ったところにあったようだ。

写真10　袋井宿場公園

※距離、歩数はその日のスタート地点からの数値を示す。距離は当時の著者の歩幅をめどに計算している。

各順	地　　点	距離(km)	歩数（歩）	通過時刻（時：分）	所要時間（分）
1	万年橋・遠鉄第一通り駅（国152号）	0.00	0	6：11	0：00
2	板屋町交差点・東海道標示	0.10	155	6：13	0：02
3	アクト通り横断	0.32	490	6：16	0：03
4	松江交差点	0.76	1,189	6：24	0：08
5	馬込川・馬込橋	0.84	1,315	6：25	0：01
6	相生町交差点	1.14	1,790	6：29	0：04
7	東鎧橋	1.20	1,892	6：30	0：01
8	天神町交差点・東海道標示四つ	1.52	2,394	6：36	0：06

9	天神歩道橋	1.80	2,830	6：40	0：04
10	浜松植松郵便局	2.00	3,146	6：43	0：03
11	芳川・琵琶橋	2.27	3,577	6：47	0：04
12	子安交差点（地下道）・東海道標示	2.48	3,913	6：51	0：04
13	大蒲町交差点	3.08	4,855	7：00	0：09
14	休憩	－	－	7：09	0：09
15	浜松アリーナ	3.27	5,163	7：12	0：03
16	和田町西バス停・松	3.49	5,509	7：15	0：03
17	「土橋」の木柱	3.85	6,074	7：21	0：06
18	天竜川町西交差点・松3本	4.04	6,368	7：24	0：03
19	天龍川駅入口交差点（県296号横断）	4.34	6,845	7：28	0：04
20	浜松橋羽郵便局	4.52	7,137	7：32	0：04
21	交差点・右に水路と道2本	4.67	7,368	7：35	0：03
22	薬師交差点	4.80	7,579	7：37	0：02
23	休憩	－	－	7：39	0：02
24	和田小学校前の交差点	5.00	7,890	7：42	0：03
25	浜松バイパス高架下	5.14	8,115	7：45	0：03
26	「堤跡」の木柱	5.44	8,590	7：52	0：07
27	安間川・安間橋（分岐路右へ）	5.57	8,791	7：54	0：02
28	金原明善翁生家と記念館	5.84	9,218	7：58	0：04
29	「中ノ町村和田村村境」標柱	5.86	9,250	7：59	0：01
30	松林寺	5.99	9,464	8：02	0：03
31	六所神社（右折）・東海道標示	6.63	10,471	8：12	0：10
32	天竜川堤防	6.71	10,588	8：13	0：01
33	休憩	－	－	8：17	0：04
34	天竜川西交差点	6.97	11,002	8：21	0：04
35	中ノ町バス停	7.26	11,461	8：25	0：04
36	長森バス停（天竜川をバスで越える）	7.26	11,461	8：39	0：14
37	天竜川橋へ引き返す（磐田市）	7.49	11,830	8：43	0：04
38	天竜川橋東交差点横断	7.51	11,859	8：45	0：02
39	東海道への道へ（右折）	7.64	12,071	8：47	0：02
40	源平新田公民館（左折）・「天竜橋跡」説明	7.96	12,564	8：53	0：06
41	突き当たり右折（県262号）	8.06	12,723	8：56	0：03

42	豊田工業・用水斜め横断（左折）	8.23	12,992	8：59	0：03
43	「長森立場」「長森かうやく」説明板	8.26	13,041	9：00	0：01
44	若宮八幡宮	8.75	13,816	9：07	0：07
45	浜松信金・森下南交差点	9.03	14,254	9：13	0：06
46	県261号と合流	9.10	14,363	9：14	0：01
47	豊田南小学校	9.19	14,508	9：16	0：02
48	彷僧川	9.48	14,965	9：20	0：04
49	宮之一色秋葉山常夜燈	9.86	15,570	9：27	0：07
50	下万能バス停	10.08	15,915	9：31	0：04
51	ジョイフル（手前に宮之一色一里塚）	10.17	16,065	9：32	0：01
52	休憩	－	－	10：05	0：33
53	万能橋交差点（寺谷用水）	10.43	16,475	10：08	0：03
54	祝川・一言橋	10.64	16,798	10：12	0：04
55	県261号と分かれて右へ（大乗院坂）	10.80	17,057	10：15	0：03
56	中泉公民館・中泉の説明あり	11.35	17,920	10：25	0：10
57	久保川・橋欄干に「田町」・高橋酒店	11.60	18,321	10：29	0：04
58	浅間神社参道	11.77	18,584	10：34	0：05
59	天平通りの交差点（左折）	11.96	18,885	10：37	0：03
60	磐田市役所入口交差点	12.54	19,800	10：47	0：10
61	府八幡宮・国分寺跡	12.74	20,119	10：50	0：03
62	右・磐田郵便局、左・磐田南高校	12.93	20,427	10：54	0：04
63	加茂川交差点（国1号横断）	13.25	20,921	10：58	0：04
64	加茂川橋・西光寺	13.37	21,109	11：01	0：03
65	見付宿場通りへ（右折）	13.50	21,325	11：03	0：02
66	西坂の梅塚	13.56	21,413	11：04	0：01
67	休憩	－	－	11：10	0：06
68	慈恩寺	13.76	21,730	11：13	0：03
69	旧見付学校（入り口）	13.89	21,944	11：15	0：02
70	休憩	－	－	11：19	0：04
71	磐田見付郵便局	14.17	22,376	11：22	0：03
72	今之浦川・中川橋	14.22	22,455	11：23	0：01
73	東木戸	14.57	23,017	11：28	0：05
74	休憩	－	－	11：55	0：27
75	常夜燈	14.97	23,643	12：01	0：06

76	三本松橋	15.10	23,845	12：03	0：02
77	国1号合流（わかば台団地入口バス停）	15.24	24,067	12：06	0：03
78	横断歩道橋（右へ渡る）	15.31	24,180	12：07	0：01
79	東海道入り口（国1号より右へ）	15.38	24,295	12：09	0：02
80	分岐路左へ（松がある）	15.52	24,508	12：11	0：02
81	浜松養護学校磐田分校・磐田学園	15.86	25,046	12：16	0：05
82	服部病院前の交差点	16.11	25,442	12：20	0：04
83	三ケ野立場跡	16.54	26,127	12：26	0：06
84	三ケ野公民館角左折	16.60	26,227	12：28	0：02
85	小川を越える	16.96	26,784	12：33	0：05
86	「旧東海道松並木」の説明板	17.15	27,085	12：37	0：04
87	交差点・なぐら商店	17.23	27,221	12：39	0：02
88	休憩	－	－	12：43	0：04
89	太田川・三ケ野橋	17.40	27,491	12：46	0：03
90	橋渡り切る	17.53	27,694	12：49	0：03
91	全海寺	17.79	28,105	12：53	0：04
92	西島交差点・国道西島バス停	18.07	28,540	12：57	0：04
93	蟹田川・西木橋・袋井市境標示	18.28	28,878	13：01	0：04
94	Y字路左へ入る（木原へ）	18.41	29,079	13：04	0：03
95	許禰神社	18.58	29,352	13：07	0：03
96	木原一里塚	18.69	29,529	13：09	0：02
97	松橋川・松橋（合流）	18.92	29,879	13：14	0：05
98	川井西交差点	19.24	30,386	13：18	0：04
99	川井交差点（右の道へ進む）	19.43	30,697	13：22	0：04
100	澤野医院記念館	19.81	31,293	13：28	0：06
101	東海道どまん中西小学校（袋井西小学校）	19.84	31,332	13：29	0：01
102	交差点（左手は国1号川井東交差点）	19.96	31,533	13：32	0：03
103	交差点（右手に袋井中学校）	20.15	31,826	13：35	0：03
104	宇刈川・御幸橋・常夜燈など	20.29	32,057	13：37	0：02
105	静橋北交差点・袋井宿場公園	20.51	32,394	13：40	0：03
2006年8月30日　総距離数20.51km、総歩数32,394歩、総所要時間7時間29分					

33日目　　平成18年

袋井ー日坂

2006年9月19日火曜日

前回最終点の袋井宿場公園に立つ(7時24分)。あいさつする中学生の自転車を避けながら進む。広岡排水に架かる天（アマ）橋を渡ったところに「袋井宿（シュク）と天橋」の説明板がある。右折してすぐ新屋（アラヤ）橋（＊袋井市役所南）の交差点を左折し、袋井商工会議所を左に見ながら進む。またすぐ先のニッサンプリンスの横の道へ右折して入る。新屋2丁目を歩く。相変わらず中学生が自転車でやってくる。新屋交差点を右折し、歩道を歩く。すぐ右へ入り、県道253号を進む。ここは袋井市国本である。道の左側に「従是油山道」の古い石柱と「東海道松並木」の案内板があった(7時49分、1,792歩)。街道両脇に松並木が現れる(写真1)。油山道は国道1号（＊県道413号)の東新屋交差点を経て久野城跡へ向かう道である。

写真1　袋井の東海道松並木

写真2　東海道五十三次どまん中東小学校

七ッ森神社を経て交差点に至る。ここの左100mには国道1号の久津部（クツベ）交差点がある。さらに進むと左側に常夜灯があり、「村中安全」と刻まれている。道の右側に袋井東小学校がある。ここの小学校校門に「東海道五十三次どまん中東小学校」の字があった（写真２）。校門のすぐそばに久津部一里塚があり、妙日寺もある。道の左側は依然国本、右側は広岡である。道左手に日本紙工業の塀が続き、松並木は道両側にある。その途中に南のJR愛野駅へ向かう道とのＴ字路がある。今度はダイオ化成に沿って歩く。そのはずれの北へ向かう道とのＴ字路角に冨士（「富」ではない）浅間宮赤鳥居がある。神社はここから袋井バイパスを越えた数百m余り先にある。袋井学園入り口の標示看板と袋井市農協茶直営工場のあるＴ字路を過ぎる。道左手には大和ハウス工業の塀が長く続く。工場の外れの交差点に「名栗の花莫蓙」の大きな案内板がある（８時33分、5,699歩、写真３）。

写真３　「名栗の花莫蓙」の案内板

松並木もなくなる。道を進むと分岐路がある。左の道を進もうと思ったが、自分の地図を信じて右の道へ入り、強引にガードレールを乗り越えて※1原野谷（ハラノヤ）川の同心橋へ出て国道１号へ合流する。橋を越えたところから右へ石段を下り、さらにトンネルを通って国道左へ出る。すでに橋の地点から掛川市である。道は国道から離れて左側の掛川市原川を北東へ向かう。由緒ありそうな割烹旅館のある街道を進むと金西寺があり、「間の宿（アイシュク）原川」や「旧東海道松並木」の説明板がある。その松並木が続く水田の中の道を進む（写真４）。再び松並木が現れる。松並木が切れるところの道の左側に大きな「椎の木茶屋」という店があり、塀に東海道400年祭記念の絵が描かれていた。そこから垂木川へ向かって少し上りとなるところに仲道寺、善光寺がある。説明板もある。すぐ善光寺橋を渡る。周辺の工場などからの様々な音が聞こえてくる道を進み、東名高速道路下に出る。ここからは住宅街を歩く。道が国道１号の側壁にぶつかるので、その脇の道

写真４　原川の松並木

へ左折して歩く。すぐに沢田I.C北交差点があるので、右折して国道１号トンネル下へ入り、沢田I.C南交差点に出て引き続き県道253号を歩く。細沢公会堂を経て逆川（サカサ）の和光橋の前に出る。渡らず進む。蓮祐寺（レンユウ）入り口に「大池一里塚跡」の標柱があった（９時39分、10,639歩）。

宗心寺を過ぎて天竜浜名湖鉄道桁下をくぐると、鳥居町交差点である。コンビニが角にある。掛川市立第二小学校入り口を経て国道１号※2大池橋交差点に出るので右折、倉真川（クラミ）の大池橋を渡る。市街地を歩く。遠くに掛川城が見える。二瀬川交差点で右折して県道37号へ入る。逆川の逆川橋を渡ると左手に十九首（ジュウクシュ）水源地公園があり、道は分岐路となるので左の道へ入る。ここは掛川市十九首である。道脇にある十九首の由来・案内を見て進むと道が突き当たるので左折、県道37号に復する。掛川下俣郵便局を経て掛川城蕗の門と圓満寺の前を通り、中町交差点で県道37号は北へ向かう県道254号と接する。さらに進んで連雀西交差点を過ぎる。市役所出張所や掛川信用金庫、医院などいずれも江戸時代に擬した建築物であり、街道の雰囲気を伝えている（写真５）。静岡銀行手前で神代地川（カミヨチ）（連雀橋）を越える。歩いている東海道は仁藤（ニトウ）町交差点を直進し、県道37号は右折、南下する（10時57分、15,887歩）。

写真５　東海道町並み復元（掛川）

病院（北原クリニック）の前を通ってすぐの仁藤町１と12の交差点で右折、二つ目のコンビニ前の十字路を左折する。十字路に七曲り案内標示があったので、これに従って右折。道を短く左折、右折して、突き当たりを左折して進むと、七曲りの説明に続いて「塩の道」案内標示があり、南へ細い道を進む。これが大失敗だった。引き返し、元の道へ戻り、東方向へ進み直す。突き当たりの「お茶のかねも（＊茶の蔵かねも）」を左折して、すぐ秋葉常夜燈前に出る。ここで右折して途中まで行ったが、迷って引き返し、常夜燈から直進して掛川新町郵便局前に出た。引き返さず進むべきだったことは後で分かった。郵便局を斜め左に見て右折して仁藤町交差点から直進してきた道へ進む。逆川に架かる馬喰（バクロウ）橋手前の「もちや」で名物「振袖餅」を求めた。馬喰橋のところに「葛川（クズカワ）一里塚」の標柱があった。また、私が間違った七曲りが案内図ではっきり描かれている。東海道を東から歩いてくる人向けには親切なことだ（11時42分、17,658歩、写真６）。

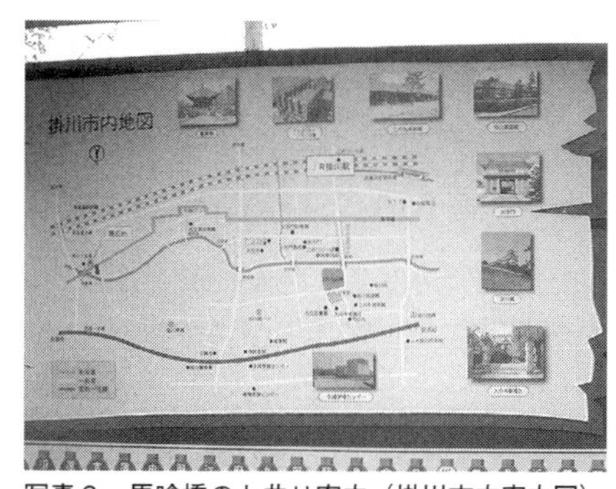

写真６　馬喰橋の七曲り案内（掛川市内案内図）

橋を渡って交差点を横断して、葛川を歩く。西山口簡易郵便局、西山口小学校を経て本村橋交差点で国道１号に合流する。交差点手前に松があり東海道標示もある。薗ヶ谷（ソノガヤ）交差点を過ぎて、中橋を渡ってすぐのところに千羽交差点があり、奥野電器産業掛川工場（＊JA掛川市）がある。掛川市山鼻歩道橋のところで休憩しながら地図を確かめる（12時26分、21,726歩）。

岩橋を渡って進む。国道１号はすぐ北側に国道１号掛川バイパス（＊国道１号）があるので２本が並ぶことになる。道右側の歩道を歩いて行く。本所バス停があり、また本所歩道橋がある。ここで道は分岐路となるので右の道へ入る。ここの歩道橋は道の右側に接する逆川の向かいにある栄川（サカガワ）中学校の生徒のためのものであろう。しばらく家々の間を歩いて諏訪神社のところで国道１号に合流する。向かいにさかがわ幼稚園がある。ここは掛川市伊達方（ダテガタ）である。また分岐路となるので右の道へ入り、歩く。道は大頭龍（ダイトウリュウ）神社のところでＴ字路となる。ここから東海道は県道250号となる。この付近に「伊達方一里塚」があるので探したが見つからなかった[※3]。伊達方の家々の間の道を歩く（写真７）。道は八坂交差点でまた国道１号と合流する（13時05分、24,436歩）。

写真７　伊達方の街道

国道１号は八坂I.C交差点で国道１号バイパス（＊国道１号）と

交差する。街道は真っすぐ進む。「静岡43km・島田15km・金谷10km」の道路標識を見て歩く。「道の駅 掛川」の入り口に新設の取付道路がある。正面に事任（コトノママ）八幡宮の赤に白抜きの文字が見える。神社前に歩道橋もあるが、その先の交差点を横断して、分岐路を左へ入り、日坂宿（ニッサカシュク）へ向かう。昔日の街道の雰囲気を感じつつ道を歩く。日坂小学校への案内があるＴ字路を直進する。逆川に架かる古宮橋を渡ると下木戸跡の説明板があり、日坂宿の高札場の案内板もある。少し上ると道の左側に相傳寺があり、右側には旅籠「川坂屋」がある（写真８）。坂を上り切ると左手に「萬屋」があり、また法讃寺がある。今日の終点の下町バス停に着く（13時36分、27,047歩）。向かいには「かえでや」があり、脇に旅人のための休憩所が設けられている。下町バス停近くに資料館などもあったが、私は商店で酒など吟味し小瓶を１本買った。

写真８　旅籠「川坂屋」

バスに乗ってJR掛川駅へ着き、電車でホテルへ向かった。

※1　今日（2021年）では、無理なく同心橋へ行けるように道がつながっている。
※2　2006年時点は国道１号だったが、今日（2021年）では県道415号となっている。
※3　帰りのバスや、次の日の行きのバスの窓から一里塚付近をよく見たが、分からなかった。

※距離、歩数はその日のスタート地点からの数値を示す。距離は当時の著者の歩幅をめどに計算している。

各順	地　点	距離（km）	歩数（歩）	通過時刻（時：分）	所要時間（分）
1	静橋北交差点・袋井宿場公園	0.00	0	7：24	0：00
2	広岡排水・天橋	0.33	522	7：30	0：06
3	ニッサンプリンス前右折	0.45	704	7：33	0：03
4	新屋交差点・右の道へ（県253号）	0.73	1,152	7：42	0：09
5	「従是油山道」石柱・「東海道松並木」案内板	1.14	1,792	7：49	0：07
6	七ッ森神社	1.40	2,203	7：53	0：04

7	交差点（左100mに久津部交差点）	1.71	2,687	7：58	0：05
8	常夜灯（「村中安全」）	2.14	3,366	8：05	0：07
9	「東海道五十三次どまん中東小学校」の看板	2.36	3,723	8：09	0：04
10	久津部一里塚	2.39	3,770	8：10	0：01
11	JR愛野駅へのＴ字路（日本紙工業）	2.89	4,562	8：19	0：09
12	冨士浅間宮赤鳥居（Ｔ字路角）	3.10	4,891	8：23	0：04
13	袋井学園入り口・市農協茶工場	3.23	5,092	8：26	0：03
14	「名栗の花茣蓙」案内板	3.61	5,699	8：33	0：07
15	分岐路右へ（国1号合流直前）	3.85	6,068	8：38	0：05
16	国1号・原野谷川・同心橋	3.97	6,259	8：41	0：03
17	同心橋終わり	4.06	6,414	8：43	0：02
18	休憩	－	－	8：48	0：05
19	国1号下トンネルで左へ	4.17	6,581	8：50	0：02
20	仲道寺・善光寺	4.94	7,805	9：05	0：15
21	垂木川・善光寺橋	4.98	7,861	9：06	0：01
22	東名高速下	5.28	8,336	9：11	0：05
23	国1号側壁（Ｔ字路）	5.59	8,818	9：16	0：05
24	沢田I.C北交差点（国1号下へ右折）	5.66	8,930	9：17	0：01
25	沢田I.C南交差点（国1号下出る）	5.71	9,018	9：18	0：01
26	細沢公会堂	6.17	9,748	9：27	0：09
27	逆川・和光橋の前	6.33	9,991	9：30	0：03
28	休憩	－	－	9：33	0：03
29	「大池一里塚跡」標柱・蓮祐寺	6.74	10,639	9：39	0：06
30	宗心寺	7.06	11,140	9：44	0：05
31	天竜浜名湖鉄道桁下	7.38	11,656	9：51	0：07
32	鳥居町交差点・コンビニ	7.45	11,759	9：52	0：01
33	休憩	－	－	10：00	0：08
34	掛川市立第二小学校入り口	7.66	12,091	10：03	0：03
35	国1号大池橋交差点、倉真川・大池橋	7.79	12,294	10：05	0：02
36	二瀬川交差点（右折、県37号へ）	8.33	13,155	10：15	0：10
37	休憩	－	－	10：20	0：05
38	逆川・逆川橋	8.36	13,207	10：21	0：01
39	分岐路左へ（掛川市十九首）	8.55	13,497	10：24	0：03

40	T字路左へ（下俣）	8.81	13,906	10：29	0：05
41	掛川下俣郵便局	8.91	14,074	10：32	0：03
42	掛川城蕗の門・圓満寺	9.37	14,800	10：42	0：10
43	中町交差点（県37号に県254号接す）	9.60	15,155	10：46	0：04
44	連雀西交差点	9.76	15,407	10：50	0：04
45	神代地川	9.96	15,724	10：54	0：04
46	仁藤町交差点	10.06	15,887	10：57	0：03
47	仁藤町12右折	10.14	16,017	10：59	0：02
48	コンビニ前の交差点左折	10.23	16,157	11：02	0：03
49	前左角に七曲り案内標示（右折）	10.34	16,332	11：05	0：03
50	秋葉道・「塩の道」案内標示	10.53	16,625	11：09	0：04
51	休憩	－	－	11：22	0：13
52	秋葉常夜燈	10.63	16,787	11：24	0：02
53	休憩	－	－	11：27	0：03
54	掛川新町郵便局前右折	10.66	16,840	11：28	0：01
55	「もちや」（名物振袖餅）	11.15	17,610	11：37	0：09
56	休憩	－	－	11：41	0：04
57	逆川・馬喰橋・「葛川一里塚」標柱	11.18	17,658	11：42	0：01
58	西山口簡易郵便局	11.84	18,699	11：55	0：13
59	国1号本村橋交差点（合流）	12.53	19,789	12：06	0：11
60	蘭ヶ谷交差点（T字路）	13.17	20,808	12：16	0：10
61	中橋	13.30	21,002	12：18	0：02
62	千羽交差点・奥野電器産業掛川工場	13.42	21,195	12：20	0：02
63	掛川市山鼻歩道橋	13.76	21,726	12：26	0：06
64	休憩	－	－	12：31	0：05
65	岩橋	14.09	22,260	12：37	0：06
66	本所バス停・歩道橋・分岐路右へ	14.31	22,607	12：41	0：04
67	国1号合流（諏訪神社・さかがわ幼稚園）	14.71	23,233	12：48	0：07
68	分岐路右へ	14.84	23,442	12：51	0：03
69	T字路・大頭龍神社	15.03	23,742	12：54	0：03
70	国1号八坂交差点（合流）	15.47	24,436	13：05	0：11
71	八坂I.C交差点（国1号バイパス）	15.68	24,759	13：09	0：04
72	「静岡43km・島田15km・金谷10km」道路標識	15.83	25,010	13：12	0：03

73	「道の駅 掛川」の入り口（新設取付道路）	16.21	25,598	13：18	0：06
74	事任八幡宮	16.55	26,135	13：24	0：06
75	日坂小学校へのＴ字路（直進）	16.62	26,248	13：26	0：02
76	古宮橋	16.96	26,788	13：32	0：06
77	下町バス停・かえでや	17.12	27,047	13：36	0：04
2006年9月19日　総距離数17.12km、総歩数27,047歩、総所要時間6時間12分					

34日目

平成18年

日坂－六合

2006年９月20日水曜日

写真１　日坂宿本陣跡

掛川駅発７時50分のバスで掛川市日坂(ニッサカ)へ向かう。８時13分、前日の最終地点である日坂の下町バス停に立つ。脇本陣、日坂銀行跡、問屋場跡、そして交差点角に日坂宿(シュク)本陣跡がある。今は日坂幼稚園である（写真１）。屋号を記した家々の間の道を東へ歩く。県道415号を横断して国道１号高架下を上り始める。浜口屋、伊勢屋、うどん屋、大阪屋、千歳屋、新信濃屋などの屋号名が書かれた札が道路脇に並べてあるが、説明はない。茶畑を見ながら上る。坂は日乃坂神社辺りから急となる。道は狭いが舗装されている。句碑を見て上る。しばらく上ると民家が見えてくる。朝日の当たる道を上る。少し広いところに出ると茶畑の間の道との分岐点に旧東海道の標示がある。私の上ってきた道を示し、私が向かう方向には「小(サ)夜(ヨ)の中山公園」とある。道が初めて下るところに出る。道の右側に「夜泣石跡」がある。まもなくこの坂では初めての芭蕉句碑の前に出る。「馬に寝て残夢月遠し茶のけぶり」（８時50分、1,838歩）。

急坂ではないが左右の茶畑を見て上る。涼み松広場があり、句碑に公園の名の由来となった芭蕉の句「命なりわずかのかさの下涼み」が刻まれている。さらに行くと馬頭観音碑がある。道が平坦となり眺望が開ける。谷隔てた向こうの山も茶畑である(写真２)。国道１号へ下る道との分岐点を過ぎる。旧東海道の標示がある。少し下っては上る道は際限なく続くように思える。やがて白山（ハクサン）神社に至るが、茶畑一角にある堂舎である。金谷まで１里６町、日坂まで24町と標示にある（９時04分、2,751歩）。

Ｔ字路にある標示板は私の上る方向に「小夜の中山公園」、上ってきた方向へは旧東海道の標示である。近くに「久延寺0.6㎞」「国道１号2.0㎞」の標示がある。また芭蕉句碑があり、「道のべの木槿は馬にくはれけり」とある。鎧塚、佐夜鹿（サヨシカ）神明神社を経ていよいよ頂上に向かう。人家がよく見られるようになった。やがて「佐夜鹿の一里塚」に至る。ほぼ頂上である。建物の壁に「東海道の茶どころ」と大きく記されている。下りかけたところに「小夜の中山公園」への入り口があり、標柱がある。道の右側へ入ったところにあるようだ。西行の歌を記してある「西行歌碑」がある。有名な「扇屋」がある（写真３）。ほぼ平坦な道を行く。久延寺のところから下りとなる。しばらく行くと道は急な下り坂となる。そこに阿仏尼の歌碑があった。下っていくと「日坂の宿（シュク）　掛川市」「菊川の里　島田市」の標示がある。下り切る直前に石段を下り、もう一つ下の道へ下りて旧東海道の標示を見て右折する（９時57分、6,231歩）。

写真２　向こうの山にも茶畑

写真３　有名な「扇屋」

ほぼ平坦な村里の道を歩く。まもなく「間の宿（アイシュク） 菊川の里会館」に至る。金谷宿（シュク）と日坂宿の１里24町の間に特別に置かれた間の宿が菊川宿（シュク）であった、との案内がある。高麗橋を渡ってからＴ字路を上り、坂の方へ直進する。その上り口に「法音寺入口」の案内標示があった。ここからいよいよ菊川坂となる。「頂上までこれより0.6㎞」の石柱がある。草に覆われた丸石の平たい道を上る。雨の日は無理だ。上り着いたところの道をさらに横断して上る。今度は少し整備された石ころ道を上る。やがて「旧東海道菊川坂石畳普請助郷役芳名」という説明板のところに至る。平成13年とあるが、助郷役とは洒落ている。石ころの坂道はまだまだ続く（写真４）。一つひとつの石がありがたく見えてきた。小さな木の橋を渡ってすぐ頂上となり、菊川坂は終わり、県道234号に出る（10時26分、7,256歩）。

写真４　菊川坂の道

茶亭でしばし休憩、地図など確かめ、また「菊川坂と金谷坂案内図」の説明板を見る。今度は県道を横断して金谷坂へと向かう。すぐ諏訪原城跡への案内標識がある。茶畑に大きなタンクが二つ並んでいる。本道ではトラックとバスがお見合いしていた（写真５）。私はその手前左の金谷坂下り口に入る。ちょうど金谷から上ってきた人がいた。出張ついでに歩くと言うその人は、背広を手に持ち、靴も革靴だった。丸石の道は苔がついており、すべる心配があったが、しばらく下ると「すべらず地蔵尊」があった。名に借りてか受験のお守りというので念のためお参りした。次に「鶏頭塚」があるがよく分からない。石畳の道が終わるところに「石畳茶屋」があり、客でいっぱいだった。そこから舗装路を下るとすぐ広い道（国道473号）へ出た。道は金谷への街道を分断しているので、国道473号を北西に進んで右側の筋へ入り、街道を引き続き歩く。下るうちに「中山新道金谷側入口」とあるところに出た。不動橋を渡り、JR金谷駅を見ながら線路沿いに進み、旧東海道の標示に従い線路下をくぐりぬけて国道473号に出る。そこに金谷の一里塚があった（11時11分、9,432歩）。

写真５　左が金谷坂下り口

金谷の市街地を歩く。金谷本町バス停のところに金谷本陣跡（柏屋）があった。すぐ近くに同じく金谷本陣跡の佐塚書店がある(写真６)。金谷中町簡易郵便局、静岡銀行、常夜燈を経て交差点を直進する。ここから県道228号となる。清水川に架かる清水橋を渡る。県道230号と交差する金谷扇町南交差点を直進する。大代（オオジロ）橋を渡り、しばらく直進して大井川鐵道の踏切を渡る。八軒家（ハチケンヤ）橋を渡ると、大井川渡しの浮世絵の拡大図がある。少し歩くと大井川堤防へ出る（写真７)。川は中洲が大きく、川の流れも向こう岸などもよくは見えない。堤防下の河原は公園化され、きれいに整備されている。ここで左折して大井川橋の入り口である東町交差点に向かう。橋の手前に石碑がある。歩道橋に入るが先までは見えない(写真８)。14分かけて大井川橋を渡るが渡り切る直前に見た川の流れは予想以上に速かった（12時06分、14,013歩)。

写真６　金谷本陣跡（佐塚書店）

渡ってすぐ県道381号より右折して堤防道の県道342号を歩く。大井川東岸の道を下流へ向かって歩くことになる。島田市博物館が見えるので左折する。博物館の木塀に川越遺跡の説明図があった。進んでいくと島田市博物館分館がある。また、いろいろな建物が復元されているので見回しながら歩く。川越人足の人形もリアルである。東海パルプ（＊新東海製紙、以下同）の高い塀の影を歩くと県道34号に出る。東へ進むと東海パルプ正門前の交差点に至

写真７　大井川堤防へ出て東岸(向島町)を望む　写真８　大井川を渡る

る（12時34分、16,410歩）。

大善寺前交差点を過ぎて島田市の市街地を歩く。左に大井神社、右に正覚寺がある。交差点で島田駅へ向かう道を横断する。本通り２丁目交差点で今一度島田駅へ向かうか検討し、まだ歩けると考えたので直進し、本通りを進む。本通五丁目バス停のところの元ジャスコ前に「問屋場跡」石碑と説明板があり、「刀匠 島田顕彰碑」「島田刀鍛冶の由来」の石碑※1もある。本通り７丁目交差点を過ぎて、なお本通りを進む。御仮屋交差点で国道１号※2と合流して直進する。「207.6㎞」の距離標がある。監物川の上にある御仮屋歩道橋下を通る。大津谷川に架かる栃山橋を渡り、栃山橋東交差点を過ぎて、道悦島西交差点の分岐路で左側の道へ入る。島田工業高校入り口を過ぎてまもなく島田市阿知ケ谷で国道１号に再び合流、今日の歩きはここまでとした（13時45分、22,008歩）。

目の前のコンビニに立ち寄った後、すぐ近くのJR六合駅へ向かった。

※１　2017年、道の左側に移されている（島田市観光協会HPより）。
※２　国道１号はその後、県道381号になっている。

※距離、歩数はその日のスタート地点からの数値を示す。距離は当時の著者の歩幅をめどに計算している。

各順	地　点	距離(km)	歩数（歩）	通過時刻（時：分）	所要時間（分）
1	下町バス停・「藤文」屋敷	0.00	0	8：13	0：00
2	本陣跡	0.17	259	8：17	0：04
3	休憩	−	−	8：23	0：06
4	県415号へ出る・上り坂へ	0.32	495	8：26	0：03
5	国1号高架下	0.39	611	8：27	0：01
6	日乃坂神社	0.50	776	8：31	0：04
7	茶畑出現す	0.54	848	8：35	0：04
8	旧東海道・「小夜の中山公園」の標示	0.75	1,174	8：41	0：06
9	初めて下る	0.98	1,541	8：46	0：05
10	夜泣き石跡	1.02	1,605	8：47	0：01
11	芭蕉句碑	1.17	1,838	8：50	0：03
12	涼み松広場	1.32	2,078	8：54	0：04

13	馬頭観音碑	1.43	2,259	8：57	0：03
14	分岐路（旧東海道標示）	1.58	2,492	9：00	0：03
15	白山神社	1.75	2,751	9：04	0：04
16	「久延寺0.6km」の標示	1.82	2,860	9：07	0：03
17	芭蕉句碑	1.85	2,908	9：08	0：01
18	T字路（旧東海道標示・鎧塚）	2.20	3,468	9：15	0：07
19	佐夜鹿神明神社	2.31	3,635	9：18	0：03
20	佐夜鹿の一里塚	2.42	3,820	9：22	0：04
21	小夜の中山公園・扇屋	2.64	4,162	9：27	0：05
22	久延寺	2.72	4,283	9：30	0：03
23	島田市・掛川市の境標示	3.17	5,008	9：40	0：10
24	急坂の下りへ	3.62	5,707	9：46	0：06
25	石段へ（下り切る）	3.93	6,195	9：52	0：06
26	休憩	－	－	9：56	0：04
27	旧東海道の標示右折	3.95	6,231	9：57	0：01
28	間の宿菊川の里会館	4.04	6,377	9：59	0：02
29	高麗橋	4.24	6,692	10：03	0：04
30	「法音寺入口」案内板	4.30	6,791	10：06	0：03
31	菊川坂上り口	4.36	6,885	10：08	0：02
32	「頂上まで0.6km」標示	4.39	6,922	10：09	0：01
33	菊川坂石畳周辺案内図	4.41	6,958	10：10	0：01
34	休憩	－	－	10：17	0：07
35	「旧東海道菊川坂石畳普請助郷役芳名」の説明板	4.46	7,043	10：19	0：02
36	木の橋	4.56	7,198	10：25	0：06
37	県234号へ出る（交差点直進）	4.60	7,256	10：26	0：01
38	休憩	－	－	10：40	0：14
39	金谷坂下り口	4.98	7,856	10：49	0：09
40	すべらず地蔵尊	5.18	8,172	10：53	0：04
41	休憩	－	－	10：55	0：02
42	鶏頭塚	5.42	8,563	10：59	0：04
43	石畳茶屋（石畳終わる）	5.47	8,642	11：00	0：01
44	国473号に出る	5.58	8,810	11：03	0：03
45	中山新道金谷側入口	5.76	9,086	11：07	0：04

46	不動橋	5.79	9,140	11：08	0：01
47	「旧東海道石畳0.6km」案内標識	5.92	9,353	11：10	0：02
48	金谷の一里塚	5.97	9,432	11：11	0：01
49	休憩	−	−	11：16	0：05
50	金谷本陣跡（柏屋）	6.36	10,034	11：21	0：05
51	金谷本陣跡（佐塚書店）	6.43	10,146	11：22	0：01
52	金谷中町簡易郵便局・静岡銀行	6.66	10,508	11：27	0：05
53	常夜燈	6.69	10,563	11：28	0：01
54	清水川・清水橋	6.79	10,721	11：30	0：02
55	県230号・県228号交差点（金谷扇町南）	6.91	10,904	11：33	0：03
56	大代橋	6.99	11,039	11：34	0：01
57	大井川鐵道踏切	7.24	11,428	11：37	0：03
58	八軒家橋	7.55	11,922	11：43	0：06
59	休憩	−	−	11：46	0：03
60	大井川堤防	7.71	12,177	11：48	0：02
61	大井川橋・東町交差点	7.90	12,472	11：52	0：04
62	大井川渡り終わる（右折）	8.87	14,013	12：06	0：14
63	島田市博物館（左折）・川越遺跡	9.40	14,847	12：15	0：09
64	島田市博物館分館	9.70	15,326	12：23	0：08
65	県34号に合流	10.14	16,016	12：30	0：07
66	東海パルプ正門前（交差点）	10.39	16,410	12：34	0：04
67	休憩	−	−	12：39	0：05
68	大善寺・大善寺前交差点	10.66	16,828	12：43	0：04
69	大井神社・正覚寺	11.03	17,413	12：50	0：07
70	交差点（JR島田駅へ向かう道）	11.12	17,560	12：53	0：03
71	休憩	−	−	12：57	0：04
72	本通り2丁目交差点	11.28	17,809	12：59	0：02
73	「問屋場跡」・「島田刀鍛冶の由来」の石碑	11.58	18,293	13：03	0：04
74	休憩	−	−	13：06	0：03
75	本通り7丁目交差点	11.99	18,929	13：11	0：05
76	御仮屋交差点	12.84	20,283	13：25	0：14
77	国1号距離標（207.6km）	12.91	20,391	13：26	0：01
78	監物川・歩道橋	13.03	20,585	13：28	0：02
79	大津谷川・栃山橋	13.14	20,752	13：30	0：02

80	栃山橋東交差点	13.26	20,947	13：32	0：02
81	休憩	－	－	13：34	0：02
82	道悦島西交差点	13.44	21,220	13：37	0：03
83	島田市阿知ケ谷・国1号合流	13.93	22,008	13：45	0：08
2006年9月20日　総距離数13.93km、総歩数22,008歩、総所要時間5時間32分					

35日目

平成18年

六合ー宇津ノ谷

2006年９月21日木曜日

朝、JR六合駅で降りて、島田市阿知ケ谷の前日の最終点に立つ。国道１号[※1]を東へ向かう。道悦島東交差点を直進する。ここで右折すると県道227号となる。その次の北へ向かう道角に「大日山入口」の案内があった。岸交差点（T字路）を過ぎてすぐ鍛冶屋橋を渡る。橋桁もない橋である。藤枝市の境標示が目に入る。左側の歩道を歩いていたが、右手に松並木が現れるので道を横断、右側歩道を歩く。一里山交差点で分岐路となるので右側の道へ入る。右手にある製茶工場からいい香りが流れてくる。国道１号の南側を並行して、東へ向かう県道222号を歩く。この辺りは上青島である。大きなビルなどはない。水田がある辺りから右手に藤枝の松並木が続く。「上青島の一里塚跡」と標柱にあった（10時03分、2,190歩、写真１）。

写真１　上青島の一里塚跡

上青島（＊瀬戸橋西・三軒屋）バス停を過ぎる。道は北側の国道１号と南側のJR東海道本線の間にある。東光寺谷川の瀬戸橋を渡る。道は歩道がなくなるが、歩くには十分な幅がとってある。三軒屋バス停を過ぎてすぐのところに「喜久醉」という文字が壁に書かれた酒造工場がある。この辺りから歩道がある。瀬戸（＊瀬戸消防団前）バス停を過ぎる。道両脇に松が現れる。昔ながらの店構えの残る商店街を歩くと、右手に「千貫堤（センガンヅツミ）」の説明板があった。その説明では一帯を下青島とし、上青島と入り組んでいるようだ。追分西バス停付近にも松並木がある。青島小学校入り口を過ぎて左手に藤枝下青島簡易郵便局を見て歩く。分岐路となり、県道222号はここから右側の道へ向かうが、私は左側の道へ進む。ここに六地蔵堂があった（写真２）。少し進むと交差点に松並木があった。さらに進んで県道356号を横断する。数十メートル先の左に国道１号水上東交差点がある。少し先で、道はガソリンスタンド一つ隔てて国道１号に近接する。見ると、「東京205km・沼津78km・静岡24km」の案内標識があった。道が右へ曲がるところに西友がある。ここで休憩した（10時53分、6,461歩）。

写真２　正面分岐点に六地蔵堂

しばらく行くと国道１号青木交差点に至る。私の歩いてきた道はここで左手の国道１号と、右手の南の方から来る県道225号とに接する。真正面の道へ国道１号を横断して進む。青木バス停を過ぎて、青木橋、続いて稲川橋を渡る。「東海道一里塚蹟」石柱と常夜燈が瀬戸川に架かる勝草橋の手前にあった。ここは江戸時代は「川越し」であったと橋たもとに説明がある。ここから藤枝宿（シュク）中心部へ入る。正定寺を過ぎる。町はきれいに整備されており、街道の面影はないが由緒ありそうな旅館もある。「藤枝宿上伝馬」と商店前に看板があった。また上伝馬商店街駐車場入り口に「東海道藤枝宿絵図」があり、東海道の道筋が図示されている（＊「上伝馬問屋場」跡絵図）。神明神社を過ぎて、六間川に架かる猿屋橋を渡る。

ちとせ通り商店街に入る。それぞれの昔ながらの専門店が生きている。続いて長楽寺商店街を歩く。多くの町ではこのような商店はスーパーやホームセンターに吸収されているが。蓮生寺を過ぎて、蓮華寺池公園入口バス停に至る。藤枝小学校への小路との十字路を横断して進む。静岡と結ぶバスが走ってきた。広い通りを横断して藤枝市本町２丁目の白子（シロコ）名店街に入る。本町３丁目歩

写真３　問屋場跡のプレート

道に「問屋場跡」と記した浮世絵の一部が埋め込まれていた（12時05分、11,459歩、写真３）。

下伝馬会館の前にまた案内絵図があった。小山金物店前の交差点から本町４丁目に入る。「成田山」と大きく表示された新護寺を過ぎる。道は都市計画中で、工事により寸断・分断されて歩けないので迂回する（写真４）。松の間の道の正面に家が座っているありさまだ。右折左折して須賀神社と全居寺がある道へ戻る。街道らしい道筋が残る藤枝市水守を歩く。青山八幡宮鳥居が左側の道の入り口（Ｔ字路）にあり、神社はここから300mほどのところらしいが遠望できない。進むと「旧東海道鬼島の建場」の石碑がある。常夜燈も復元されている。道が葉梨川に沿うようになって八幡橋を渡る。少し松が残る街道を歩く。広幡駐在所（＊交番）前で国道１号に合流する（12時54分、15,459歩）。

写真４　東海道分断（藤枝市水守）

しばらく休憩した後、「197」の距離標を見て右側の道へ入る。橋を渡った後、すぐ道は国道１号仮宿（カリヤド）交差点でまた合流する。ここは国道１号と県道81号が交差するところであり、歩道橋を渡って北へ向かう県道81号へ入る。歩く道の入り口に「東海道横内」の標示があった。朝比奈川に架かる横内橋を渡ると「横内歴史案内版」が立っている。慈眼寺を過ぎて内谷（ウツタニ）新田交差点に至る（13時28分、17,611歩）。

ここで東海道（県道81号）、国道１号、国道１号藤枝バイパスが交差する。私は北へ向かう県道81号へ入る。石碑に「これより東海道岡部宿（シュク）」とある。松並木が現れる。そこに「東海道岡部宿の松並木」標柱があった。その先には東海道の標示もある。道右側にしずてつストア、道左側にしずてつジャストラインがある交差点を過ぎてまもなく分岐路で県道81号は西（左側の道）へ向かう。歩く道は県道208号となる（直進）。如来像を安置した五智如来公園に至る。公園の前に岡部役場前（＊藤枝市岡部支所前）バス停があり、数人のバス待ち客がベンチに座っていた。岡部役場（＊支所）前の旧東海道の標示に従い、交差点を右折、最初の筋に小さな旧東海道の標示があるので左折する。舗装道路を歩く（写真５）。車も人もほとんど見ない。自転車に乗った高校生ぐらいだ。光泰寺の入り口を過ぎて、道は県道208号へ接して右に沿う。小野小町ゆかりの「姿見の橋」のある川を越える。すぐ県道208号へ合流する。横断して道の左側を歩くと造り酒屋があり、背広姿の買い物客が２人出てきた。岡部北交差点に至ると、道の右側に岡部宿公園があった。駐車場もある（14時19分、20,572歩）。

写真５　岡部宿の街道

右側に本陣跡の石柱があるのだが見えなかった。[※2] 修復された「大旅籠柏屋」がある（写真６）。主人とおかみの人形が迎えてくれるが車が多く、渡れず眺めるだけにしてそのまま進む。ここから東海道は県道208号から左側の道へ入る。西行像のある専称寺を過ぎてすぐ岡部川に架かる岡部橋を渡ると道は直角に右折、また県道へ合流する。合流する手前に「笠懸松と西住墓」の説明板が立っている。十石坂観音堂下を歩く。旧東海道の標示がある。そのまま進んでガソリンスタンドのところから左の道へ入り、岡部川沿いに歩く。板沢川に架かる板沢橋を渡る。私の前を地元の婦人２人連れが歩く。追い越してから今度は彌左衛門橋を渡る。工場と山の間の道を歩く。右側に国道１号廻沢口（メグリサワグチ）交差点が見えるところで右折、さらにその交差点の横断歩道橋を渡り、国道右側へ出て歩く。国道左側に「道の駅 宇津ノ谷（ウツノヤ）峠」がある。さっきの婦人２人連れはそちらへ向かっている。出会った老婦人に「宇津ノ谷へ

写真６　大旅籠柏屋

は？」と聞くと、「自分は歩いたことがない」とのことだった。坂下バス停が見えるがその手前を右へ入る。延命地蔵尊坂下堂の前に、明治トンネルへは左へ、東海道は進行方向へと案内があるので、そのまま進む。次の分岐路に旧東海道の案内があり、左の坂道が東海道、右のアスファルト道が「つたの細道」である（15時04分、24,628歩）。

上り始めてすぐ「髭題目碑」がある。山道を上っていくと明治トンネル道との分岐点に出る。右折して今度はアスファルト道を歩く。やや坂は緩やかとなる。やがて「旧東海道登り口」とした階段状の道があるので上っていく（写真７）。最後に狭いＶ字形の山道を上り切ると頂上となる。すぐ階段状の下りとなる。やぶ蚊の猛攻撃を避けるため急ぎ足となる。地蔵堂跡がある。さらに「雁山の墓」とあるところに出る。頭を覆っていた木々を抜けたところに宇津ノ谷集落を見渡せる地点がある。そこからすぐの下り切ったところに「旧東海道のぼり口」とあった（15時26分、26,263歩）。

写真７　最後の上り口

左手にある集落へ向かう道を進み下る。大きく左へ曲がったところから石段を下りて集落へ入る。東海道宿場の風景が現れる。涼んでいた御老体が「坂を越えてきたか」と問いかける。「ええ、蚊にやられました」と答える。有名な御羽織屋がある。しばし説明板に見入る。丸子（マリコ）川にかかる村中橋を渡って道は県道208号へ合流する。大黒橋前から道は左へ曲がり下る。左手にある家々の前を歩いて下ると道は新宇津之谷トンネルから出てきた国道１号と合流する。宇津の谷入口バス停を最終点とする。ハイキング帰り

写真８　宇津ノ谷入口バス停

らしい女性３人組とバスを待つ（15時41分、27,357歩、写真８）。

明日歩くはずの道をバスは走る。バスを静岡駅で下りて宿泊先のホテルがある清水へ電車で帰った。

※１　2006（平成18）年当時は国道１号だったが、2015年に県道381号へ指定変更された。
※２　その後「岡部宿内野本陣史跡」として整備されている。

※距離、歩数はその日のスタート地点からの数値を示す。距離は当時の著者の歩幅をめどに計算している。

各順	地　　点	距離(km)	歩数（歩）	通過時刻（時：分）	所要時間（分）
1	島田市阿知ケ谷（島田市道悦交差点)・国1号合流	0.00	0	9：40	0：00
2	道悦島東交差点・歩道橋	0.41	642	9：46	0：06
3	「大日山入口」案内	0.49	773	9：48	0：02
4	岸交差点（Ｔ字路）	0.63	993	9：50	0：02
5	鍛冶屋橋	0.71	1,107	9：51	0：01
6	藤枝市境標示	0.79	1,233	9：52	0：01
7	一里山交差点（分岐路右へ・県222号）	1.05	1,652	9：57	0：05
8	一里山バス停	1.23	1,934	10：00	0：03
9	「上青島の一里塚跡」標柱	1.39	2,190	10：03	0：03
10	上青島バス停	1.66	2,615	10：08	0：05
11	東光寺谷川・瀬戸橋	1.79	2,826	10：10	0：02
12	三軒屋バス停	1.95	3,066	10：13	0：03
13	「喜久酔」と壁にある酒造工場	2.08	3,280	10：15	0：02
14	瀬戸バス停	2.54	4,008	10：22	0：07
15	「千貫堤」説明板	2.82	4,455	10：27	0：05
16	追分西バス停	2.94	4,643	10：30	0：03
17	青島小学校入り口	3.12	4,919	10：33	0：03
18	藤枝下青島簡易郵便局	3.24	5,111	10：35	0：02
19	分岐路（左へ）・六地蔵堂	3.44	5,426	10：40	0：05
20	西友	4.09	6,461	10：53	0：13
21	休憩	－	－	11：05	0：12
22	青木交差点	4.53	7,149	11：11	0：06
23	休憩	－	－	11：13	0：02

24	青木バス停	4.66	7,357	11：16	0：03
25	青木橋	4.81	7,585	11：18	0：02
26	稲川橋	4.86	7,666	11：19	0：01
27	「東海道一里塚蹟」石柱・常夜燈	5.49	8,666	11：30	0：11
28	瀬戸川・勝草橋	5.52	8,719	11：31	0：01
29	正定寺	5.84	9,219	11：37	0：06
30	藤枝宿説明板	6.09	9,616	11：42	0：05
31	神明神社	6.16	9,722	11：44	0：02
32	六間川・猿屋橋	6.25	9,867	11：47	0：03
33	蓮生寺	6.70	10,571	11：54	0：07
34	蓮華寺池公園入口バス停	6.76	10,677	11：56	0：02
35	本町2丁目・白子名店街	6.88	10,856	11：58	0：02
36	「問屋場跡」の浮世絵（本町3丁目歩道）	7.26	11,459	12：05	0：07
37	交差点（小山金物店）	7.38	11,647	12：08	0：03
38	成田山新護寺	7.75	12,241	12：13	0：05
39	水守交差点	8.13	12,837	12：20	0：07
40	東海道標示	8.30	13,107	12：24	0：04
41	須賀神社・全居寺入口バス停	8.70	13,736	12：33	0：09
42	青山八幡宮鳥居（左側の道の入り口）	8.82	13,926	12：37	0：04
43	「旧東海道鬼島の建場」碑	8.90	14,051	12：39	0：02
44	葉梨川・八幡橋	9.25	14,611	12：45	0：06
45	国1号合流・広幡駐在所	9.79	15,459	12：54	0：09
46	休憩	－	－	13：00	0：06
47	国1号仮宿交差点（歩道橋）	10.11	15,960	13：06	0：06
48	「東海道横内」標示	10.25	16,182	13：10	0：04
49	朝比奈川・横内橋	10.65	16,815	13：16	0：06
50	横内歴史案内版	10.71	16,917	13：18	0：02
51	休憩	－	－	13：22	0：04
52	慈眼寺	10.94	17,275	13：25	0：03
53	内谷新田交差点	11.15	17,611	13：28	0：03
54	「東海道岡部の松並木」標柱	11.25	17,763	13：30	0：02
55	しずてつストア・しずてつジャストライン前の交差点	11.49	18,142	13：35	0：05
56	五智如来公園・岡部役場前バス停	12.00	18,947	13：43	0：08

57	旧東海道標示（右折）	12.10	19,106	13：45	0：02
58	休憩	−	−	14：03	0：18
59	旧東海道標示（最初の筋左折）	12.13	19,159	14：04	0：01
60	光泰寺入り口	12.49	19,731	14：09	0：05
61	県208号へ合流	12.88	20,350	14：16	0：07
62	岡部北交差点・岡部宿公園	13.03	20,572	14：19	0：03
63	大旅籠柏屋	13.10	20,693	14：21	0：02
64	左へ入る	13.14	20,761	14：22	0：01
65	岡部川・岡部橋	13.21	20,871	14：23	0：01
66	十石坂観音堂（県208号）	13.66	21,573	14：31	0：08
67	分岐路左へ	13.93	21,999	14：35	0：04
68	板沢川・板沢橋	14.16	22,358	14：40	0：05
69	彌左衛門橋	14.39	22,726	14：43	0：03
70	国1号廻沢口交差点	14.88	23,507	14：51	0：08
71	休憩	−	−	14：53	0：02
72	横断歩道橋渡り終わる	14.99	23,669	14：55	0：02
73	坂下バス停手前を右へ	15.42	24,348	15：01	0：06
74	延命地蔵尊坂下堂	15.53	24,533	15：03	0：02
75	旧東海道入り口	15.59	24,628	15：04	0：01
76	上り（髭題目碑）	15.79	24,943	15：08	0：04
77	上り（明治トンネル道との分岐点）	15.90	25,112	15：11	0：03
78	上り（「旧東海道登り口」標柱・階段）	16.13	25,478	15：16	0：05
79	上り（上り切る）	16.21	25,611	15：18	0：02
80	下り（地蔵堂跡）	16.26	25,687	15：19	0：01
81	下り（雁山の墓）	16.36	25,842	15：21	0：02
82	下り（見晴らし地点）	16.47	26,014	15：23	0：02
83	下り切る（「旧東海道のぼり口」標柱）	16.63	26,263	15：26	0：03
84	宇津ノ谷集落への石段	16.73	26,420	15：28	0：02
85	丸子川・村中橋	16.89	26,683	15：32	0：04
86	県208号へ合流	16.94	26,762	15：33	0：01
87	大黒橋前（左へ）	17.09	26,995	15：36	0：03
88	国1号合流	17.27	27,273	15：39	0：03
89	宇津の谷入口バス停	17.32	27,357	15：41	0：02
2006年9月21日　総距離数17.32km、総歩数27,357歩、総所要時間6時間01分					

宇津ノ谷の御羽織屋（豊臣秀吉が与えた羽織に由来する）

36日目

平成18年

宇津ノ谷－清水

2006年９月22日金曜日

朝、９時28分、前日最終点の宇津の谷入口バス停に立つ。国道１号[※1]左側の道路を歩く。向かい側（下り）に本来の「道の駅 宇津ノ谷峠」があるが、こちら側（上り）にもトイレなど整備した駐車場があり、大型車や自家用車などが多く駐車していた。丸子(マリコ)川の宇津ノ谷口橋を渡る。逆川(サカガワ)交差点には国道１号を跨ぐ歩道橋がある。道の左側は丸子川である。左へ入る道があったのでそちらへ入り進む。道の左側の建設会社、運輸会社と、右側のガソリンスタンドとの間を歩く。道は国道１号赤目ヶ谷(アカメガヤ)西交差点に出たのでまた国道１号の左側歩道を歩く。赤目ヶ谷中交差点で今度は国道１号歩道橋を渡って右側へ。松がある東海道へ入り、１号に沿って歩く(写真１)。道の左側にあるレストランは国道１号を向いている。道の右側には静岡市西部学校給食センターがある。道は国道１号に近接して右へ緩やかに曲がる。そこに長源寺と丸子路観光案内図、起樹天満宮がある(10時04分、2,837歩)。

写真１　赤目ヶ谷中交差点歩道橋より上りを望む

家々の間を歩く。小川（幅約２m）を越える。道は赤目ヶ谷交差点に近接し、国道１号に沿う。県道208号が国道１号二軒家(ニケンヤ)交差点から折れて東へ向かうので、県道に沿って歩く。左方向から国道を横切って流れる丸子川の右側にある道を歩く。道の右側に「元宿山大日如来登口」の立て札があった。家々の間の道が大きく右へ曲がったところに元宿(シュク)公民館があり、左側に古美術

写真２　丁字屋

写真３　丸子宿本陣跡

「夢想菴」がある。「丸子宿（シュク）御高札場」があり、三つの説明板が高札風に立ててある。そこからすぐの丸子橋を渡ると、正面にとろろ汁で有名な「丁字屋」がある（10時31分、5,103歩、写真２）。

営業前の準備中である丁子屋を過ぎて少し行くと、「お七里役所」の石柱がある。さらに進むと本陣跡の「史跡 丸子宿本陣跡」の石柱があった(写真３)。宿場の雰囲気が消えて道が２車線と歩道付きとなるところにある「徳栄堂」という店で「まりこの紅茶」を買った。ここは国産の紅茶発祥の地という。ここからまもなくのところに長田西小学校がある。

どうもこの辺りから歩数計の調子がおかしくなったようだ。「ようだ」と言うのは、後で気づいたのだが、メモを見るとこの辺りからのようだ。従って以下の記録は後日修正した。

道はしずてつジャストライン丸子営業所としずてつストアを過ぎて丸子交番前の松のところで大きく左へ曲がる。小豆川（ショウズ）に架かる佐渡橋（サワタリ）を渡る。道の左側に子授（コサズケ）地蔵大菩薩の堂宇がある。その向かい側にある佐渡公民館前には案内板があった。すぐ国道１号佐渡交差点に出る（11時15分、8,457歩）。

国道１号を長田西中学校沿いに北東へ歩く。平日だが中学校は運動会のようだ。手越原（テゴシハラ）交差点で国道と県道が分かれるので、県道208号へ入る。轟橋バス停があるが轟橋は見えない。静岡手越郵便局を過ぎて高林寺に至る。ここから真っすぐ行くと安倍川橋に着くのだが、自分の地図を信じて川の少し手前から右へ入り、車の間を横断して安倍川堤防の手越南バス停に至る。すぐ左折して安倍川橋に着き、渡り始める（写真４）。橋の中央から静岡市葵区弥

写真４　安倍川橋（左）。安倍川橋より下流を望む（右）

勒２丁目である。安倍川橋が終わりに近づくと「安倍川餅」の旗がいやでも目に入る（写真５）。休憩して買い求める。冷たいお茶と餅少々をいただいた。冷たいお茶はおかわりまでした。東海道はこの先から県道からの分岐路となるので右の道へ入る。ここに「由井正雪公之墓趾」の碑がある。市街地を新通二丁目バス停、駿河伏見稲荷神社、そして交差点角の秋葉神社を過ぎて、車両進入禁止の標識がある街道を歩く。国道362号を横断して近くの電気店で新しい歩数計を買い求める（12時35分、13,945歩）。

写真５　安倍川を渡ったところにあった安倍川餅の店

新しい歩数計と今まで使っていた歩数計の両方を調整しながら歩く。呉服町通りの交差点に出る。真っすぐ進めば静岡赤十字病院であるが、右折して呉服町通りの広い歩道を歩く（写真６）。昼時でもあり、人がたくさん行き来するので歩きづらい。県庁へ向かう道との交差点角に里程元標址の石柱が

写真６　呉服町の街道

ある。さらに進み、市役所前の大通りを横断する。テント張りの店が並び、人だかりがしていた。呉服町交差点で左折する。道は江川町交差点で県道27号、県道67号、伝馬町通りとの５差路となる。地下道を利用して両県道の間の伝馬町通りへ入る。ビルの前に「伝馬町の由来」を記した石碑があった。静岡銀行を経てつつじ通り、葵区横田町６の交差点を横断直進する。静岡横田郵便局が左に見える横田町東交差点を過ぎて国道１号へ出る（13時25分、17,568歩）。

道を斜めに横断して東海道本線と新幹線の地下通路に入る。真っすぐ進むと分岐路となるので左側の道へ入る。法蔵寺と西豊田小学校の入り口前を過ぎる。駿河区曲金（クセガネ）１丁目10の陸橋より左折して東海道本線と新幹線の高架下を通り、国道１号柚木（ユノキ）交差点に出る。本来の道は斜めに横切っていたはずだと探すが痕跡はない（写真７）。JR敷地から斜めに来る道がある。信号のある交差点で国道１号を横断して護國神社方面へ向かう。神社は静岡鉄道の踏切の向こうにある。私は線路沿いの道を北へ歩く。静鉄長沼駅の踏切横を過ぎて進むと久應院（キュウオウ）がある。道は緩やかに右へ曲がり、国道１号長沼交差点へ出る。すぐ国道１号古庄交差点から右の道へ入る。葵区古庄１丁目を歩く。大谷川に架かる後久（ゴキュウ）橋手前に「古庄」と記した案内板があった。道は右からのJR線路沿いの道と合流するので、左折して線路沿いを進む。静鉄高架下のすぐ先でJR北村地下道へ入る。道幅が狭く、車の離合もままならぬ道だが、真ん中に少し広いところがあった。そこまで走るようにして行った。幸い車はたまたま来なかった。気をつけながら急いで地下道を出ると「旧東海道記念碑」と由来を記した石碑があった（14時38分、22,911歩、写真８）。

写真７　東海道は右の影方向

線路沿いに東へ歩く。道は左へ曲がって静岡栗原郵便局の前に至る。そこから静鉄県総合運動場駅前へ少し上って右折する。今度は少し下って、交差点で県道407号を横断すると正面に運動場が見える。街道はそこまで行かずに

写真８　北村地下道を出たところに旧東海道記念碑（左）と由来を刻した石碑（右）がある

最初の曲がり角、駿河区国吉田４丁目９のＴ字路を左折する。道両側は新興住宅地であり、街道らしさを実感はできなかった。東名高速道路下を通り、吉田川に架かる東橋を渡る。道は上りとなる。道の右側は清水区、左側は駿河区である。上り切った道の右側に東光寺がある。この辺りからの道は清水区である。静岡県立美術館への道と交差する十字路に「ここは昔の東海道」と書かれた立て看板があった。静鉄草薙駅と結ぶ道を草薙一丁目バス停横で横断してまた住宅街へ入る。草薙川に架かる御帝橋を渡ると道は清水第七中学校に突き当たるので左折する。中学生や小学生の下校時間のようである。

写真９　草薙一里塚前の道路

道は下って県道407号へ出る。交差点向かい側に大きな自転車店があった。右折して清水第七中学校正門前を通る。次の交差点で横断して左側を歩く。清水銀行前に「史跡 東海道草薙一里塚」の石柱があり、由来を記した石碑もある（15時38分、27,421歩、写真９）。

ここからすぐの５差路交差点で斜め左側に進む道に入るのだが、うっかり真っすぐ進んでしまってやや急な坂を上って下りかけて道が陸橋となるところで間違いに気づいて引き返したのが本当だ。この間21分。改めて斜め左側の道へ進む。道は狭いし、車は多い。清水有度（ウド）第一小学校前を通る。有度本町から上原に入る。千手寺前に至ると、寺付属の有度十七夜（ジュウシチヤ）山保育園から、園児が保護者・祖父母に連れられて下りてきた。一人の園児が不思議そうに私を見つめていた。少し先に上原子安地蔵堂があった。道は上原堤を回って大きく右へ曲がり、終わったところで道が分岐路となるが正面の道へ進む。静鉄狐ヶ崎駅が近いので車も人も多くなった。清水区平川地の街道を歩く。道は追分踏切に出る。東海道本線と静岡鉄道が並んで走る長い踏切なので急いで渡る。追分の真っすぐな街道を歩く。北流する大沢川に架かる金谷橋には清水第八中学校の立て看板があった。橋を渡った左側に「追分」の標示がある。すぐ先の右側には「元追分」の案内標示があった。真っすぐに進み、追分１丁目から入江３丁目、２丁目と歩を進める。慈雲寺手前の商店横に「江尻宿（シュク）木戸跡」の石柱があった（16時45分、31,573歩、写真10）。

写真10　江尻宿木戸跡

法岸寺入り口を過ぎてすぐ交差点に出るので左折して商店街（県道75号）を歩く。巴（トモエ）川に架かる稚児橋を渡って約50m、交差点を右折する。すっかり暮れた商店街の灯りの中を歩く。人が多い。私の前を老紳士がゆっくり歩いていた。商店街の道は２色のブロックが敷きつめられ、歩道もきれいに整備されて歩きやすい。商店の軒先には清水エスパルスの旗がひらめく（写真11）。二つ目の大きな交差点を左折して清水江尻郵便局前を歩く。疲れた身体には発泡酒だと、歩く間は飲まないとする原則を初めて破った。江浄（コウジョウ）寺入り口を過ぎて、四つ目の交差点が江尻東交差点である。今日はここを終点とする（17時10分、33,631歩）。

写真11　清水エスパルスの旗のある商店街

江尻東交差点を右折して清水駅へ、宿泊先のホテルへ向かう。ここ清水駅付近のコンビニにはアルコール類は置いてなかった。滋賀県の大津と同じだ。コンビニの店員が近くの酒屋を教えてくれた。

※1　2022年現在、国道1号と県道208号は重なっている部分も多い。

※距離、歩数はその日のスタート地点からの数値を示す。距離は当時の著者の歩幅をめどに計算している。

各順	地　点	距離(km)	歩数（歩）	通過時刻（時：分）	所要時間（分）
1	宇津の谷入口バス停	0	0	9：28	0：00
2	丸子川・宇津ノ谷口橋	0.37	582	9：34	0：06
3	逆川交差点	0.45	704	9：37	0：03
4	休憩	－	－	9：39	0：02
5	国1号より左へ	0.83	1,303	9：44	0：05
6	国1号赤目ヶ谷西交差点	1.04	1,637	9：48	0：04
7	国1号赤目ヶ谷中交差点	1.40	2,205	9：55	0：07
8	左・レストラン、右・給食センター	1.65	2,599	10：00	0：05
9	長源寺・起樹天満宮	1.80	2,837	10：04	0：04
10	小川（幅約2m）越える	2.09	3,296	10：08	0：04
11	国1号赤目ヶ谷交差点	2.29	3,615	10：11	0：03
12	国1号二軒屋交差点（県208号へ）	2.48	3,907	10：16	0：05
13	元宿山大日如来登口	2.75	4,336	10：20	0：04
14	古美術「夢想菴」	3.07	4,836	10：27	0：07
15	丸子川・丸子橋	3.20	5,049	10：30	0：03
16	丁字屋	3.23	5,103	10：31	0：01
17	「お七里役所」の石柱	3.38	5,332	10：34	0：03
18	本陣跡の石柱	3.52	5,561	10：37	0：03
19	徳栄堂で「まりこの紅茶」購入	4.06	6,401	10：48	0：11
20	休憩	－	－	10：51	0：03
21	長田西小学校	4.39	6,922	10：56	0：05
22	休憩	－	－	10：59	0：03
23	しずてつストア	4.58	7,235	11：02	0：03
24	丸子交番前の松	4.89	7,722	11：06	0：04
25	小豆川・佐渡橋	4.96	7,832	11：07	0：01
26	子授地蔵大菩薩・佐渡公民館前に案内板	5.27	8,322	11：13	0：06

27	国1号佐渡交差点	5.36	8,457	11：15	0：02
28	国1号手越原交差点	5.59	8,817	11：19	0：04
29	轟橋バス停	5.71	9,017	11：21	0：02
30	静岡手越郵便局	6.03	9,516	11：26	0：05
31	高林寺	6.39	10,095	11：33	0：07
32	安倍川手前を右へ	6.63	10,467	11：36	0：03
33	休憩	−	−	11：44	0：08
34	安倍川へ出る（手越南バス停横から）	6.73	10,624	11：46	0：02
35	安倍川橋	6.78	10,701	11：47	0：01
36	休憩	−	−	11：49	0：02
37	安倍川橋終わり	7.30	11,523	11：57	0：08
38	休憩	−	−	12：05	0：08
39	分岐路で右の新通りへ	7.41	11,698	12：07	0：02
40	新通二丁目バス停	7.95	12,558	12：14	0：07
41	伏見稲荷神社	8.08	12,771	12：22	0：08
42	秋葉神社	8.22	12,990	12：24	0：02
43	国362号横断・五月庵	8.82	13,945	12：35	0：11
44	休憩	−	−	12：43	0：08
45	呉服町通りへ右折	9.11	14,400	12：50	0：07
46	里程元標址（交差点角）	9.31	14,721	12：54	0：04
47	市役所前の通り	9.41	14,882	12：56	0：02
48	呉服町交差点で左折	9.61	15,200	12：59	0：03
49	江川町交差点（地下道）	9.79	15,474	13：02	0：03
50	「伝馬町の由来」石碑	10.03	15,860	13：06	0：04
51	静岡銀行	10.22	16,149	13：09	0：03
52	つつじ通り横断	10.46	16,535	13：13	0：04
53	交差点（葵区横田町6角）	10.70	16,909	13：17	0：04
54	横田町東交差点	10.87	17,189	13：20	0：03
55	国1号へ出る（横断）	11.11	17,568	13：25	0：05
56	東海道本線と新幹線地下通路	11.29	17,845	13：28	0：03
57	休憩	−	−	13：35	0：07
58	分岐路（左へ）	11.43	18,074	13：37	0：02
59	法蔵寺・西豊田小学校	11.72	18,521	13：43	0：06
60	曲金1-10の陸橋より左折	11.90	18,806	13：47	0：04

61	国1号柚木交差点	12.15	19,210	13：52	0：05
62	護國神社方面へ横断（左の道へ）	12.48	19,732	13：57	0：05
63	休憩	−	−	14：02	0：05
64	静鉄長沼駅	13.01	20,572	14：11	0：09
65	久應院	13.27	20,968	14：16	0：05
66	国1号長沼交差点	13.54	21,409	14：20	0：04
67	国1号古庄交差点（右の道へ）	13.74	21,719	14：23	0：03
68	後久橋	14.11	22,296	14：30	0：07
69	道合流（左折してJR沿いに）	14.21	22,460	14：33	0：03
70	静鉄高架下（北村地下道へ）	14.34	22,671	14：35	0：02
71	地下道の広いところ	14.43	22,804	14：37	0：02
72	「旧東海道記念碑」と石碑（地下道を出たところ）	14.50	22,911	14：38	0：01
73	休憩	−	−	14：42	0：04
74	静岡栗原郵便局	14.66	23,169	14：46	0：04
75	静鉄県総合運動場駅（右折）	14.73	23,276	14：47	0：01
76	県407号横断（交差点）	14.78	23,357	14：48	0：01
77	駿河区国吉田4-9の角左折	14.84	23,452	14：50	0：02
78	吉田川・東橋	15.37	24,292	15：00	0：10
79	東光寺（清水区に入る）	15.68	24,784	15：04	0：04
80	草薙一丁目バス停	16.32	25,801	15：17	0：13
81	草薙川・御帝橋	16.52	26,107	15：23	0：06
82	突き当たり左折（清水第七中学校）	16.68	26,360	15：25	0：02
83	県407号へ出る（交差点）	16.72	26,421	15：26	0：01
84	清水第七中学校（正門）	16.77	26,500	15：28	0：02
85	「史跡東海道草薙一里塚」石柱（清水銀行）	17.35	27,421	15：38	0：10
86	斜め左の道へ（交差点）	17.41	27,519	15：39	0：01
87	休憩	−	−	16：00	0：21
88	千手寺・有度十七夜山保育園	17.82	28,164	16：06	0：06
89	上原子安地蔵堂	17.98	28,424	16：10	0：04
90	分岐路左へ（「東海道」案内板）	18.22	28,802	16：13	0：03
91	休憩	−	−	16：18	0：05
92	追分踏切（JR・静鉄）	18.67	29,511	16：24	0：06
93	金谷橋・「清水第八中学校」立て看板	19.06	30,123	16：31	0：07

94	「江尻宿木戸跡」石柱	19.98	31,573	16：45	0：14
95	交差点（信号あり、左へ）	20.14	31,826	16：50	0：05
96	巴川・稚児橋	20.32	32,108	16：53	0：03
97	交差点左折	20.76	32,817	16：59	0：06
98	江浄寺	20.87	32,988	17：02	0：03
99	江尻東交差点	21.28	33,631	17：10	0：08
2006年9月22日　総距離数21.28km、総歩数33,631歩、総所要時間7時間42分					

37日目

平成18年

清水－由比

2006年９月23日土曜日

ホテルから一歩出たらすごい風が吹いてきた。台風の余波である。その中を歩き、前日最終点の江尻東交差点に立つ。８時07分。静岡市清水区本郷町を歩き始める。道の左側奥に妙蓮寺が見える。風が強いので暑さが吹き飛ぶ感じである。辻２丁目に「一里塚跡」の立て札があった。そばに「海抜３米」ともある（写真１）。辻３丁目を歩き、辻町交差点で国道１号に合流する。ここに「無縁さんの碑」があり、また「細井乃松原（＊細井野松原）」の標識もある（８時23分、1,214歩）。

写真１　一里塚跡

国道１号を横断して国道右側歩道を歩く。小川に架かる、「かたかわはし」を渡る。そばに「168.9km」の距離標が立っている。清水袖師(ソデシ)郵便局を左側に見て進み、愛染川に架かる愛染川橋を渡る。袖師交差点では国道１号の下を県道338号が走る。袖師東交差点に松が１本あった。木に「袖師ふるさとの路12　旧東海道松並木の松」のプレートが縛り付けてあった。先ほどの愛染川橋には確か「７」とあった。正面の山の木々が風で揺れ動いているのが分かる。清水横砂(ヨコスナ)郵便局を過ぎてすぐ庵原(イハラ)川に架かる庵原川橋を渡る。横砂中町を歩く。横砂交差点で県道371号を横断する。横砂本町に入る。東光寺が左手にある。門の前にあるプレートに「袖師ふるさとの路23」とあった。土曜日の国道１号は車が少ないが、多くの車は少し北側の静清バイパスを走るからだろう。横砂東町に入ると横砂バス停があり、すぐ分岐路となるので国道１号より外れて右側の道へ入る。道の入り口に「袖師ふるさとの路16　旧東海道」の標識がある（８時55分、4,041歩）。

写真２　横砂東町の街道

昔のままの道幅かと思うほどの細い道は、車の離合もできないほどだ(写真２)。横砂東町の人通りもない道を歩き、東海道本線横砂踏切を渡る。「横砂東町８」とある、住宅の間の車の入れない細い道へ入る。ここは道手前を左折して国道１号へ出るべきだったかも。私が歩いた道は静清バイパス高架下の波多打川(ハタウチ)に突き当たる。見ると確かに川を越えた延長上に国道１号があるので、やはりこの道が正しいのかも知れない。川沿いに左折して国道１号に合流する。「袖師ふるさとの路17　波多打川」とある。右折して国道１号と共に川を越える。すぐ分岐路となるので左側の国道１号に沿って歩く。正面の山際に清見(セイケン)寺が遠望される。たまたま墨染めの僧侶が先を歩いていた。清見潟(キヨミガタ)バス停を過ぎてすぐ「興津(オキツ)坐漁荘(ザギョソウ)」（西園寺公望別邸）がある。見学もできるようだ。道の左側に「高山樗牛(タカヤマチョギュウ) 假寓之處」の碑がある。すぐに清見寺があるので仰ぐ（写真３）。国道１号に「166㎞」の距離標がある（９時17分、5,721歩）。

写真３　清見寺

寺はさすがに壮大なもので私のカメラには半分しか写らない。寺のある国道１号左側へ横断すると「清見関跡」の標柱があった。「清見城跡」の標柱もある。また「東海道興津宿(シュク)」という案内図は詳細に興津を伝えてくれる。そこからすぐの清見寺交差点の右方向にはマックスバリュという大きな店がある。興津本町の道を歩く。右手に

写真４　脇本陣水口屋

脇本陣「水口屋（ミナグチヤ）」が見えたので横断して右側を歩く（写真４）。「水口屋ギャラリー開館中」の看板が入り口にあった。左手にある興津交番と興津公民館（＊興津宿公園）の間に「興津宿」の案内標示がある。澤端川橋、興津交番前バス停、理源寺を過ぎて興津駅前交差点に至る。ここからJR興津駅までは100mぐらいか（９時35分、7,179歩）。

興津中町西交差点から左へ折れる道の入り口に「身延山道」の標柱があり、「石塔寺無縁供養」ほかの石碑・案内板があった。宗像神社鳥居・清水興津小学校入り口を過ぎる。興津中町交差点にコンビニがあったので休憩を兼ねて地図を購入する。国道52号はここから北へ向かう。今回は興津駅までの予定だったので、次の地図は持参していなかった。大ミスである。買った地図は実用にはならなかった。次の興津中町東交差点で間違って右側の歩道へ横断してしまい、「由比方面太平洋自転車道（＊太平洋沿岸自転車道）」トンネルへ入り、海岸線を歩いてしまった。駿河健康ランドを過ぎて新興津川橋を渡る時、間違いに気づき引き返した。前日の坂道を上って引き返した時よりは疲れはない。引き返す途中、波乗りの若者がいたので聞くと、今日は波も風もよくないと言っていた。ふたたびトンネルに戻り道を横断して、３本に分かれている道の最も左の道へ入る。入り口に「薩埵峠2.1㎞」とある。正面の山上に見える建物は老健施設「きよみの里」だ。興津川に架かる浦安橋は歩道はないが、たまたま車も少なく、安心して渡り終える。すぐ左折する（写真５）。道の右手に案内図があるのを危うく見逃すところだった（10時24分、

写真５　ここで左に折れる

9,403歩)。

JR興津川橋梁をくぐり、進むと左手に興津東町公園があり、川越遺跡の説明板がある（写真６)。深さが約1.5mになると川止めとなったそうだ。道に「おきつ川通り」の案内標識が立っている。小川を越えると薩埵峠の標識があるので、右の道へ入る。角に「土地改良之碑」がある。

写真６　川越遺跡

静かな農村という風情のある道を行く。道脇の山裾の彼岸花が美しい。瑞泉寺がある。その先の十字路の角に寺標があるところで右折する。農道を歩いていくと分岐路となるので標識に従い右へ折れる。仕事中の農家の方にあいさつすると丁寧に返してくれた。突き当たりを左へ進む。「登り口0.8km」とある。T字路となり突き当たる。この道は車で来ることができる道である。ここを右折して上る。十字路に「薩埵峠登り口（0.2km)」とあるので左折して上る。「往還坂」の小さな石碑がある。上り着いた薩埵峠登り口には駐車場や休憩所があり、車がたくさん駐車していた。ハイキングコースとして案内板もある。登り口の脇は墓地である(10時54分、11,626歩、写真７)。

写真７　薩埵峠登り口（左は墓地)

道は段が作られていて登りやすい。登り始めていきなり見晴らしのよいところに出た。下りてきた人に「もう頂上？」と問うと、「まだまだ」と笑われた。道は険しいというより狭く、急崖なので雨の日など手すりがあるとはいえ恐ろしい。広重の作品に描かれた場所かと思われる見晴らしのよい地点に着いたが、そのような説明が見えない。ここにはモニュメント風の石柱がある。西へ回る道もあるがミカンやビワの木の間の道を歩く。平坦になった道に小さな休憩所がある。そこが由比宿（シュク）・興津宿の境目となる。東海自然歩道の標識に「清水側起点0.48㎞」「由比側起点0.46㎞」とある（11時05分、12,390歩）。

やっと名画の構図を得たと思われる地点に着いた。展望台もある。ここから眼下に東海道本線、国道１号、東名高速道が並ぶ風景は壮観である（写真８）。ここは絶好の撮影ポイントである。これで富士山が見えればいいのだが。

写真８　広重絵と同方向

少し登っていくと「セントピア由比」がある。休憩所と駐車場などがある。老夫婦が私の来た道へ行こうとしていたが、大変だろうなと思った。ここから少し上ると４差路があり、右折して由比へ下る。東海道歩きで初めて出会った同年代らしい人物があえぎあえぎ上ってきた。下っていくと「由比駅まで2800m」標示板がある。この標示板はしばしば現れる。道路左の畑の土手は丸石で保全されているが、この数を運び上げたのはいつだろうか。「東海道薩埵峠周辺絵図」があった。ミカンとビワの木の中を下っていく。収穫用のモノレールは昔、奄美でよく見たものだ。「由比駅2.3㎞」標示板を過ぎる。時折、農作業の人の車や観光客の車が来る。下り切った分岐路に西倉沢の「一里塚跡」の標柱があり、また「倉沢」の標示板があった（11時35分、15,006歩）。

ほぼ平坦となった道を歩く。右手にある家々の向こうには高速や国道があるので、車の騒音が激しくなった。右側にある脇本陣「柏屋」には「明治天皇御小休所跡」とあった。倉澤橋を渡る。その先には「間の宿（アイノシュク）本陣跡」とある（写真９）。寺澤橋から崖上にある宝積

写真９　間の宿本陣跡

寺を仰ぐ。左手に鞍佐里神社があるが、神社は鳥居から急崖を石段で上ったところにある。

権現橋を渡る。右手にある店々に名物の「桜えび」の旗がひらめいていた(写真10)。清水区由比東倉澤に入る。中峯神社と八阪神社の石柱が並んでいる。同じく急崖を石段で上った上にある。「くらさわや」の前を通るがここは桜えびの店として有名である。道に「由比駅1.3㎞」の標示板がある。まだそんなに歩くのかと思う。昔の橋のように装飾された大澤橋を渡るとすぐ「あかりの博物館」がある。さらに進むと「東海道名主の館小池邸」がある。T字路があり、そこに「由比駅0.7㎞」の標示板があった。讃徳寺の前を通り、中の沢二号橋を渡ると十字路となり、説明板があったので信用して左折して後で引き返した。これは車が由比駅方面と行き来するための案内だったのだ。寺尾澤橋を渡り、寺尾歩道橋上り口に至る。手前の家の外階段が歩道橋とほぼ同じに見えた。間違う人はいないとは思うが。寺尾歩道橋を渡って由比駅への道（県道370号）へ出る。国道1号（＊県道396号）から右へ入った道である。まもなくJR由比駅に至る。そこの「由比町案内」があるところを本日の終点とした（12時13分、17,938歩）。

写真10　由比の町には桜えびの店が多い

干した桜えびを買い求めた。荷物を取りに清水駅へ、さらに静岡駅へと移動して、新幹線に乗った。

※距離、歩数はその日のスタート地点からの数値を示す。距離は当時の著者の歩幅をめどに計算している。

各順	地　点	距離(㎞)	歩数（歩）	通過時刻（時：分）	所要時間（分）
1	江尻東交差点	0.00	0	8：07	0：00
2	妙蓮寺	0.12	194	8：09	0：02
3	一里塚跡	0.30	466	8：13	0：04
4	国1号辻町交差点（合流）	0.77	1,214	8：23	0：10

5	「かたかわはし」・距離標（168.9㎞）	0.90	1,414	8：25	0：02
6	清水袖師郵便局	0.97	1,521	8：27	0：02
7	愛染川・愛染川橋	1.02	1,596	8：29	0：02
8	袖師交差点（県338号横断）	1.26	1,982	8：33	0：04
9	袖師東交差点	1.40	2,209	8：36	0：03
10	清水横砂郵便局	1.76	2,767	8：42	0：06
11	庵原川・庵原川橋	1.82	2,868	8：43	0：01
12	横砂交差点（県371号横断）	2.17	3,425	8：48	0：05
13	東光寺	2.26	3,557	8：50	0：02
14	横砂バス停	2.51	3,964	8：54	0：04
15	分岐路（国1号離れて右へ）	2.56	4,041	8：55	0：01
16	横砂踏切	2.68	4,227	8：58	0：03
17	細い道へ（横砂東町8）	2.85	4,500	9：01	0：03
18	高架下（波多打川に突き当たる）左折	2.94	4,639	9：03	0：02
19	国1号合流（右折して川越える）	3.01	4,754	9：04	0：01
20	分岐路左へ（国1号を歩く）	3.16	4,980	9：08	0：04
21	清見潟バス停	3.30	5,201	9：10	0：02
22	興津坐漁荘（西園寺公望別邸）	3.47	5,467	9：13	0：03
23	清見寺・距離標（166㎞）	3.63	5,721	9：17	0：04
24	清見寺交差点・マックスバリュ	3.78	5,961	9：21	0：04
25	脇本陣「水口屋」	4.13	6,519	9：27	0：06
26	興津交番・興津公民館	4.26	6,722	9：29	0：02
27	澤端川橋・興津交番前バス停	4.37	6,895	9：32	0：03
28	理源寺	4.41	6,960	9：33	0：01
29	興津駅前交差点	4.55	7,179	9：35	0：02
30	宗像神社鳥居・清水興津小学校入り口	5.03	7,935	9：44	0：09
31	興津中町交差点・コンビニ	5.16	8,147	9：46	0：02
32	休憩	－	－	9：57	0：11
33	興津中町東交差点（間違って右歩道へ横断）	5.29	8,352	9：59	0：02
34	由比方面太平洋自転車道トンネル	5.34	8,434	10：00	0：01
35	休憩	－	－	10：15	0：15
36	正面の最左の道へ（「薩埵峠」の標識）	5.38	8,494	10：16	0：01
37	興津川・浦安橋渡り終える（左折）	5.96	9,403	10：24	0：08

38	JR興津川橋梁	6.01	9,493	10：25	0：01
39	興津東町公園・川越遺跡	6.10	9,636	10：27	0：02
40	小川越える	6.19	9,766	10：29	0：02
41	薩埵峠標識（右へ）	6.24	9,852	10：31	0：02
42	瑞泉寺	6.54	10,326	10：36	0：05
43	十字路右折（寺標あり）	6.59	10,403	10：37	0：01
44	分岐路右へ（標識あり）	6.72	10,605	10：40	0：03
45	突き当たり左へ	6.88	10,858	10：42	0：02
46	Ｔ字路右折	6.93	10,945	10：43	0：01
47	十字路左折（「薩埵峠登り口（0.2km）」）	7.19	11,357	10：49	0：06
48	「往還坂」石碑	7.30	11,521	10：52	0：03
49	薩埵峠登り口（駐車場・休憩所）	7.36	11,626	10：54	0：02
50	見晴らしのよいところ	7.53	11,896	10：59	0：05
51	由比宿・興津宿の境目	7.85	12,390	11：05	0：06
52	展望台（広重の絵と同じ方向を見る）	8.06	12,723	11：09	0：04
53	セントピア由比（休憩所・駐車場）	8.20	12,946	11：13	0：04
54	4差路を由比へ右折（下り）	8.27	13,058	11：15	0：02
55	「由比駅まで2800m」標示板	8.54	13,490	11：19	0：04
56	東海道薩埵峠周辺絵図	8.61	13,598	11：21	0：02
57	「由比駅2.3km」標示板	9.23	14,581	11：31	0：10
58	「一里塚跡」の石碑（下り切った分岐路）	9.50	15,006	11：35	0：04
59	脇本陣「柏屋」（明治天皇御小休所跡）	9.54	15,064	11：36	0：01
60	倉澤橋	9.55	15,089	11：37	0：01
61	寺澤橋	9.64	15,225	11：39	0：02
62	鞍佐里神社	9.72	15,355	11：41	0：02
63	権現橋	9.84	15,532	11：43	0：02
64	中峯神社・八阪神社	9.92	15,662	11：44	0：01
65	くらさわや（桜えびの店）	10.04	15,852	11：46	0：02
66	「由比駅1.3km」標示板	10.16	16,039	11：48	0：02
67	大澤橋	10.57	16,693	11：54	0：06
68	Ｔ字路・「由比駅0.7km」標示板	10.75	16,972	11：57	0：03
69	中の沢二号橋	10.86	17,155	12：00	0：03
70	十字路（車のための案内板あり）	10.92	17,240	12：01	0：01
71	休憩	－	－	12：05	0：04

72	寺尾澤橋	10.97	17,331	12：06	0：01
73	寺尾歩道橋上り口	11.11	17,551	12：08	0：02
74	寺尾歩道橋渡り終わる	11.17	17,635	12：09	0：01
75	JR由比駅前（「由比町案内」）	11.36	17,938	12：13	0：04
2006年9月23日　総距離数11.36km、総歩数17,938歩、総所要時間4時間06分					

38日目

平成18年

由比－吉原

2006年10月19日木曜日

朝、寝台特急でJR沼津駅に着く。荷物を駅ロッカーに預けて再び電車で今度は逆行してJR由比駅へ向かう。

写真１　JR由比駅前（新しいデジカメでの初写真）

駅前に立つ（写真１）。９時28分。天気はいいが体調が最悪。夕べの食事がいけなかったか。また頭痛も少しある。途中で止めることも考えながら歩き始める。[※1]

住宅と商店の並ぶ道（県道370号）を歩き始める。蒲鉾店「いちうろこ」の看板には「創業文政元年」とあった。静岡県庵原郡由比町今宿[※2]を歩く。商店が連なるが人の姿は見ない。車も少ない。店としては先ほどのような魚関係の加工業が目立つ。由比漁港は東海道本線・国道１号富士由比バイパスを越えたところにある。清水銀行（＊由比・むつみ市場）の手前に豊積（トヨツミ）神社の石柱があり、道奥に鳥居が見えた（９時44分、1,412歩）。

和瀬川の共進橋を渡る。「桜えび通り」とある。ある店に「桜えび丼730円」とあった。由比町役場（＊由比生涯学習交流館）入り口を過ぎて由比川にかかる由比川橋に至る。この橋はまだ新しく車道も広く、両側に歩道がある。河川敷にはテニスコートがある。少し上っていくと左側に「馬の水呑場」、右側に脇本陣の説明板があり、すぐ先に由比本陣公園がある。ここには東海道廣重美術館もある（写真２）。館にも向かい側の由比正雪（ユイショウセツ）生家跡にも寄らずに歩く。由比町由比（＊清水区由比）の民家前に「一里塚跡」の石柱が目立たぬように置かれていた。

少し広くなって片側１車線の道となる。ほぼ真っすぐだった道が左へ曲がると酒造会社の煙突が見える（写真３）。神沢（カンザワ）川の神沢川橋を渡る。ここからは静岡市清水区蒲原（カンバラ）神沢となる。道はすぐ県道396号へ合流（神沢交差点）する。県道は東名高速道路高架下、八木沢川の八木沢橋、堰沢川の堰沢川橋を経てJR蒲原駅に至る。蒲原堰沢、蒲原中、蒲原小金と歩く。蒲原西小学校入り口前の歩道橋に「沼津28km　富士12km」の案内標識があった（10時40分、6,813歩）。

写真２　由比本陣公園　東海道廣重美術館

写真３　左に清酒「正雪」の会社

向田川の向田川橋手前に蒲原体育館・蒲原文化センター（＊蒲原生涯学習交流館）があり、入り口に蒲原宿（シュク）の案内板があった。蒲原支所入り口を過ぎて橋を渡り、進むと左側の和歌宮神社入り口に鳥居がある。道奥に神社が見える。交差点角に「蒲原宿西木戸」標柱ほかの案内がいろいろあり、ここを左折する。突き当たりを右へ道なりに曲がり、蒲原３丁目を歩く。「旧五十嵐歯科医院」は町家を洋風に増改築したものだという。国の登録有形文化財である。高札場跡、若宮神社入り口、本町会館を過ぎると「西本陣（平岡本陣）跡」がある。今は民家とのことで見学はできないようだ。その向かい側

写真４　旅籠風茶店

に茶店風の古い建物があり、昔日の旅籠の風情がある（写真４）。山居沢川（サンキョザワ）の橋たもとに「夜の雪記念碑」の案内板があった。広重の有名な作品であるが、私はなぜか「雪の蒲原」[※3]と記憶している。またその舞台は坂道のはずだが（11時04分、8,733歩）。

写真５　なまこ壁の家

左手に「なまこ壁」の家が復元されていた（写真５）。道奥に八坂神社、続いて龍雲寺を見て蒲原２丁目の町を歩く。道は諏訪橋に至る。この橋は日本軽金属の発電所の導水管の上にある。右手にある県道396号と東海道本線の向こうにはその大きな工場がある。橋を渡ったところに蒲原宿東木戸跡の案内板・標柱があった。少し上っていくと民家の間に小社があり、その前に「一里塚」と刻まれた大きな石柱がある。谷津沢川の橋を渡ったところで出会った群馬の男性は、「浄瑠璃姫の墓へ参ってきた」と言う。別れに「薩埵峠は大変ですよ」と忠告する。そのまま行こうとすると、そばで話を聞いていた老婦人が是非お墓へと勧めたが、今回はちょっと、と丁重にお断りした。

左折して蒲原１丁目の坂を上る。光蓮寺がある。そしてこの坂があの広重の名画「蒲原　夜之雪」の舞台ではないかと思ったがどうだろうか（写真６）。上り切って少し下ったところに東名高速の陸橋があり、渡り切ったところに富士川町[※4]の境標示があった。下ったところから高速を挟んだ向かい側に、共立蒲原総合病院がある。少し行った民家の前に「明治天皇御駐輦（チュウレン）之趾」の石柱があった。ここで少し休憩して資料を確認する（11時40分、11,740歩）。

写真６　蒲原の坂

分岐路となるので、迷ったが、狭い直進の道を選び、左へ進んだ。道は新幹線に突き当たるが、線路下へ狭い歩行者用のトンネルがあったのでくぐり抜ける(写真７)。出ると家々の間の狭い道が続く。進むと道は先ほどの分岐路の右の道と合流する。右の道のほうが広くて歩くべき道だったのかも。宇多利神社・宇多利児童館への道入り口を過ぎてから上りとなる。左手の崖

写真７　新幹線下の歩行者用トンネル

下に駐車場を持つ大きい菓子店がある。下って分岐路を右へ行く。小池川の小池橋からまた上っていく。東名高速道路に沿って道は曲がり、Ｔ字路を右折して富士35トンネルを抜ける。そこに「吉原宿(シュク)」「蒲原宿」と方向を示す案内標柱があった（12時02分、13,374歩）。

下ったところの分岐路の左の道を行くべきところを、うっかり右側の道へ下っていってしまい、気がついて愕然、分岐路まで引き返した。11分間の無駄な歩きだった。こういうとき、記録では休憩としてある。家々の間を抜ける道はやがて広い道（県道188号）へ出る。ここを左折するが、右折すれば富士川郵便局を経てJR富士川駅へ行くことができる。道が大きく右へ曲がる左手に富士川第一小学校、隣り合って富士川町役場（＊富士川まちづくりセンター）がある。その道が左へ曲がるところに「史跡 一里塚」の石柱があった(写真８)。新豊院を経て八坂神社への入り口である十字路がある。その角を過ぎると左側に「歴史国道 東海道」の案内板があり、また「西條少将小休」の札を掲げた黒塗り門があった。何とか岩淵宿場の跡をと思って見回しな

写真８　正面が岩淵の一里塚

がら進むが、私には住宅街でしかなかった。光栄寺手前のＴ字路を右折する。すると富士川が目に入る。坂を下って県道10号に出る。車が連なっていた。

写真９　富士川橋

富士川に架かる富士川橋を渡る（写真９）。道は県道396号となる。橋中央に富士市の境標示があった。私が見た富士川には白い鳥が数羽いた。橋を渡り切ったところに水神社があり、また「富士川渡船場跡」石碑がある（12時57分、16,920歩）。

県道を歩いていくと歩道橋のある４差路があり、ここから左へ折れてみた。水路に沿って家々の間の道を歩き、また県道396号へ出た。そこに案内の「左東海道」の石柱があったので多分正しい道だったのであろう。左折して橋下バス停を経て橋下交差点、JR身延線柚木駅高架下（写真10）を過ぎると、「ラーメンちくば」があるのでその右側の道へ入る。富士市柚木の街を歩く。しばらく歩いて行くと右側に「札の辻跡」と記した道標があった。次第に中心街に近づいている。金正寺と栄立寺が道路を挟んで相対しているところに出た。さらに進んで行くと富士市の中心街である本町のアーケード通りに出る。JR富士駅に行く道である。ここを横断して富士第一小学校前を通り、県道396号の本市場の交差点を横断する。ここに「間宿（シュク）　本市場」の道標があった。この手前に一里塚があるのだが、うっかり見逃した。そこで戻って探したが分からなかった（13時47分、21,001歩）。

写真10　身延線柚木駅高架下

横断した県道396号から左に入る道を東へ進んで行くと広い通りに出た。見ると「旧東海道跡地」の石柱が道の真ん中の分離帯にある。失礼して強引に横断した。横断しながらふと見ると、遠くに警官の姿が見えた。川（下堀）を越えると富士総合庁舎前に出る。話しかけてきたご老体に「富士は」と聞くと指差す。なるほどよく見るとかすかに黒っぽい影のような姿があった。総合庁舎北交差点を過ぎると左手に「塔の松跡地」の案内板があった。道脇に東海道の標示もある。東へ進み、塔の木交差点を過ぎる。潤井川の富安橋を渡って公園手前の白いマンション前の道へ右折し、県道396号へ出て左折する。５差路の高島交差点へ出る。ここで正面の寿司屋の東側の道へ入る。ここを進んで青葉通りに出てから錦町交差点を横断してほんの少し国道139号を歩くが、錦町北交差点ですぐ右へ入り、県道22号を歩く。小潤井川の志軒橋を渡る。「吉原宿西木戸跡」の道標がある（写真11）。中央町１丁目８の角に「妙祥寺」の標柱があるところから県道22号の案内標識に従って左折して進む。吉原本町通りに出る。右折して賑やかな通りを歩く。通りには「吉原宿」の提灯が並んでいる。店の入り口に「次郎長と鉄舟の常宿」とあった。宮崎釣具店前の交差点で休憩する（14時48分、26,527歩）。

写真11　吉原宿西木戸跡

岳南(ガクナン)鉄道（＊岳南電車）吉原本町駅の踏切を越えて進むと和田川に架かる平家越え橋に至る。右に工場が並ぶ道を南へ向かう。交差点そばの道の右側に松の木があり、「名勝左富士」の案内板があった（写真12）。その交差点を横断してすぐ右手に左富士神社があり、「吉原宿跡」の道標があった。道は新幹線と国道１号の二つの高架をくぐる。吉原駅入口交差点で、コンビニの横の筋（県道171号）へ入るところを間違って国道139号へ進んだ。間違いに気づき、引き返した。この時、足に違和感を覚えた。改めて県道171号へ入る。沼川の河合橋を越えてまもなく吉原駅北口交差点に至る。今日はここで終わる

写真12　「名勝左富士」の案内板

ことにした（15時50分、30,211歩）。

両足共に大きなマメができていた。とても明日以降歩ける状態ではない。体調も悪い。従って旅を終えることにした。結果的には失敗であった。三島の宿泊予定のホテルでシャワーなど浴び一夜分を支払い、その後駅で特急はやぶさを数時間待って乗り、翌朝博多駅からは高速バスに乗って帰った。帰宅してからすぐ靴を買い替えた。マメは治るまで１週間かかった。思えばデジカメの不調が不運の始まりだったのか。結局2006年の旅はこの日が最後となった。

※１　この日はもう一つ不安があった。出発前日デジカメが不調になり、しかたなく前日デジカメを博多で買い求めて、車中で一生懸命扱いを覚えたばかりだったからだ。
※２　今の清水区由比今宿。由比町は2008（平成20）年に静岡市清水区となる。
※３　広重の作品名は「蒲原　夜之雪」。
※４　富士川町は2008年に富士市に編入合併した。

※距離、歩数はその日のスタート地点からの数値を示す。距離は当時の著者の歩幅をめどに計算している。

各順	地　点	距離(km)	歩数（歩）	通過時刻（時：分）	所要時間（分）
1	JR由比駅前（「由比町案内」）	0.00	0	9：28	0：00
2	蒲鉾店「いちうろこ」	0.51	809	9：37	0：09
3	豊積神社	0.90	1,412	9：44	0：07
4	和瀬川・共進橋	1.04	1,630	9：47	0：03
5	由比町役場入り口	1.21	1,902	9：50	0：03
6	由比川・由比川橋	1.43	2,258	9：54	0：04
7	由比本陣公園	1.74	2,745	9：59	0：05
8	「一里塚跡」の石柱	2.08	3,276	10：04	0：05
9	神沢川・神沢川橋	2.35	3,707	10：10	0：06
10	県396号と合流（神沢交差点）	2.45	3,861	10：12	0：02
11	東名高速高架下	2.57	4,056	10：14	0：02
12	八木沢川・八木沢橋	2.92	4,612	10：19	0：05
13	JR蒲原駅	3.29	5,190	10：24	0：05
14	蒲原西小前歩道橋（富士12km）	4.32	6,813	10：40	0：11
15	向田川・向田川橋	4.42	6,979	10：43	0：03
16	和歌宮神社入り口	4.91	7,747	10：53	0：10

17	蒲原宿西木戸標柱（左折）	4.95	7,819	10：54	0：01
18	西本陣	5.48	8,656	11：03	0：09
19	山居沢川（「夜の雪記念碑」案内板）	5.53	8,733	11：04	0：01
20	八坂神社	5.59	8,825	11：06	0：02
21	龍雲寺	5.82	9,181	11：10	0：04
22	諏訪橋（日軽金導水管の上）	5.98	9,444	11：13	0：03
23	「東木戸跡」案内板	6.05	9,548	11：14	0：01
24	一里塚跡	6.21	9,811	11：18	0：04
25	谷津沢川	6.32	9,974	11：20	0：02
26	左折し坂へ	6.35	10,031	11：21	0：01
27	光蓮寺	6.41	10,121	11：22	0：01
28	高速陸橋（富士川町へ）	6.96	10,990	11：32	0：10
29	明治天皇御駐輦之趾	7.44	11,740	11：40	0：08
30	休憩	–	–	11：43	0：03
31	分岐路（左の狭い道へ）	7.54	11,912	11：45	0：02
32	新幹線線路下へ（歩行者用トンネル）	7.69	12,150	11：47	0：02
33	宇多利神社入り口	8.01	12,653	11：54	0：07
34	小池川・小池橋	8.29	13,097	11：58	0：04
35	東名高速富士35トンネルへ右折	8.47	13,374	12：02	0：04
36	分岐路左へ	8.60	13,580	12：05	0：03
37	休憩	–	–	12：16	0：11
38	広い道（県188号）へ出る（左折）	8.89	14,034	12：21	0：05
39	富士川第一小学校・富士川町役場	9.40	14,838	12：28	0：07
40	史跡岩淵の一里塚	9.49	14,991	12：32	0：04
41	新豊院	9.75	15,405	12：35	0：03
42	八坂神社入り口十字路	9.93	15,677	12：39	0：04
43	光栄寺手前右折	10.23	16,151	12：44	0：05
44	県10号に出る	10.38	16,393	12：47	0：03
45	富士川・富士川橋（県396号）	10.46	16,519	12：50	0：03
46	富士市境標示	10.62	16,778	12：53	0：03
47	水神社・渡船場跡	10.71	16,920	12：57	0：04
48	４差路・歩道橋下（左へ）	11.23	17,737	13：05	0：08
49	県396号へ・橋下バス停	11.56	18,263	13：12	0：07
50	県396号橋下交差点	11.69	18,468	13：14	0：02

51	JR身延線柚木駅高架下	11.87	18,742	13：17	0：03
52	ラーメンちくば・4差路を右へ	11.94	18,864	13：19	0：02
53	「札の辻跡」道標	12.52	19,766	13：32	0：13
54	金正寺・栄立寺	12.64	19,961	13：35	0：03
55	富士市本町13（静岡中央銀行）	12.81	20,239	13：39	0：04
56	富士第一小学校	12.98	20,495	13：42	0：03
57	県396号本市場の交差点	13.30	21,001	13：47	0：05
58	休憩	−	−	13：50	0：03
59	広い通りを横断	13.51	21,333	13：54	0：04
60	川（下堀）越える	13.58	21,448	13：55	0：01
61	総合庁舎北交差点	13.85	21,883	14：00	0：05
62	塔の松跡地	13.92	21,983	14：02	0：02
63	潤井川・富安橋	14.63	23,106	14：13	0：11
64	県396号へ出る	14.77	23,323	14：15	0：02
65	高島交差点（寿司屋筋へ）	14.94	23,599	14：18	0：03
66	青葉通り・錦町交差点（国139号）	15.52	24,513	14：26	0：08
67	右へ（県22号）	15.67	24,748	14：29	0：03
68	小潤井川・志軒橋	15.71	24,819	14：30	0：01
69	「妙祥寺」標柱（左折、県22号進む）	16.18	25,557	14：37	0：07
70	吉原本町通り（右折）	16.32	25,781	14：39	0：02
71	「次郎長・鉄舟の常宿」看板（鯛屋旅館）	16.36	25,852	14：41	0：02
72	宮崎釣具店前の交差点（県171号へ）	16.79	26,527	14：48	0：07
73	休憩	−	−	14：53	0：05
74	岳南鉄道吉原本町駅踏切	16.89	26,686	14：54	0：01
75	平家越え橋	17.49	27,651	15：02	0：08
76	左富士前の交差点	18.05	28,527	15：12	0：10
77	左富士神社・「吉原宿跡」道標	18.18	28,737	15：16	0：04
78	高架下（新幹線・国1号）	18.58	29,378	15：21	0：05
79	休憩	−	−	15：24	0：03
80	国139号より右へ入る（県171号）	18.85	29,803	15：26	0：02
81	休憩	−	−	15：42	0：16
82	沼川・河合橋	19.06	30,132	15：49	0：07
83	JR吉原駅北口交差点	19.11	30,211	15：50	0：01
2006年10月19日　総距離数19.11km、総歩数30,211歩、総所要時間6時間22分					

富士川上流の眺め、先に見えるのは東名高速道路

本町通りの町並み（提灯に吉原宿）、写真のそば屋には「次郎長の常宿」とある

39日目

平成19年

吉原－三島

2007年３月６日火曜日

朝、夜行特急富士・はやぶさでJR沼津駅に着く。１時間の延着だ。荷物を駅ロッカーに預けて、再び電車で、今度は逆行して吉原へ向かう。

写真１　正面・日本製紙、右・東海道本線

吉原駅北口交差点に立つ。10時06分。今日は少し雲はあるが快晴に近い。富士山の雄姿が眺められる。歩き始めた道はすぐ左に曲がり、JR東海道本線の線路に沿って進む(写真１)。線路と並行した道は日本製紙鈴川工場前で踏切を横断する。T字路となるので「左富士」の道標がある富士市鈴川東町２番４の角を左折する。両側には商店もあるが、基本的には住宅街である。右側に石段があり、上段に「毘沙門天王」の文字を刻んだ石柱があり、鳥居が見えた。元吉原小学校への入り口を過ぎると大野新田(オオノシンデン)に入る。道は２車線、両脇は住宅が並ぶ。３階建て以上のビルもない。富士マリンプール入り口を過ぎてすぐ道は檜交差点で北西から来た県道380号に合流する（10時44分、3,441歩)。

ここからは県道380号を歩く。歩いてきた道には県道170号の案内標識があった。車の往来はそんなに多くなく、建物は住宅が中心であるが農家もあるようだ。平屋が多いので屋根の上に富士が浮かぶ。道は田中新田から檜新田へと進み、また田中新田となるが、その境目近くに愛鷹(アシタカ)神社があった。沼田新田に入る。ここに昭和放水路があり、広沼橋が架かる。道はほぼ真っすぐに東へ向かう。西柏原（カシワバラ）新田の柏原二丁目交差点を過ぎたところに立圓寺（リュウエン）がある。JR東田子の浦（ヒガシタゴノウラ）駅入り口の交差点を過ぎてすぐのところに六王子神社がある。東柏原交差点で道は分岐し左に向かうが、千本松原を見たくていったん右へ向かい、海岸を目指した（11時20分、6,667歩）。

この間は記録上は休憩とした。海岸は確かに多数の松の木が並び広がっているが、海との間は白いコンクリートの護岸壁が延々と続いていた（写真２）。その上を何のグループか分からなかったが、中高年の団体が東方面から「せから（さわが）しく（しく）」歩いてきた。

写真２　千本松原の海岸

私は東柏原交差点に戻り、再び歩き始めた。県道163号を歩く。車は急に少なくなった。沼津市植田に入る。東海道本線植田踏切を渡って桃里を歩く。マンションがある。浅間愛鷹（センゲンアシタカ）神社を過ぎてしばらく行ったところに「おにぎりの店」があったので立ち寄り暫時休憩した（11時57分、9,361歩）。

沼津市一本松に入り、西一本松バス停近くに大通寺がある。沼津自動車検査登録事務所入り口を過ぎてすぐ沼津市原へ入る。沼川第二放水路に架かる新田大橋を渡る。原小学校前を過ぎると、ある家の前に自由に汲める水道があり、２リットルボトルに詰めている人がいた。JR原駅入り口付近ではビルや車が目立つ。原交番東交差点に旧東海道の標示がある。ここから県道165号は北へ向かう。私は県道163号を直進する。松蔭寺を過ぎて大塚に入る。髙木神社、秋葉神社、神明宮を経て東海道本線原踏切を渡る。そこに三本松バス停があり、右側に松原温泉旅館がある（写真３）。すぐのところに沼津大塚郵便局がある。ここで休憩した（13時04分、

写真３　原踏切と松原温泉旅館

15,404歩)。

左側の東海道本線向こうには市営・県営の今沢団地がある。左側に愛鷹病院（＊愛鷹クリニック）、沼津信用金庫などがある。祥雲寺を過ぎ、JR片浜駅への曲がり角に警備員がいた。右側にある西友の駐車場整理のためのようだ。ここから沼津市松長に入る。蓮窓寺、コンビニを過ぎると道は大諏訪（オオズワ）に入る。吉祥院、榮昌寺を経て片浜小学校前で信号が変わるのを待つ。ここに沼津市片浜市民窓口事務所もある。清玄寺前の東大諏訪バス停を過ぎてまもなく道は小諏訪（コズワ）に入る。左手に諏訪神社、小諏訪公民館があり、その向かい側に沼津片浜郵便局がある。バスが追い越したので見ると「東京行き」とあった。八幡宮、コンビニを過ぎ、西間門（ニシマカド）バス停を経て、道は西間門交差点で南側に並行していた千本街道（県道380号）と交差する（14時09分、20,819歩、写真4）。

写真4　西間門交差点へ

X字形に交差する道を、同じくX字形の歩道橋で横断する。ここから千本街道は北側を「旧国一通り」として走る。私が引き続き歩く道は「永代橋通り」という。歩道橋を下りると交番があり、間門橋（新中川）を渡る。右側に妙傳寺がある。草刈川と書いてある小橋を渡る。道は西高入口交差点で斜め左へ入る「御成橋通り」と分岐するが、私はそのまま永代橋通りを歩く。幸橋（サイワイ）（子持川）を渡り、幸町の商店街アーケードを歩く。浅間（センゲン）町交差点にある浅間神社には丸子神社と二つの石柱があった。次の交差点で静岡銀行角を左折する。下本町（ホンチョウ）から本町へ向かって歩く。

写真5　「沼津宿」道標、右折して御成橋通りへ

県道160号の案内標識がある。車が少ないのを見て向かい側の歩道へ渡ると沼津本町郵便局があった。道は御成橋通りに出るので右折する（写

真５）。その角に沼津宿の道標があった。三島までは「一里十四町」とある。次の通横町交差点で今度は左折する。東急ホテル（＊沼津リバーサイドホテル）前を通り、静岡中央銀行と静岡銀行の間の道へ右折する。道入り口に「川廊通り」の案内石柱があり、道も洒落たブロック舗装である（写真６）。川に沿った道は旧国一通り（県道380号）に出る。南にある三園橋へ向かう道を三枚橋町歩道橋を渡って横断する（15時00分、24,574歩）。

写真６　川廊通り（沼津市大手町４丁目）

旧国一通りを歩道橋から350mほど歩いたら右へ入る道がある。入り口に「特電」という会社がある。この道を行くとゆるやかに左へカーブする。その手前に一里塚跡がある。道は黒瀬橋下を通ると川の堤防沿いとなる。風が強いので寒い。道は大岡に入り、まもなくふたたび旧国一通りに出る。大きな西友があり、その北に大岡公園や大岡南小学校がある。東下石田交差点で分岐路を右の道（県道145号）へ入ったところにきせがわ病院がある。歩いていくと「木瀬川」「黄瀬川」の２通りの表示が見られる。潮音寺前の説明板には「黄瀬川村」とある。連絡板には「木瀬川自治会」とある。道を少し上ったところに「きせ川（＊黄瀬川）」の文字が見えた（写真７）。工事中なので警備員の指示で黄瀬川橋を渡るが、歩道がないので、走るようにして渡った。橋中央部を過ぎると駿東郡清水町である。道は少し上る。左手に智方神社がある。平坦になった道は角にコンビニがある交差点に至るので、ここで少し休憩する。道をさらに上ると八幡神社鳥居があり、入り口に大きく「対面石」と書かれた看板が立っていた。源頼朝・義経の黄瀬川の対面の故事による（15

写真７　黄瀬川

写真8　清水町の八幡神社（頼朝・義経対面石がある）

写真9　清水町宝池寺「伏見一里塚」

時51分、28,886歩、写真8）。

清水町長沢の街道を歩く。八幡交差点で国道1号を横断して県道145号を進む。玉井寺があり、向かい側には宝池寺がある。そこに「伏見一里塚」があった（写真9）。玉井寺側にもあるのだが見つけられなかった。三島清水郵便局の辺りは清水町新宿という。すぐ先の左側に常夜燈があり、説明板もある。「さかひかはは し」（境川橋）を越えると三島市加屋町である。善教寺の白道（ビャクドウ）保育園から園児親子2組が出てきた。誰彼となく元気に挨拶する。すぐ先の林光寺は改築中だった。交差点を過ぎて広小路踏切に出る。そこに伊豆箱根鉄道三島広小路駅がある。広小路のアーケードを歩く。うっかり源兵衛橋（源兵衛川）を見落とすところだった。車の多い本町の交差点を直進する（写真10）。案内標識には県道22号とある。箱根に向かうバスが走る。三島中央町郵便局を経て三嶋大社にやっと着

写真10　箱根に向かう県道22号（本町の交差点）

写真11　三嶋大社

いた。鳥居は大きすぎてデジカメに入りきらなかった（16時42分、33,443歩、写真11）。

※距離、歩数はその日のスタート地点からの数値を示す。距離は当時の著者の歩幅をめどに計算している。

各順	地　　点	距離(km)	歩数（歩）	通過時刻（時：分）	所要時間（分）
1	吉原駅北口交差点	0.00	0	10：06	0：00
2	鈴川踏切	0.38	596	10：13	0：07
3	鈴川東町2-4角左折	0.44	684	10：17	0：04
4	「毘沙門天王」石柱	0.93	1,465	10：25	0：08
5	元吉原小学校入り口	1.20	1,886	10：29	0：04
6	石屋前バス停	1.69	2,661	10：36	0：07
7	檜交差点	2.18	3,441	10：44	0：08
8	愛鷹神社	2.54	4,011	10：50	0：06
9	昭和放水路・広沼橋	3.14	4,959	11：00	0：10
10	柏原二丁目交差点	3.47	5,478	11：07	0：07
11	東田子ノ浦駅前交差点	3.76	5,939	11：12	0：05
12	中柏原交差点	4.00	6,318	11：16	0：04
13	東柏原交差点	4.22	6,667	11：20	0：04
14	休憩	－	－	11：29	0：09
15	沼津市境標示	4.50	7,098	11：34	0：05
16	植田踏切	4.78	7,538	11：39	0：05
17	桃里桜地蔵尊入り口	5.07	7,998	11：43	0：04
18	浅間愛鷹神社	5.62	8,879	11：53	0：10
19	手作りおにぎりの店	5.93	9,361	11：57	0：04
20	休憩	－	－	12：00	0：03
21	大通寺	5.99	9,458	12：01	0：01
22	三社宮	6.28	9,919	12：06	0：05
23	東一本松バス停	6.85	10,818	12：14	0：08
24	沼津自動車検査登録事務所入り口	6.99	11,034	12：17	0：03
25	新田大橋	7.33	11,575	12：23	0：06
26	原小前バス停	7.95	12,558	12：32	0：09
27	原駅入口交差点	8.16	12,887	12：36	0：04
28	浅間神社	8.52	13,453	12：42	0：06
29	原交番東交差点	8.56	13,523	12：43	0：01

30	松蔭寺	8.72	13,766	12：46	0：03
31	髙木神社	9.04	14,268	12：51	0：05
32	秋葉神社	9.14	14,427	12：53	0：02
33	神明宮	9.35	14,766	12：57	0：04
34	原踏切渡る	9.62	15,199	13：01	0：04
35	沼津大塚郵便局	9.75	15,404	13：04	0：03
36	休憩	－	－	13：12	0：08
37	T字路（交差点、直進する）	10.01	15,808	13：16	0：04
38	祥雲寺	10.20	16,106	13：20	0：04
39	片浜駅への曲がり角・西友	10.50	16,580	13：25	0：05
40	蓮窓寺	10.85	17,129	13：30	0：05
41	吉祥院	11.34	17,911	13：38	0：08
42	片浜小学校	11.54	18,221	13：42	0：04
43	沼津片浜郵便局	12.45	19,662	13：57	0：15
44	八幡宮	12.80	20,212	14：03	0：06
45	西間門交差点	13.18	20,819	14：09	0：06
46	西間門歩道橋（横断終わる）	13.24	20,908	14：10	0：01
47	新中川・間門橋	13.35	21,092	14：13	0：03
48	妙傳寺	13.47	21,279	14：15	0：02
49	草刈川	13.75	21,713	14：20	0：05
50	分岐（永代橋通りへ）	13.89	21,943	14：23	0：03
51	幸橋	14.16	22,370	14：27	0：04
52	浅間神社（丸子神社）	14.46	22,846	14：33	0：06
53	静岡銀行（角左折）	14.55	22,988	14：35	0：02
54	沼津本町郵便局	14.66	23,160	14：37	0：02
55	交差点（右折）・沼津宿道標	14.85	23,450	14：40	0：03
56	通横町交差点（左折、さんさん通りへ）	14.92	23,563	14：42	0：02
57	静岡中央銀行	15.07	23,810	14：46	0：04
58	休憩	－	－	14：51	0：05
59	川廊通りへ（静岡銀行手前右折）	15.10	23,851	14：52	0：01
60	旧国一通り（県380号）へ出る	15.35	24,250	14：56	0：04
61	三園橋交差点	15.46	24,416	14：58	0：02
62	三枚橋町歩道橋（南に三園橋）	15.56	24,574	15：00	0：02
63	旧国一通りより右へ	15.88	25,080	15：06	0：06

64	一里塚跡	16.03	25,324	15：09	0：03
65	国交省浪人川排水機場	16.39	25,888	15：15	0：06
66	旧国一通り（県380号）へ出る	16.57	26,169	15：18	0：03
67	西友・大岡南小学校	16.80	26,538	15：23	0：05
68	東下石田交差点（右へ）	17.27	27,277	15：30	0：07
69	八幡神社入り口	17.64	27,868	15：37	0：07
70	黄瀬川・黄瀬川橋（仮橋）	17.88	28,236	15：42	0：05
71	きせ川（橋渡り終わる）	17.96	28,369	15：43	0：01
72	交差点・コンビニ	18.22	28,776	15：48	0：05
73	休憩	－	－	15：50	0：02
74	八幡神社、頼朝・義経兄弟「対面石」	18.29	28,886	15：51	0：01
75	国1号横断（県145号直進）	18.79	29,678	15：58	0：07
76	玉井寺・宝池寺（伏見一里塚）	18.94	29,921	16：02	0：04
77	三島清水郵便局	19.38	30,616	16：09	0：07
78	常夜燈	19.63	31,001	16：13	0：04
79	さかひかはし	19.78	31,247	16：16	0：03
80	善教寺・白道保育園	19.87	31,388	16：18	0：02
81	林光寺（改築中）	19.99	31,584	16：20	0：02
82	交差点（西本町11）	20.22	31,940	16：25	0：05
83	広小路踏切・三島広小路駅	20.47	32,335	16：29	0：04
84	本町の交差点	20.52	32,409	16：30	0：01
85	三島中央町郵便局	20.91	33,028	16：37	0：07
86	神社前の交差点（大社町西交差点）	21.10	33,323	16：40	0：03
87	三嶋大社	21.17	33,443	16：42	0：02
2007年3月6日　総距離数21.17km、総歩数33,443歩、総所要時間6時間36分					

富士山

40日目

平成19年

三島ー箱根

2007年３月７日水曜日

朝、沼津駅で乗車、一駅先の三島で下車。重い荷物はロッカーに預けた。それから三嶋大社に着き、歩き始めたのは７時20分。

写真１　新町橋からの富士（写真に出ず）

写真２　JR旧東海道踏切

三島市大社町を歩く。歩く街道は県道22号である。日の出町に入る。交差点手前に弘法大師旧跡薬師院の入り口がある。そのすぐ先に守綱八幡神社がある。道は少し左へ曲がりゆっくり下る。新町橋（大場（ダイバ）川）を渡る。橋中央に「三島市眺望地点」とあり、富士を眺めることができた（写真１）。本線は、駒形橋へと右へ大きく曲がるが､街道はそのまま真っすぐ進む。街道の入り口の箱根旧街道の道標に「箱根峠」と書かれていた。愛宕橋（山田川）を渡ると、急な上りとなる｡前を女子中学生が行く。分岐路を左へ上る｡JR旧東海道踏切（写真２）を横断すると箱根旧街道の案内図がある。

ブロックや石畳の急坂を上って三島東海病院に沿って行くと､「愛宕坂」との案内があった。国道１号五本松交差点に至る。国道１号上り線脇の歩道を歩く。ここに「箱根旧街道・松並木」の説明板があった。松並木が日差しを遮っている。驚いたのは見知らぬ私に家々から出てきた人がごく自然に挨拶されることだ。緩やかな石畳道を行くと初音入口バス停があり、レストランの案内看板もある。初音ヶ原歩道橋（写真３）を渡って市道を越えてすぐ、錦田一里塚に至る。

写真３　初音ヶ原歩道橋から北を望む

国道を挟んで北塚、南塚の二つがある（８時04分、3,345歩）。

進んでいくと工事中で、仮設（富士見ヶ丘）バス停の案内があり、右へ横断するようになっていた。今度は国道１号右側の歩道を歩く。国道１号を挟んでこちらも工事中だった。塚原新田交差点で国道を渡って左へ入り、T字路に突き当たるので右折して街道へ復し、塚原新田を上っていく。公民館前バス停を過ぎた先に宗福寺があった。２車線の道はまだ急ではない。人影は全くない。国道１号市山（イチノヤマ）新田交差点横に出て、国道１号やバス路から離れ、山道としか見えない旧道上り口に至る（写真４）。右は竹林、左は雑木林である。草が覆う石畳道を上っていくと臼転坂の道標があった。馬頭観世音を過ぎる辺りから石畳は消え、全くの山道と化して、この旧道は終わり、さっきの交差点から来るバス路に合流する。市山新田の緩やかな上りの道を歩く。市の山バス停を過ぎる。法善寺入り口辺りから坂は少しきつくなる。道は市の山新田（＊子供の森公園入口）交差点で分岐路となる。ここを左へ入る。

写真４　臼転坂（塚原新田）

写真５　題目坂口（上がったところに説明板）

角に道標と東海道の案内図がある。少し行くと右側に石段の道があるので上る（写真５)。上り切ったところに道標があり、「題目坂」とあった。ここのＴ字路を左へ。坂小学校グラウンドに沿って歩く。すると左手に法善寺旧址の石碑があった。富士の裾野まで見える絶好の眺望を楽しんで、再びバス路に合流する（９時08分、7,105歩)。

三ツ谷（ミツヤ）新田の道を上っていく。三ツ谷下バス停、三ツ谷簡易郵便局（＊JA三島函南)、三ツ谷バス停を経て松雲寺に至る。途中三島市内が一望できた。「三ツ谷新田発祥の地」標示を過ぎてすぐ旧道上り口である。「こわめし坂」の説明板がある。この下長坂は急勾配のために背中に背負った米が汗と蒸気で蒸されて「こわめし」みたいになったのでその名があると書いてあった。勾配のきつさに途中足を止めて、休み休み、笹原新田へ向かって上っていった。ここの坂はアスファルト舗装である。下に石畳があるのかもしれないが（写真６)。道の両脇に住宅が並ぶようになると幾分勾配が緩やかになる。笹原会館を過ぎてまもなくこわめし坂は終わり、国道１号[※1]へ出る。横断して正面の坂へ入る。すぐのところに笹原一里塚がある（９時46分、9,631歩)。

写真６　こわめし坂（三ツ谷新田)

畑の脇の石畳の道を上り切って下ったところに箱根旧街道の標柱があり、道はすぐ国道１号に出る。国道が大きく左へ曲がる地点から真っすぐ進んで上長坂（カミナガサカ）の石畳道へ入る。「箱根旧街道」の説明板がある（写真７)。小さな木々や竹の藪の中に開けた道を進む。農道と並行した道は最後に階段となって国道１号に出る。するとまた石畳が見えるので国道を横断して入る。

写真７　上長坂、石畳

そこに標柱その他がある。ここに富士見平茶屋が右側にある。石畳の道を上って国道１号へ出たら、正面に渡り、左側の歩道を少しの間歩く。横断歩道があるので横断、「箱根旧街道」の案内看板がある道へ入る。日も差し込まないような杉林の中の道を上る。杉林を抜け、国道１号を横断して正面の道へ入る。そこに山中城跡公園がある（写真８）。トイレや案内所もある。この道は車の往来も考えて広く、また石畳風のブロックにしてある。道はすぐ国道１号に出る。出てからしばらく家々はあるのだが歩道はない国道１号を歩く。道は山中城散策者のための歩道橋のところから大きく左へ曲がる。街道はここから右へ入る。道の入り口には「史跡 箱根旧街道」の石柱が立っている（10時37分、12,631歩）。

写真８　日本百名城山中城跡

入ってすぐのところに「雲助徳利の墓」と、その説明板がある。道は少しの間、右側に地域の道が並行する。「接待茶屋（セッタイヂャヤ）２㎞・箱根峠3.3㎞」とある辺りから上りとなり、国道１号までのこの区間を「小枯木坂」という。道は杉林の中を続く。途中に「一本杉石橋」の説明板があり、実物と思われるものがあった。国道１号へ出てから右歩道を歩き、農場前バス停手前より左歩道へ横断して歩く。「箱根旧街道」案内標識があるところから左へ折れ、すぐまた右へ入る。気持ちは畑の中を歩く感じである。枯野と雑木の間の石畳を上り、ヒノキ林に入ると「大枯木坂」と記された道標があった。歩いていくと数人のグループと会った。続く石原坂の石畳は大小様々な配列で歩きにくい。道の左は林、右はやぶである。坂はかなり急で、際限なく続く気がした。

写真９　接待茶屋バス停

途中に「念仏石」があった。道は石畳のない山道となって接待茶屋に至る。ここに接待茶屋バス停がある（写真９）。少し休憩して国道１号左側歩道を歩く。左へ上る石段が見えるので入る。「甲石坂（カブトイシザカ）」だそうだ。足場の悪い急坂の石畳道が約20分続いた。道は笹が両脇から覆い尽くさんばかりである。途中で三島市から田方（タガタ）郡函南（カンナミ）町となる。「兜石」と記した大きな案内板があり、そこに休憩所があった。すぐに普通のアスファルトの広い道へ出る。出口に「箱根旧街道・茨ヶ平（バラガダイラ）」の説明板があった（11時59分、17,273歩）。

道は国道１号の箱根エコパーキングに出た。案内に従い、その裏のブロック道を歩いて国道１号箱根峠交差点に出た。ここからが神奈川県足柄下（アシガラシモ）郡箱根町だ。ところがここで道を示す道標や案内板など一切見当たらなくなった。聞いたが分からない。私の地図も不十分だ。仕方なく横断してゴルフ場案内のある道へ入り上る。

写真10　正確な道は不明、高架下へ

下る時に道を左折し、国道１号へ出て、箱根新道架橋下（写真10）をくぐり、歩いていくと芦ノ湖へ下りる「挟石坂（ハサミイシザカ）」が見え、その坂を下る（写真11）。上ってくる人がいた。途中、「風越坂」「釜石坂」とあり、次の「赤石坂」は国道１号の下をくぐる。全て下り切った

写真11　ここから下る

写真12　箱根関所へ向かう

ところに「芦川の石仏群」があった。小さな橋の架かる芦川を渡る。県道737号へ出るので右折、国道１号に合流して左折、箱根関所南交差点、箱根駅伝ミュージアムを経て箱根町郵便局前に至る。箱根ホテル、観光おみやげ販売所を過ぎて、「箱根御関所」の看板のあるところから左折、人ごみの中を関所門前に着く（13時14分、21,844歩、写真12）。

箱根関所に入り、見学した。疲れた足に遠見番所への石段はこたえた。券は買ったが結局資料館へは行かなかった。

※１　この頃の三島－箱根間にある「国道１号」は、その後バイパスの完成により国道ではなくなった区間も多い。

※距離、歩数はその日のスタート地点からの数値を示す。距離は当時の著者の歩幅をめどに計算している。

各順	地　　点	距離(km)	歩数（歩）	通過時刻（時：分）	所要時間（分）
1	三嶋大社	0.00	0	7：20	0：00
2	弘法大師旧跡薬師院入り口	0.28	435	7：24	0：04
3	守綱八幡神社	0.40	626	7：26	0：02
4	大場川・新町橋	0.60	940	7：30	0：04
5	箱根旧街道の道標	0.93	1,466	7：37	0：07
6	山田川・愛宕橋	0.98	1,542	7：38	0：01
7	旧東海道踏切（JR）	1.14	1,794	7：41	0：03
8	五本松交差点	1.44	2,262	7：47	0：06
9	初音ヶ原の松並木（箱根旧街道・松並木）	1.60	2,522	7：50	0：03
10	初音入口バス停	1.86	2,924	7：57	0：07
11	錦田一里塚	2.12	3,345	8：04	0：07
12	国1号横断（工事中）	2.32	3,661	8：08	0：04
13	塚原新田交差点（横断）	2.66	4,195	8：15	0：07
14	Ｔ字路（右折）	2.77	4,361	8：17	0：02
15	公民館前バス停	3.02	4,764	8：22	0：05
16	宗福寺	3.10	4,887	8：24	0：02
17	旧道上り口（バス路の左へ）	3.59	5,670	8：34	0：10
18	休憩	－	－	8：36	0：02
19	旧道終わり（バス路に合流）	3.89	6,132	8：42	0：06

20	市の山バス停	4.05	6,396	8：45	0：03
21	法善寺	4.20	6,624	8：48	0：03
22	分岐路左へ（市の山新田交差点）	4.25	6,714	8：49	0：01
23	休憩	–	–	9：01	0：12
24	T字路左へ（坂小学校グラウンド）	4.36	6,887	9：04	0：03
25	法善寺旧址の石碑	4.43	6,996	9：06	0：02
26	バス路に合流	4.50	7,105	9：08	0：02
27	三ツ谷下バス停	4.78	7,538	9：14	0：06
28	三ツ谷簡易郵便局	5.00	7,892	9：18	0：04
29	三ツ谷バス停・松雲寺	5.19	8,189	9：21	0：03
30	「三ツ谷新田発祥の地」道標	5.48	8,657	9：27	0：06
31	旧道（こわめし坂）上り口	5.54	8,745	9：28	0：01
32	笹原会館	5.88	9,275	9：40	0：12
33	こわめし坂終わり（国1号横断、坂へ）	6.01	9,494	9：43	0：03
34	笹原一里塚	6.10	9,631	9：46	0：03
35	国1号へ出る	6.40	10,108	9：54	0：08
36	国1号から右へ（箱根二里八町の説明）	6.54	10,323	9：57	0：03
37	国1号へ出る（横断）	6.86	10,836	10：06	0：09
38	休憩	–	–	10：08	0：02
39	坂上り口（右に茶屋あり）	6.89	10,876	10：09	0：01
40	国1号へ出る（左側歩道）	7.18	11,341	10：15	0：06
41	国1号横断、旧道上り口へ	7.31	11,541	10：17	0：02
42	国1号横断（山中城跡公園）	7.63	12,046	10：26	0：09
43	休憩	–	–	10：30	0：04
44	国1号へ出る	7.73	12,202	10：32	0：02
45	国1号より右へ（「史跡箱根旧街道」石柱）	8.00	12,631	10：37	0：05
46	道標（箱根峠3.3km）	8.18	12,911	10：41	0：04
47	国1号へ出る	8.71	13,760	10：52	0：11
48	箱根旧街道標識より左へ	8.92	14,080	10：57	0：05
49	ヒノキ林へ入る（少し下り）	9.23	14,582	11：04	0：07
50	大枯木坂の道標	9.34	14,746	11：07	0：03
51	石原坂へ（右下は国1号）	9.43	14,888	11：09	0：02
52	念仏石	9.60	15,163	11：15	0：06
53	石畳終わり	9.91	15,644	11：26	0：11

54	国1号へ出る（接待茶屋バス停）	10.13	15,995	11：29	0：03
55	休憩	－	－	11：37	0：08
56	国1号から左の甲石坂へ	10.32	16,305	11：41	0：04
57	兜石案内・休憩所	10.90	17,218	11：58	0：17
58	広い道へ・「箱根旧街道・茨ヶ平」説明板	10.94	17,273	11：59	0：01
59	国1号箱根エコパーキング	11.28	17,819	12：06	0：07
60	休憩	－	－	12：08	0：02
61	箱根峠交差点	11.62	18,359	12：14	0：06
62	休憩	－	－	12：30	0：16
63	国1号へ出る（バイパス出口）	11.78	18,609	12：32	0：02
64	国1号から右へ（挟石坂、下り）	12.22	19,292	12：40	0：08
65	風越坂	12.37	19,540	12：44	0：04
66	釜石坂	12.52	19,780	12：47	0：03
67	赤石坂（国１号下くぐる）	12.66	20,002	12：50	0：03
68	下り切る（道路へ出る）	12.97	20,480	12：57	0：07
69	芦川渡る（小さな橋）	13.00	20,527	12：58	0：01
70	県737号へ（左折）	13.20	20,854	13：02	0：04
71	国1号箱根関所南交差点	13.36	21,101	13：04	0：02
72	箱根町郵便局	13.53	21,362	13：07	0：03
73	箱根関所へ左折	13.72	21,662	13：11	0：04
74	箱根関所門前	13.83	21,844	13：14	0：03
2007年3月7日　総距離数13.83km、総歩数21,844歩、総所要時間5時間54分					

関所を見る（遠見番所から）

41日目

平成19年

箱根－小田原

2007年３月８日木曜日

朝一番のバスで箱根までと思って行ったら、この期間は途中までしか行かないと言われた。確かにバス時刻表にもある。この勘違いで三島駅前で１時間潰す羽目になった。冬場はなるほどそうだなと理解した。いくら暖冬でも簡単に変えられないのだろう。

写真１　箱根の杉並木

写真２　元箱根港前の大鳥居

９時22分、箱根関所を出発する。関所を出て少し上って行くと駐車場があるので右折、国道１号に出て左折する。横断歩道で右側へ横断して、杉並木入り口に立つ。国道１号の右側に並行する砂利道を歩く（写真１）。「箱根旧街道杉並木」の説明板がある。道はまもなく国道１号へ出る。目の前に箱根芦ノ湖美術館[※1]がある。国道１号右側の路肩を歩く。大きな鳥居が見える（写真２）。左側に元箱根港があり、右側に成川美術館がある。鳥居手前から右側の道へ入る。「箱根旧街道石畳」の案内がある。すぐ日輪寺への入り口が右手にある。道両脇に杉並木が続く。しばらくして左手に案内などがあるのが見えるので横断する。箱根の功労者として江戸時代のケンペルと、その著書を大正時代に紹介したバーニーの肖像画入りの碑があった。すぐ先にある杉並木歩道橋を渡り、箱根旧街道案内図を見て、玉石の石畳道を上り始める。少し先に鳥居があり、そこに「権現坂」の石碑と、説明が記してある立て札があった。普通の道を横断してまた石畳道を上る。また道路があり、左にお玉観音堂がある。石畳道はここを横断して続く。案内板に「湯本まで二時間」とある。しばらく進むと「旧東海道」の説明板があり、ここが鎌倉時代の東海道と交わるところだ、とある。上って行くと「箱根八里は……」と歌われた歌の碑があった。土に埋もれている石畳道を上る。甘酒茶屋と畑宿への案内標示がある。そこからまもなく道は下りとなる(写真３)。ゆっくり上ってきた年輩の夫婦が「甘酒茶屋が見当たらなかったので引き返している」と言った。下って行くと「石だたみについて」と題した説明板があった。さらに下ると「箱根の森」などの道標があった。国道１号から分かれて下ってきた県道732号に出る。旧街道石畳バス停がある。横断してまた街道に入る(10時32分、3,506歩)。

写真３　石畳道が下りに

しばらく石畳のない道となる。しかしまた石畳道となって甘酒茶屋へ至る。「甘酒茶屋について」の説明板があり、また同じ名の店がある(写真４)。道はここで県道に接し、甘酒茶屋バス停がある。畑宿への案内を見て再び道を歩き始めるが、一見、道がはっきりしないようなところを過ぎて追込坂は終わった。ここで県道732号の左路肩を歩き、石段が見えるので上る。この道は県道の側壁上にあり、下ると近道とな

写真４　甘酒茶屋

写真５　県道へ出る

写真６　山根橋

り、また県道へ出る（写真５）。ここで県道を横断して右側へ、案内に従い、また石段を下りて猿滑坂を下る。沢に架かる木製橋、コンクリート橋、甘酒橋と書かれた道標がある木製橋を渡る。木目調のコンクリートの山根橋を渡る（写真６）。「1.5KM畑宿」の道標があるところがT字路となり、左へ上れば上の県道へ出るが、右へ進み、急な石段を下る。下の県道へ出るがすぐまた旧道へ入る。樫木坂（カシノキザカ）との説明板がある。県道へ出ると樫の木坂バス停がある。箱根新道陸橋下を進み、道が曲がるところでまたくぐる。下っていくと県道が曲がるところに石段があるので、石段を下り、県道へ出て歩く。同じようなところがあるが、今度は「箱根旧街道」の道標がある。石段を下って石畳道を歩く。途中に箱根旧街道や石畳の構造の説明板がある。しばらく下ると畑宿一里塚に出る（11時41分、7,950歩）。

県道732号に出る。畑宿バス停がある。県道を下っていくと本陣跡バス停の前に本陣跡・旧茗荷屋（ミョウガヤ）庭園があった（写真７）。横に「つたや」とあるが説明は見当たらなかった。県道が大きく左へ曲がるところより右へ入る。杉林の中の石畳を歩き、大沢※2に架かる仮設の小さな板橋を渡る。そこから県道へ上る。そこに箱根旧街道の道標がある。県道を下っていくと左に入る道があ

写真７　畑宿の本陣跡・旧茗荷屋庭園

る。そこに「須雲（スクモ）川自然探勝歩道（一部旧東海道）・須雲一、〇六〇米・奥湯本四、三〇〇米」の看板がある。この道を東電導水管上を越えて進む。「箱根路のうつりかわり」の説明板がある。次は「これより江戸時代の石畳」と標柱がある。最後は石段を下りて県道へ出る。そこに割石坂（ワリイシザカ）の説明板や石碑などがある。ここからすぐの右手にある須雲川自然探勝歩道へ入ってみたが、結局引き返してまた県道を歩く。この間は休憩とした。歩道のない県道732号を歩いていくと、「女転（コロ）し坂」案内板があった。馬に乗った婦人がこの付近で落馬して死んだことに由来するという。須雲川橋（須雲川）を渡ったところに自然探勝歩道が出てくる。そこの案内に「元箱根六、二〇〇米」とあった。県道は川沿いに下る。右側に鎖雲寺があり、左側の川向こうに須雲山荘バンガローがある。その入り口で休憩した（12時39分、10,987歩、写真８）。

写真８　須雲山荘バンガロー

二の戸橋（二之塔沢）を渡って進むと、右側に須雲川インターチェンジがあり、左側に「小田急ホテルはつはな」があった。堀木橋（堀木沢）を渡る。歩いていくと左側に「葛原坂」の説明板があった。葛原橋（葛原沢）のところに葛原バス停がある。この辺りから左側に温泉宿が次々に現れる。箱根町湯本茶屋である。道左手に「早雲通り温泉郷」の看板がある。この県道732号に沿う温泉街をいう。奥湯本入口バス停に至る。左へ入る道に「滝通り温泉郷」の看板があり、それに小さく「旧道入口」とあり、ご丁寧にもその横に「観音坂」の説明板まであったので、うっかり信用して県道から左へ入った（写真９）。有名な湯本温泉の旅館街を客たちと下っていった。川沿いに下

写真９　看板「旧道入口」、つい左へ

る道脇に湯本の案内図があり、そこで間違いに気づいた。タクシーを拾って奥湯本入口バス停まで引き返した。完全なミスである。この間は休憩とした。そして改めて県道732号を歩き始める（14時00分、13,350歩）。

写真10　ここから下る

先ほど歩いた温泉街を見下ろしながら歩く。観音橋（観音沢）、駒沢橋（駒沢）、記念橋（記念沢）と渡って下って行くと、道の左側に福寿院の旗がひらめいているところに「国指定史跡箱根旧街道入口」があった（写真10）。

案内板には石を敷いた舗装が255ｍあると書かれていた。左側の直下には木々の間からホテルが見える。こわごわのぞく。道は、沢に架かる木製の赤い猿橋を渡ると、石畳道の上り坂となる。山紫園（サンシエン）の横に出て県道732号へ出る。道は狭く家々も重なるようにしている。車は少ないがすれ違うのも困難であろうと思う。県道の右側に小さな道祖神二体像があって、説明板には「仲睦まじい道祖神」とあった。また一帯を「湯本茶屋村」と言ったとある。元箱根行きの曽我堂上（ソガドウウエ）バス停を過ぎた先に正眼寺、ほぼ坂を下り切ったところに有名な早雲寺（ソウウン）（写真11）、その後ろには早雲公園がある。湯本小学校前のバス停名は「早雲公園前」となっていた。学校で遊ぶ子どもたちを見ながら進むと、右側に箱根湯本郵便局がある。下宿（シモジュク）バス停を過ぎ、早川に架かる三枚橋を渡って国道１号を横断する（14時42分、16,925歩）。

写真11　早雲寺

車の激しく行き交う国道１号の左側歩道を歩く。湯本歩道橋は左手にある湯本中学校（＊箱根町社会福祉協議会）の生徒のためのものだろう。そこの案内標識に「小田原６㎞」とあった。しばらく行くと左側に道があるので入る。国道１号と箱根登山鉄道の間の住宅・商店の中を歩く。そして国道１号に合流する。少しでも安全を考えると左の線路側にある石段の道へ上り、下るべきだった。店「いりふね」よりまた左側の道へ入る。線路との間の道は箱根登山鉄道入生田（イリウダ）踏切を横断する。すぐ右に入生田駅がある。ここ入生田からは小田原市である。住宅の間の道を行くと紹太（ショウダイ）寺があり、稲葉一族と春日局の墓所などの史跡めぐりの道標がある。風祭（カザマツリ）に入ると宝泉寺がある。風祭公民館に着いた時点で足にかなり痛みを感じていた。休むところを探しながら箱根病院に来て上り口の石段で休むことにした。正面に踏切があり、風祭駅も近く、止まっているロマンスカーを見る（15時21分、20,623歩、写真12）。

写真12　ロマンスカー

風祭の道を歩いて箱根登山鉄道の君田島踏切横断、すぐ左折して国道１号左側歩道を歩く。この時初めて線路を見て驚いた。何と単線ではないか、ロマンスカーの走る線路は。

やがて上板橋交差点が見えてきた。ここで左側に入り、線路高架下をくぐって進むと左側に板橋地蔵尊があった。板橋の車道は私には見慣れた舗装であり、歩道は石畳風のブロックだった。道は新幹線第一板橋高架橋下を経て国道１号板橋見附交差点に出る。いっぺんに車道も歩道も広くなり、車の騒音が襲ってくる。交差点を左折し、箱根登山鉄道・JR東海道本線高架下を進む。諸白（モロハク）小路交差点は道路右手の諸白小路への入り口である。このような小路が道の右側にいくつかある。箱根口交差点の左は小田原城への道である。ここのすぐ先に、「ういろう」で有名な店があるが、白塗り・黒瓦のお城み

写真13　ういろうの店（箱根口交差点近く）

写真14　左に「旧東海道小田原宿本町」

写真15　「みやのまえちょう」石碑（本町交差点）

たいな建物だった（写真13）。小田原城への案内標識手前の鉄柱に「旧東海道小田原宿（シュク）中宿町」とあった。

横断して右を歩くと鉄柱に同じく「旧東海道小田原宿本町」とあり、すぐ先に「ほんちょう」の石柱があり、説明が刻まれていた。それには、ここは隣の宮前町と共に小田原宿の中心であったとある。国道１号は本町交差点から左折する（写真14）。今日の旅はそこにある「みやのまえちょう」石柱で終わった（16時23分、25,051歩、写真15）。

※１　2006年５月31日に閉館していた。
※２　橋名の後に付く（○○沢）は、川名のこと。

※距離、歩数はその日のスタート地点からの数値を示す。距離は当時の著者の歩幅をめどに計算している。

各順	地　　点	距離（km）	歩数（歩）	通過時刻（時：分）	所要時間（分）
1	箱根関所門前	0.00	0	9：22	0：00
2	関所出る	0.10	159	9：26	0：04
3	駐車場	0.23	359	9：28	0：02
4	杉並木・箱根小学校入り口	0.72	1,025	9：35	0：07
5	休憩	–	–	9：41	0：06
6	国1号へ出る	0.87	1,257	9：44	0：03
7	鳥居・成川美術館・元箱根港	1.09	1,605	9：48	0：04
8	休憩	–	–	9：55	0：07
9	道左へ（ケンペル・バーニーの碑ほか）	1.29	2,037	10：00	0：05

10	杉並木歩道橋	1.34	2,110	10：02	0：02
11	箱根旧街道案内図	1.37	2,163	10：03	0：01
12	権現坂	1.41	2,213	10：06	0：03
13	観音堂（お玉観音）・湯本まで2時間	1.46	2,292	10：10	0：04
14	「箱根八里」の歌碑	1.57	2,478	10：15	0：05
15	道標（甘酒茶屋・畑宿ほか）	1.68	2,641	10：18	0：03
16	道下りへ	1.72	2,707	10：19	0：01
17	案内「石だたみについて」	1.82	2,864	10：21	0：02
18	道標（箱根の森ほか）	1.92	3,029	10：25	0：04
19	県732号横断・街道入り口	2.22	3,506	10：32	0：07
20	再び石畳となる	2.56	4,036	10：39	0：07
21	甘酒茶屋	2.71	4,281	10：43	0：04
22	追込坂終わる	2.90	4,578	10：48	0：05
23	県道歩き、左石段へ	3.06	4,822	10：52	0：04
24	県道横断、石段へ（猿滑坂）	3.24	5,104	10：55	0：03
25	木製橋	3.37	5,324	10：58	0：03
26	コンクリート橋	3.43	5,412	11：00	0：02
27	甘酒橋（木製橋）	3.64	5,751	11：04	0：04
28	道標（左・車道、右・畑宿）	3.67	5,788	11：05	0：01
29	上りになる	3.84	6,052	11：10	0：05
30	山根橋（木目調コンクリート）	3.88	6,129	11：12	0：02
31	畑宿一、五〇〇米標示	3.93	6,200	11：15	0：03
32	県道へ出る、すぐ右入る	4.02	6,343	11：17	0：02
33	橿木坂終わる・橿の木坂バス停	4.08	6,444	11：19	0：02
34	箱根新道陸橋下	4.39	6,924	11：25	0：06
35	箱根新道陸橋下	4.53	7,146	11：28	0：03
36	県732号より右石段へ	4.64	7,326	11：30	0：02
37	「石畳の構造」の説明	4.93	7,782	11：37	0：07
38	畑宿一里塚	5.04	7,950	11：41	0：04
39	県732号畑宿バス停	5.09	8,042	11：43	0：02
40	本陣跡	5.28	8,333	11：48	0：05
41	県道より右へ	5.37	8,481	11：50	0：02
42	大沢（須雲川支流）越える	5.68	8,961	11：58	0：08
43	県732号へ出る	5.73	9,042	12：00	0：02

44	看板（須雲一、〇六〇米・奥湯本四、三〇〇米）	5.89	9,306	12：04	0：04
45	東電導水管	5.95	9,388	12：06	0：02
46	「これより江戸時代の石畳」	6.04	9,528	12：09	0：03
47	石畳終わり	6.07	9,575	12：10	0：01
48	再び「これより江戸時代の石畳」	6.13	9,672	12：11	0：01
49	石畳終わり	6.16	9,728	12：12	0：01
50	「割石坂」終わる	6.19	9,771	12：13	0：01
51	休憩	−	−	12：25	0：12
52	県732号「女転し坂」案内板	6.43	10,156	12：28	0：03
53	須雲川・須雲川橋	6.70	10,579	12：33	0：05
54	鎖雲寺	6.86	10,834	12：36	0：03
55	須雲山荘バンガロー入り口	6.96	10,987	12：39	0：03
56	休憩	−	−	12：47	0：08
57	二の戸橋（二之塔沢）	7.32	11,556	12：53	0：06
58	須雲川インター、ホテルはつはな	7.42	11,711	12：55	0：02
59	堀木橋（堀木沢）	7.72	12,192	13：01	0：06
60	葛原坂	7.83	12,371	13：03	0：02
61	葛原橋（葛原沢）、葛原バス停	7.98	12,596	13：05	0：02
62	早雲通り温泉郷の看板	8.39	13,254	13：12	0：07
63	奥湯本入口バス停、滝通り温泉郷	8.45	13,350	13：14	0：02
64	休憩	−	−	14：00	0：46
65	観音橋（観音沢）	8.52	13,460	14：01	0：01
66	駒沢橋（駒沢）	8.60	13,585	14：02	0：01
67	記念橋（記念沢）	8.65	13,660	14：03	0：01
68	箱根旧街道入り口（道左へ）	8.90	14,050	14：08	0：05
69	猿橋（木製の小橋）、石畳道	9.06	14,314	14：11	0：03
70	石畳道終わる、山紫園	9.17	14,481	14：14	0：03
71	県732号へ出る	9.20	14,536	14：15	0：01
72	道右に小さな道祖神二体像	9.42	14,881	14：19	0：04
73	正眼寺	9.62	15,190	14：22	0：03
74	早雲寺	10.01	15,811	14：29	0：07
75	湯本小学校	10.15	16,022	14：32	0：03
76	箱根湯本郵便局	10.29	16,244	14：34	0：02
77	下宿バス停	10.55	16,662	14：39	0：05

78	早川・三枚橋	10.67	16,854	14：41	0：02
79	国1号右折	10.72	16,925	14：42	0：01
80	湯本歩道橋	10.99	17,361	14：47	0：05
81	国1号より左へ	11.19	17,675	14：49	0：02
82	国1号合流	11.70	18,473	14：57	0：08
83	国1号より左へ（店「いりふね」）	11.83	18,681	15：00	0：03
84	箱根登山鉄道の入生田踏切横断	12.01	18,974	15：03	0：03
85	紹太寺	12.32	19,460	15：08	0：05
86	宝泉寺入り口	12.88	20,345	15：17	0：09
87	風祭公民館	12.98	20,502	15：19	0：02
88	箱根病院	13.06	20,623	15：21	0：02
89	休憩	－	－	15：31	0：10
90	箱根登山鉄道君田島踏切横断、国1号へ	13.44	21,205	15：39	0：08
91	上板橋交差点（分岐路左のガード下へ）	14.10	22,220	15：50	0：11
92	板橋地蔵尊	14.20	22,374	15：52	0：02
93	新幹線第一板橋高架橋	14.77	23,251	16：01	0：09
94	板橋見附交差点（国1号へ）	14.82	23,328	16：02	0：01
95	箱根登山鉄道・JR東海道本線高架下	14.97	23,559	16：05	0：03
96	諸白小路交差点	15.30	24,067	16：11	0：06
97	箱根口交差点	15.51	24,390	16：13	0：02
98	「ほんちょう（本町）」石柱	15.81	24,851	16：20	0：07
99	「みやのまえちょう（宮前町）」石柱	15.94	25,051	16：23	0：03
2007年3月8日　総距離数15.94km、総歩数25,051歩、総所要時間7時間01分					

畑宿の一里塚　　畑宿の本陣（本陣跡バス停）

42日目

平成19年

小田原－平塚

2007年３月９日金曜日

朝、JR三島駅から電車に乗り小田原駅へ着く。バッグは駅ロッカーに預けて昨日の最終地点へ歩いていった。

写真１　古清水旅館（旧本陣）

本町交差点の「みやのまえちょう（宮前町）」石柱前に立つ。７時31分。右横に「小田原宿(シュク)なりわい交流館」があるが、まだ開いていない。そのすぐ先の古清水旅館は旧本陣であることで有名だ（写真１）。しばらく行ったところに「たかなしちょう（高梨町）」石柱があり、甲州道の起点だという。次に小田原提灯が作られていたという「よろっちょう（万町）」石柱があった。浜町公民館を過ぎて、かまぼこ・ちくわの「いせかね」から左折して国道１号へ向かう。国道１号新宿交差点に出て横断、国道左側歩道を歩く。新宿バス停のところに「しんしくちょう（新宿町）」石柱があり、小田原提灯作りの家があったとある。小田原市浜町４丁目の歩道橋を過ぎる。左側に宗福寺がある。山王橋交差点、山王小学校入口交差点と進む。時間帯から人も車も

写真２　城東高校生と歩く

自転車も多い。常剱寺入口交差点で高校生の後を追うように右の道へ入る（写真２）。城東高校※1手前で左折して国道１号へ向かう。同じところを右折すれば新田義貞の首塚があるそうだが行かなかった。国道１号城東高校前交差点※2を横断、のさわ書店（＊コンビニ）前に立つ（８時12分、3,243歩）。

ここで自分の地図に従ってガソリンスタンド横の筋へ入り、酒匂川へ出た。ここから橋へ向かおうとしたら、すぐそこなのに通行止めである。仕方なくまた城東高校前交差点まで戻る羽目となった。気を取り直して国道１号の右側歩道を歩く。酒匂橋（酒匂川）を渡る（写真３）。河口を西湘バイパスが走る。下菊川の連歌橋を渡る。左に法船寺がある。酒匂中学校への入り口を過ぎて酒匂３丁目交差点に至る。左側に大見寺と福祉施設ゆりかご園がある。ジャージー姿の酒匂中学校生徒が追い越していく。酒匂郵便局を過ぎてすぐの印刷局入口交差点手前に印刷局前バス停がある。印刷局は左側のはるか先にある。道脇に松並木がある。左手の酒匂小学校と結ぶ酒匂歩道橋に「東京83km・横浜51km・平塚17km」の案内標識がある。少し進むと「日本橋から80km」の距離標がある。小八幡、宮の前交差点を経て小八幡３丁目交差点へ至る。ここのすぐ手前に一里塚バス停があった。ただ小八幡一里塚は道の右側には見当たらなかった。小田原市国府津に入る。親木橋交差点に至り、歩道橋を渡る（９時21分、7,953歩）。

写真３　酒匂橋（酒匂川）

道は少しずつ上りとなり、法秀寺を経て国府津駅前交差点に至る。ここから道は下る。石井石材店へ至る。国道１号右側にある西湘バイパスは海岸の上を走る。また少し上りとなり、西前川交差点、前羽小学校前交差点を経て進む。東前川交差点の約200m手前左側に「従是大山道」の石柱が見えた。その先にある「史跡 車坂の碑」は見落とした。淺間神社入り口を過ぎて下りとなる。橘インター入口交差点には、中郡二宮町の境標示があった。ところが塔台橋交差点に来ると一時的に小田原市となる。二宮町の境標示のある押切

写真4　国道1号より右の川匂の坂（押切坂）へ

橋交差点を直進、押切橋（中村川）を渡ってすぐ、国道1号から右へ分かれる川匂（カワワ）の坂（押切坂）を上がる（写真4）。坂を上り切ったところに間（アイ）の宿（シュク）「松屋本陣跡」があった。この説明板が建てられたのは2005（平成17）年である（10時27分、13,061歩）。

国道1号（押切坂上交差点）へ出て歩く。今度は山西駐在所を過ぎて山西交差点から左の道へ入る。等覺院（トウガクイン）から道は下る。下った先の小澤寺（小沢観音堂）から道は右へ大きく曲がる。その向かい側の小路（南の梅沢海岸へ向かう）入り口に「うめさハはし（梅澤橋）」の石柱があった。ここから少し上るとまた国道1号へ出る。吾妻山入口交差点、梅沢交差点を経て内原（＊二宮町社協前）信号のところに藤田電機製作所がある（写真5）。二宮駅入口交差点並びに歩道橋を過ぎて二宮交差点に至る。塩海橋（葛川（クズ））を渡る。二宮郵便局前を通り、下浜町信号（横断歩道用）を経て進むと大磯町の境標示があった。ここの松並木の下で休憩した（11時25分、17,430歩、写真6）。

榎ノ木交差点、六所神社入口交差点を経て国府新宿交差点に至る。ここから国道左側を並走する道に入る。大磯警察署、大磯プリンスホテル入口バス停を過ぎる。道は次第に左へ曲がる。そこに国府本郷の一里塚が国道1号に

写真5　藤田電機製作所の横にある松並木（二宮町）

写真6　大磯町に入る

背を向ける形である。住宅地の間を下っていくと本郷橋（不動川）に至る。ここから少し上っていくと大磯城山公園が左側にある。城山公園前交差点を左折、中郡大磯町西小磯の国道１号を歩く。すぐ切通橋（血洗（チアライ）川）となる。「日本橋まで70㎞」の距離標を見て下る。八坂神社を道の右側に見る。やがて道は滄浪閣（ソウロウカク）跡前に至る（12時34分、22,726歩、写真７）。

写真７　滄浪閣

ここから大磯中学校前交差点までは、国道１号東京方面は左側を、京都方面は右側を、共に松並木を間にして走る。大磯中学校前の歩道橋には「東海道松並木」の文字が標示されていた(写真８)。またバス停名は「統監道（トウカンミチ）」となっていた。中学校は卒業式だったらしく校内から着飾った母親と花束を持った生徒が出てきた。大磯中学校前交差点から北へ向かう道の入り口に、「島崎藤村邸」への案内を記す看板があった。少し上っていくと、左側の家のブロック塀の上に「高札場」の説明板があった。さざれ石交差点、地福寺を過ぎると、大磯宿（シュク）小島本陣跡（老舗蕎麦店）がある。大磯郵便局、大磯駅入口交差点を経て三沢橋交差点で国道１号左側歩道へ横断する。三沢橋東側交差点から左の道へ入る。大磯の松並木を見ながら歩くと「江戸見附」の説明板があった。道はJR東海道本線

写真８　歩道橋に「東海道松並木」の文字

写真９　大磯化粧坂の一里塚前の東海道

写真10　左＝平塚市境標示、右＝平塚京方見附跡（左写真の囲み部分）

で遮られるが、地下道があるのでくぐり抜ける。中に「竹縄架道橋」とあった。進んでいくと「大磯虎ヶ雨図」と、その説明板がある。その先に「化粧坂の一里塚」の説明板があった（13時18分、26,189歩、写真９）。

松のある街道を進む。道は化粧坂交差点で国道１号に合流する。ここから大磯町高麗となる。しばらく行くと高来神社の鳥居があり、高麗山に向かう参道奥にまた鳥居があり、神社が見える。高麗交差点、花水橋交差点を経て花水橋（花水川）を相模貨物駅を見ながら渡る。道を上ったところは５差路の古花水橋交差点で、国道１号は北へ向かう。ここからが平塚市であり、街道の入り口には「平塚宿京方見附跡」があった（写真10）。

この道では左側の歩道を歩くべきだった。そうすると神奈川銀行前の本陣旧跡、平塚本宿郵便局手前の高札場跡、さらには脇本陣跡などの史跡を見逃すことはなかったはずだ。右側の歩道を歩いた私は「史跡平塚の塚」が左側歩道にあるとする説明は見たが、ほかの史跡が左歩道にあるとの説明など見なかった。右側歩道を歩いて本宿歩道橋を過ぎて、左側歩道にある平塚本宿郵便局や中南信用金庫を見ながら歩いた。平塚市民センターが左側にあり、右側にある駐車場片隅に「平塚町役場跡」と記された案内板があった（写真

写真11　平塚町役場跡（駐車場）

11)。市民プラザ前交差点を渡って直進し、人ごみの中を平塚駅前交差点に出て本日の終了点とした（14時16分、30,823歩)。

平塚の道沿いの街道関係史跡をいくつも見逃したのは残念ではあるが、私の場合は道の右側を歩くか左側を歩くかの偶然による。また今日みたいに体調が悪い時は見逃しやすい。

※1　「城東高校」はその後、名称が「小田原東高校」に変わっている。
※2　「城東高校前交差点」は、名称が「土木センター入口交差点」に変わっている。

※距離、歩数はその日のスタート地点からの数値を示す。距離は当時の著者の歩幅をめどに計算している。

各順	地　点	距離(km)	歩数（歩）	通過時刻（時：分）	所要時間（分）
1	「みやのまえちょう」石柱	0.00	0	7：31	0：00
2	古清水旅館	0.07	106	7：33	0：02
3	「たかなしちょう」石柱	0.18	281	7：35	0：02
4	「よろっちょう」石柱	0.39	616	7：40	0：05
5	浜町公民館	0.51	803	7：42	0：02
6	かまぼこ・ちくわ「いせかね」	0.60	940	7：44	0：02
7	国1号新宿交差点	0.70	1,092	7：46	0：02
8	新宿バス停・「しんしくちょう」石柱	0.85	1,336	7：49	0：03
9	歩道橋	1.01	1,585	7：52	0：03
10	宗福寺	1.16	1,824	7：55	0：03
11	山王橋交差点	1.25	1,960	7：57	0：02
12	山王小学校	1.71	2,690	8：05	0：08
13	常劔寺入口交差点	1.86	2,928	8：08	0：03
14	城東高校手前（左折）	2.00	3,145	8：11	0：03
15	城東高校前交差点・のさわ書店	2.06	3,243	8：12	0：01
16	休憩	－	－	8：23	0：11
17	酒匂川・酒匂橋	2.26	3,560	8：27	0：04
18	下菊川・連歌橋	2.78	4,382	8：37	0：10
19	酒匂中学校	2.97	4,679	8：41	0：04
20	酒匂3丁目交差点	3.10	4,894	8：43	0：02
21	印刷局前バス停	3.49	5,514	8：50	0：07
22	休憩	－	－	8：53	0：03

23	酒匂歩道橋（平塚17㎞の案内標識）	3.70	5,845	8：56	0：03
24	距離標（日本橋から80㎞）	3.87	6,112	8：59	0：03
25	宮の前交差点	4.33	6,830	9：07	0：08
26	小八幡3丁目交差点	4.58	7,226	9：12	0：05
27	親木橋交差点（歩道橋へ）	4.97	7,845	9：19	0：07
28	親木橋	5.04	7,953	9：21	0：02
29	法秀寺	5.15	8,129	9：24	0：03
30	国府津駅前交差点	5.71	9,008	9：34	0：10
31	石井石材店	6.13	9,671	9：42	0：08
32	休憩	–	–	9：46	0：04
33	西前川交差点	6.23	9,835	9：48	0：02
34	前羽小学校前交差点	7.01	11,070	10：02	0：14
35	「従是大山道」の石柱	7.07	11,168	10：03	0：01
36	東前川交差点	7.28	11,493	10：07	0：04
37	淺間神社	7.48	11,807	10：11	0：04
38	橘インター入口交差点・二宮町境標示	7.72	12,187	10：16	0：05
39	塔台川・塔台橋	7.89	12,465	10：19	0：03
40	中村川・押切橋	8.04	12,702	10：22	0：03
41	国1号より右の坂へ	8.15	12,867	10：25	0：03
42	松屋本陣跡	8.27	13,061	10：27	0：02
43	国1号へ出る	8.47	13,380	10：32	0：05
44	山西駐在所交差点	8.76	13,829	10：36	0：04
45	山西交差点	8.89	14,034	10：38	0：02
46	休憩	–	–	10：42	0：04
47	等覺院	9.08	14,336	10：45	0：03
48	「うめさハはし」石柱	9.19	14,511	10：48	0：03
49	国1号合流	9.34	14,749	10：51	0：03
50	吾妻山入口交差点	9.48	14,963	10：53	0：02
51	梅沢交差点	9.52	15,041	10：54	0：01
52	休憩	–	–	10：59	0：05
53	内原信号・藤田電機製作所	9.80	15,472	11：03	0：04
54	二宮駅交差点・歩道橋	10.10	15,957	11：08	0：05
55	二宮交差点	10.41	16,435	11：13	0：05
56	葛川・塩海橋	10.56	16,675	11：16	0：03

57	二宮郵便局	10.76	16,990	11：20	0：04
58	下浜町信号（横断歩道用）	10.96	17,311	11：23	0：03
59	大磯町境標示	11.04	17,430	11：25	0：02
60	休憩	－	－	11：32	0：07
61	槇ノ木交差点	11.36	17,935	11：39	0：07
62	六所神社入口交差点	11.64	18,384	11：43	0：04
63	国府新宿交差点	11.93	18,840	11：49	0：06
64	大磯プリンスホテル入口バス停	12.19	19,259	11：54	0：05
65	国府本郷の一里塚	12.32	19,451	11：57	0：03
66	不動川・本郷橋	12.91	20,388	12：06	0：09
67	城山公園前交差点	13.16	20,787	12：12	0：06
68	血洗川・切通橋	13.24	20,911	12：13	0：01
69	距離標（日本橋まで70km）	13.41	21,176	12：16	0：03
70	八坂神社	13.83	21,839	12：23	0：07
71	滄浪閣跡前	14.39	22,726	12：34	0：11
72	「島崎藤村邸」案内板	14.77	23,330	12：42	0：08
73	「高札場」説明板	15.13	23,898	12：48	0：06
74	さざれ石交差点	15.24	24,064	12：50	0：02
75	地福寺	15.49	24,468	12：55	0：05
76	大磯宿小島本陣跡	15.52	24,517	12：57	0：02
77	大磯郵便局	15.72	24,837	13：00	0：03
78	三沢橋交差点	15.86	25,051	13：04	0：04
79	三沢橋東側交差点（左へ）	15.97	25,218	13：06	0：02
80	JR東海道本線地下道	16.31	25,761	13：12	0：06
81	地下道出る	16.41	25,913	13：14	0：02
82	一里塚の説明板	16.58	26,189	13：18	0：04
83	休憩	－	－	13：24	0：06
84	化粧坂交差点	16.80	26,537	13：27	0：03
85	高来神社	17.06	26,951	13：32	0：05
86	高麗交差点	17.24	27,237	13：35	0：03
87	花水川・花水橋	17.40	27,483	13：38	0：03
88	京方見附跡・平塚市境標示	17.82	28,150	13：45	0：07
89	「史跡 平塚の塚」標柱・柳町バス停	18.07	28,549	13：50	0：05
90	本宿歩道橋	18.20	28,749	13：53	0：03

91	平塚本宿郵便局	18.54	29,291	13：58	0：05
92	中南信用金庫	18.68	29,509	14：00	0：02
93	平塚町役場跡（駐車場）	18.93	29,901	14：05	0：05
94	市民プラザ前交差点	19.06	30,101	14：07	0：02
95	平塚駅前交差点	19.51	30,823	14：16	0：09
2007年3月9日 総距離数19.51km、総歩数30,823歩、総所要時間6時間45分					

43日目

平成19年

平塚－戸塚

2007年３月10日土曜日

朝、平塚駅前交差点に立つ（写真１）。６時37分。歩くにはもう十分な明るさだ。生鮮食品専門99ショップ（＊コンビニ）がある。横断して左側へ渡り、横浜市戸塚区の載っている地図が欲しくてコンビニに寄る。「地図は置いてない」とのことだった。平塚市八千代町を歩く。八千代町12の老松八千代歩道橋を過ぎる。国道129号を横断し、馬入（バニュウ）交差点で左から来る国道１号と合流する。ここで国道１号へ入り、右側歩道を歩く。工業団地入口交差点を横断直進する。馬入橋（相模川）へ上る石段（＊スロープ）のところに陸軍架橋記念碑があり、横にあるその説明板には関東大震災後の馬入橋架設の碑とあった。橋を渡り始めて130歩でやっと下に川面が現れた。馬入橋を渡るのに９分かかった（写真２）。渡って最初の新田入口交差点には茅ヶ崎市の境標示があった（７時12分、2,589歩）。

写真１　平塚駅前交差点（進行方向角）

写真２　馬入橋

中島交差点、産業道路入口交差点を過ぎて左手に信隆寺を見る。新湘南バ

写真３　鳥井戸橋、富士山見えず

イパスの下をくぐって下町屋橋（小出川）を渡ると「国指定史跡旧相模川橋脚」と刻まれた石柱がある。下町屋１丁目に明治乳業（＊明治神奈川工場）があった。鳥井戸（トリイド）橋交差点に鶴嶺八幡宮の大鳥居があったが、神社は約900m北にある。鳥井戸橋（千ノ川）を渡る。橋畔に「南湖（ナンゴ）の左富士之碑」があり、その説明もあった。ためしにと橋途中で振り返って見たが富士は見えなかった（写真３）。橋を渡ったところに某社の洋菓子レストランがあった。南湖１丁目を朝日に向かって歩く。左手に茅ヶ崎茶屋町郵便局がある。南湖入口交差点を過ぎて十間坂（ジュッケンザカ）２丁目の緩やかな坂を上る。十間坂歩道橋の左側下り口に第六天（ダイロクテン）神社があった。十間坂交差点を過ぎたところに吉野家があるが、この辺りから茅ヶ崎中心部に入る。円蔵寺、茅ヶ崎警察署、茅ヶ崎郵便局と続く（８時05分、6,893歩）。

写真４　茅ヶ崎の一里塚

茅ヶ崎駅前交差点に着き、地下道を通って横断する。一里塚交差点に来ると横断先に一里塚碑が見えた。横断して改めて「茅ヶ崎一里塚」を確認する（写真４）。かつては道の両側にあったと記されている。左側にサティ（＊イオン）を見ながらJR相模線陸橋を渡って進む。茅ヶ崎市本村一丁目歩道橋のある八王子神社入口交差点で道の左奥に神社が見えた。次の本村交差点では北からの県道404号とつながる。本村２丁目を歩く。左側に松がある（写真５）。その手前に刃物専門店がある。茅ヶ崎高校のグラウンド前に「東海道の松並木」の案内板がある。歩道橋の近くには、信号を待つ自転車に乗った元気な女子高校生の集団が並んでいて、信号が変わるや一斉に渡っていった。やっと前へ進めた。茅ヶ崎ではよく自転車を見かけたが、ここが一番だった。右側にはTOTOの工場が続く。

松林中学校前バス停、歩道橋、松林中学校入口交差点と進む。次の松林小学校入口交差点の手前にも歩道橋がある。西小和田（コワダ）バス停付近から道両側は住宅が中心となる。道の左側は小和田１丁目、２丁目と続き、右側は小桜町、代官町となる。小和田交差点を過ぎたところに千手院があった。少し前から尿意を催し、入るべき店を物色するが見つからない。上正（ジョウショウ）寺前交差点のところにコンビニがあったので用を足し、チョコなど買った。地図を買おうとしたが、いいのがなかった（８時54分、11,541歩）。

写真５　茅ヶ崎の松並木

左側歩道を歩く。東小和田交差点を横断すると茅ヶ崎小和田三郵便局がある。歩いて行くと松が目に入る(写真６)。道両側とも歩道と車道の間には見事な松並木がある。歩道橋には「赤松歩道橋」と書かれていた。左手は小和田３丁目、右手は赤松町である。道が少し下ると大山街道入口交差点があり、少し手前に藤沢市の境標示があった。この交差点から左へ行く細い道が大山道で県道44号である。下る道の左手が城南１丁目、右手が辻堂神台２丁目である。道が少し上りとなる二ッ谷（フタツヤ）公民館前交差点の角に二ッ家稲荷神社がある。ここから歩く歩道は狭いが街

写真６　東小和田交差点を過ぎる

写真７　「四ツ谷（辻堂）一里塚」の少し手前

道のようで、それも小さな上り下りがあって上っていく（写真７）。羽鳥交番前交差点手前のガソリンスタンド近くに「四ツ谷（辻堂）一里塚跡」の標柱が立っていた。もし右歩道を歩いていたら見逃したであろう。次の四ッ谷交差点で右折して江ノ島へ向かう県道44号へ入る。辻堂入口バス停まではやや勾配のある坂を左へ曲がりつつ上る。道の右側、羽鳥３丁目を歩く。左側は城南４丁目である。小さな秋葉御堂がある。羽鳥歩道橋は左手のもっと先にある明治小学校児童のためのものだろう。道が上りとなって羽鳥交差点で明治小学校前を通ってくる道と交わる。足が痛いのでここで休憩する（９時42分、15,545歩）。

写真８　メルシャン藤沢工場

羽鳥中学校入口交差点を過ぎると左側にメルシャン藤沢工場がある（写真８）。何となくいい匂いがする。メルシャン前バス停を過ぎ、引地橋西交差点を横断して引地橋（引地川）を渡る。左側が藤沢５丁目、右側が鵠沼神明（クゲヌマシンメイ）４丁目である。湘南高校入口交差点を過ぎる。左側は藤沢４丁目で藤沢台町郵便局がある。右側は本町３丁目で、すぐ伊勢山橋である。橋の下は小田急江ノ島線である。橋の左方向に藤沢本町駅がある。駅があるので人が多い。次の白旗交差点から国道467号となる。交差点右に藤沢高校がある。荘厳寺前の市民病院入口交差点を過ぎる。常光寺の入り口を過ぎると左側に「さつまや」という寿司屋があり、藤沢本町郵便局に至る。ここは本町１丁目で、向かい側は藤沢１丁目である。遊行寺前バス停を過ぎて、横断歩道で左歩道へ渡る。注意深く左折地点を確認する。左折地点の向かい側の電柱に「藤沢1-1」と

写真９　赤い遊行寺橋

あり、観光客用の施設らしいものがあった。

ここから見える赤い遊行寺橋（境川）を渡る（写真９）。すぐ下流側に県道30号の橋がある。遊行寺の総門を眺めつつ進み、門前で右折して県道30号へ出て左折する。人がたくさん行き交う（10時35分、19,597歩）。

少し休憩した後、遊行寺交差点を過ぎて上り始めると松の木の横に「見附跡」の道標があった（写真10）。その向かい側に石段があり、諏訪神社があった。中高年者の団体が上っていった。切通しの遊行寺坂はやや勾配がある。ほぼ上り切ったところに遊行寺坂上交差点がある。そこにたまたま公売地があり、その地番に「大鋸（ダイギリ）字丸山」とあった。地名の読みを教えてくれた婦人と少し話した後、先へと急ぐ。ここ西富の赤レンガの歩道は上り下りがあり、道との間に木々が並ぶ。

写真10　「見附跡」道標

その歩道が尽きる少し先から横浜市戸塚区に入る（写真11）。最初の鉄砲宿交差点で右側歩道へ横断した。国道１号藤沢バイパス出口交差点の歩道橋手前に「東京49㎞五反田39㎞川崎29㎞」の案内標識があった。ここで県道30号は国道１号に合流する。県道右側を歩いていたのは正解だった。脇道に入る。右側は住宅などだが、急に畑が現れてびっくりした。その隣に立派な屋敷門のある家があり、その先に諏訪神社があった。一帯は戸塚区影取町である。国道１号へ合流し歩道を歩くと、吉野家があり、しばらく行った先の左側にすき家があった。影取町交差点を過ぎる。コンビニを見つけたので入り、戸塚区の地図があったので買い求めた。実は私の作った地図は最後の１枚がなかった（忘れていた）ので困っ

写真11　戸塚区の境標示

写真12　原宿2丁目

写真13　反対側に冨塚八幡宮

ていたのである（11時30分、24,528歩）。

聖母の園前バス停を過ぎて原宿交差点に出る。道は大がかりな工事中である（写真12）。道は少しずつ上っている。戸塚区原宿町第二歩道橋には古い小さな石像群があった。左側に浅間神社がある。交差点名は「浅間神社前」である。次の吹上交差点を過ぎたところから下ると「日本橋から46㎞」の距離標があった。さらに下ったところに「お軽・勘平」の碑があった。戸塚区汲沢町歩道橋には「東京45㎞五反田35㎞川崎25㎞」の案内標識があった。歩道橋右側にはベンチなどあるが、すぐ横のマンション住民用か判断がつきかねた。国道１号は左へ横浜新道が、右へ行く旧来の１号から分かれる。右への国道を下ると大坂上バス停があり、道の左側にある東海道の標示を見ながら下ると戸塚警察署下交差点がある。大坂下交差点、下郷入口交差点を経て戸塚町交差点に出る。ここの左手に冨塚八幡宮がある（写真13）。人が行き交うにも狭い歩道を歩いて八坂神社前交差点に出る。少し上りとなった道を戸塚消防署前交差点に出る。左側に「東海道戸塚宿（シュク）澤邊本陣跡」の標柱があり、

写真14　澤邊本陣跡

写真15　東海道本線を渡る（戸塚区吉田町）

明治天皇行在所の碑もあった（写真14）。

人の多いバスセンター前交差点を横断してアーケード街を下る。JR東海道本線踏切[※1]で上り下り４本の電車の通過を待った（写真15）。ようやく渡って戸塚駅東口入口交差点で本日の歩きは終わった（13時02分、31,738歩）。

※1　2015年にアンダーパスができて踏切はなくなっている。歩行者デッキもある。

※距離、歩数はその日のスタート地点からの数値を示す。距離は当時の著者の歩幅をめどに計算している。

各順	地　点	距離(km)	歩数（歩）	通過時刻（時：分）	所要時間（分）
1	平塚駅前交差点	0.00	0	6：37	0：00
2	コンビニ	0.31	476	6：44	0：07
3	休憩	－	－	6：46	0：02
4	老松八千代歩道橋	0.49	759	6：49	0：03
5	国129号との交差点（直進）	0.68	1,063	6：53	0：04
6	国1号合流・馬入交差点	0.81	1,265	6：56	0：03
7	工業団地入口交差点	0.97	1,519	6：59	0：03
8	陸軍架橋記念碑	1.08	1,695	7：01	0：02
9	相模川・馬入橋	1.12	1,756	7：02	0：01
10	馬入橋渡り終わる	1.61	2,534	7：11	0：09
11	新田入口交差点・茅ヶ崎市境標示	1.64	2,589	7：12	0：01
12	中島交差点	1.88	2,970	7：17	0：05
13	産業道路入口交差点	2.11	3,333	7：21	0：04
14	信隆寺	2.18	3,435	7：22	0：01
15	小出川・下町屋橋	2.63	4,153	7：30	0：08
16	明治乳業	2.96	4,675	7：37	0：07
17	千の川・鳥井戸橋	3.19	5,027	7：42	0：05
18	茅ヶ崎茶屋町郵便局	3.55	5,596	7：50	0：08
19	南湖入口交差点	3.61	5,698	7：51	0：01
20	第六天神社・十間坂歩道橋	3.80	5,991	7：55	0：04
21	十間坂交差点	4.19	6,615	8：01	0：06
22	円蔵寺	4.30	6,784	8：03	0：02
23	茅ヶ崎郵便局	4.37	6,893	8：05	0：02
24	茅ヶ崎駅前交差点（地下道へ）	4.62	7,284	8：09	0：04

25	一里塚交差点・一里塚碑	4.78	7,540	8：12	0：03
26	JR相模線陸橋	5.08	8,022	8：17	0：05
27	本村一丁目歩道橋・八王子神社入口交差点	5.31	8,387	8：21	0：04
28	本村交差点	5.45	8,600	8：23	0：02
29	茅ヶ崎高校前歩道橋	5.78	9,119	8：28	0：05
30	松林中学校前バス停	6.10	9,637	8：35	0：07
31	菱沼歩道橋	6.37	10,059	8：39	0：04
32	小和田交差点	7.04	11,122	8：50	0：11
33	コンビニ・上正寺前交差点	7.31	11,541	8：54	0：04
34	休憩	–	–	9：00	0：06
35	東小和田交差点	7.64	12,061	9：05	0：05
36	赤松歩道橋	7.83	12,360	9：08	0：03
37	藤沢市境標示・大山街道入口交差点	8.18	12,916	9：13	0：05
38	四ツ谷（辻堂）一里塚跡	8.65	13,658	9：21	0：08
39	四ッ谷交差点（県44号へ入る）	8.86	13,984	9：25	0：04
40	辻堂入口バス停	9.35	14,763	9：33	0：08
41	秋葉御堂	9.60	15,168	9：38	0：05
42	羽鳥歩道橋	9.69	15,307	9：40	0：02
43	羽鳥交差点	9.84	15,545	9：42	0：02
44	休憩	–	–	9：48	0：06
45	メルシャン前バス停	10.14	16,014	9：53	0：05
46	引地川・引地橋	10.41	16,436	9：58	0：05
47	湘南高校入口交差点	10.96	17,312	10：06	0：08
48	藤沢台町郵便局	11.16	17,630	10：09	0：03
49	伊勢山橋（小田急陸橋）	11.32	17,883	10：12	0：03
50	白旗交差点（国467号となる）	11.50	18,162	10：15	0：03
51	荘厳寺・市民病院入口交差点	11.69	18,456	10：19	0：04
52	常光寺の入り口	11.79	18,620	10：21	0：02
53	藤沢本町郵便局	11.96	18,893	10：25	0：04
54	遊行寺前バス停	12.14	19,174	10：28	0：03
55	左折（藤沢1-1）	12.25	19,350	10：31	0：03
56	境川・遊行寺橋	12.27	19,377	10：32	0：01
57	遊行寺（右折）	12.35	19,507	10：34	0：02

58	県30号へ出て左折	12.40	19,597	10：35	0：01
59	休憩	－	－	10：37	0：02
60	遊行寺交差点	12.46	19,697	10：38	0：01
61	見附跡道標	12.57	19,861	10：40	0：02
62	遊行寺坂上交差点	13.12	20,740	10：50	0：10
63	並木茶屋	13.41	21,203	10：56	0：06
64	緑ヶ丘歩道橋	13.46	21,279	10：57	0：01
65	横浜市戸塚区境標示	13.82	21,837	11：02	0：05
66	鉄砲宿交差点	13.86	21,914	11：03	0：01
67	藤沢バイパス出口交差点	14.09	22,273	11：07	0：04
68	諏訪神社	14.46	22,861	11：14	0：07
69	すき家	14.92	23,575	11：21	0：07
70	影取町交差点	15.10	23,858	11：24	0：03
71	コンビニ	15.52	24,528	11：30	0：06
72	休憩	－	－	11：37	0：07
73	聖母の園前バス停	15.63	24,702	11：40	0：03
74	原宿交差点	16.08	25,412	11：46	0：06
75	戸塚区原宿町第二歩道橋（石像あり）	16.45	26,000	11：53	0：07
76	浅間神社	16.60	26,241	11：56	0：03
77	吹上交差点	16.94	26,769	12：02	0：06
78	距離標（日本橋から46km）	17.27	27,287	12：08	0：06
79	お軽・勘平の碑	17.35	27,424	12：10	0：02
80	戸塚区汲沢町歩道橋	17.81	28,147	12：18	0：08
81	大坂上バス停	17.99	28,428	12：22	0：04
82	大坂下交差点	18.68	29,522	12：34	0：12
83	下郷入口交差点	18.79	29,688	12：36	0：02
84	戸塚町交差点・冨塚八幡宮	18.90	29,865	12：38	0：02
85	八坂神社	19.08	30,154	12：41	0：03
86	戸塚消防署前交差点	19.33	30,554	12：46	0：05
87	本陣跡	19.39	30,646	12：48	0：02
88	バスセンター前交差点	19.67	31,079	12：53	0：05
89	JR東海道本線踏切	19.93	31,500	12：57	0：04
90	戸塚駅東口入口交差点	20.08	31,738	13：02	0：05
2007年3月10日　総距離数20.08km、総歩数31,738歩、総所要時間6時間25分					

44日目

平成19年

戸塚－神奈川

2007年４月５日木曜日

品川のホテルに着いて荷物を預けた後、JR線で戸塚駅に移動する。駅から前回の終了地点へ向かう。戸塚駅東口入口交差点に立つ。11時35分。ここから国道１号を歩く。道が大きく左へ曲がり、善了寺入り口、矢部町バス停を過ぎると左側に横浜矢部郵便局がある。矢部団地入口交差点から少し上って吉田大橋がある。柏尾川上流側の両岸は桜満開で、花見客が見える。信号に「江戸見附前」とあるので探したら、道向かい側（道左）のファミレスの前に標柱があった。写真を撮るなどしてしばらく休む(11時50分、1,275歩、写真１)。

写真１　江戸見付跡

右側にある宝蔵院の前に東海道の標示がある。左側にはブリヂストンの工場が続く。五太夫橋（ゴダユウ）（舞岡川）を越えてすぐ舞岡入口交差点で、国道１号から右へ分かれて川沿いの道に入る。すぐ先の左にある筋へ入る(角に理容店)。歩道のない不動坂を上る。普通の民家なのか古い門造りの屋敷があった。右側に「史蹟への小径」と刻まれた石柱があったが確かめな

写真２　左が来た道、右は国道

かった。道は上り切ったところから少し下って、不動坂交差点先で国道１号に合流する（写真２）。戸塚区柏尾町の国道１号右側歩道を進む。右側にはレストランが並ぶ。左側には住宅が並ぶ中にポーラ化粧品がある。緩やかに下った道は王子神社前交差点に出る。柏尾小学校入口交差点を過ぎて、上柏尾歩道橋、上柏尾交差点に至る。すぐ先の秋葉大橋の陸橋はくぐらず、直前で橋沿いに右へ入る（12時20分、3,889歩）。

車の騒音が途絶え、道の右側には竹林などもある景色となる。「平戸永谷（ヒラドナガヤ）川」と欄干にある赤関（アカセキ）橋を渡り、国道１号と接し歩くが、すぐ柏尾川沿いの右の道へ入る。外郷（ソトゴウ）橋を過ぎてすぐ分岐路となるので、川と離れて左の道へと進む。左側には川上川が流れる。道は国道１号東戸塚駅入口交差点を横断、桜並木の見事な川上川沿いに平戸町を真っすぐ北へ進む（写真３）。やがて道は川から離れて５差路となるが、直進して上る。県道218号の下を通り、住宅街を進む。急な上り坂は環状２号に突き当たるので、坂に替わって今度は歩道橋を渡る（写真４）。石段を上り、道を少し歩くと、まもなく坂が終わる。そこに「品濃（シナノ）坂」の道標があった。もちろん東海道を京都へ向かう人のための案内だ。住宅地と農地の混在する道を歩く。途中、市街地を左右遠望できる。道の左側に福寿観音があり、そこから左を見ると大きな歩道橋が向かい側と結んでいるのが見える。道は少し下って十字路を直進、少し上った道の左側に品濃一里塚があった。ここから道は下りとなり、下り切ったところの品平橋から上っていく。右手の雑木林の山が開発されつつあった。そこに旧東海道の木製標示がさびしく立っていた。上り切ったところに「焼餅坂」の

写真３　川上川の桜（戸塚区平戸町）

写真４　歩道橋から来た方を見る

写真５　「武相国境之木」の標柱

写真６　権太坂の案内板

道標があったので坂の名前が分かった。ここは境木地蔵尊前交差点とあるように、交差点向こうの地蔵尊の前の広場に「武相国境之木」の標柱がある。右折して東へ進み、道右側の「境木立場跡」を見る（13時09分、7,857歩、写真５）。

道の右側を境木小学校沿いに下る。続いて境木中学校となるが、ここで電気店の先、バス車庫の角を左折する。家々の間を上っていく。ここからは保土ケ谷区となる。上り切って下っていくと、左手にある養護学校へ下る道のすぐ先、右側に小学校へ行く道があり、そこに「権太坂（ゴンタザカ）」の案内板があった（写真６）。養護学校隣の光陵高校前を下っていくと、その一角に「権太坂」の石柱があった。道は権太坂から陸橋となり、横浜横須賀道路を越える。急な権太坂１丁目の坂を下る。下り切ってすぐ左折して元町ガード交差点で右折する。そこの角に旧東海道の案内板があった。保土ケ谷区保土ケ谷町を歩く。車はほとんど来ない。保土ヶ谷三郵便局を過ぎると左側に樹源寺があった。桜がきれいだ。保土ケ谷町の寺前の道を進む。保土ケ谷二丁目交差点で道は国道１号に合流する。岩崎ガード交差点のところで地図の入れ替えなどをした（13時54分、11,735歩）。

ここで道を横断して国道１号の右側歩道を歩くべきだったと後で反省した。左側歩道を歩いていくと右側に保土ケ谷一里塚が見えてきた（写真７）。塚が復元されて公園にしてあった。ここは上方見附跡でもある。八幡橋バス停のところに保土ケ谷宿（シュク）プレートがあり、この一帯が中心と分かる。私の歩く左側歩道には「脇本陣（大金子屋）跡」の標柱があった。保土ヶ谷１丁目

写真7　保土ケ谷一里塚

写真8　保土ケ谷本陣跡

本陣跡前交差点向かい側の家の石塀に「本陣跡」の説明板があった（写真8）。道はここで左折する。本陣を背に保土ケ谷町1丁目を北へ歩く。真っすぐ続く道を、JR東海道本線踏切を渡って進む。左側に「金沢横丁」の道標がある。横浜帷子（カタビラ）郵便局入り口のところには「高札場跡」、少し先に「助郷会所跡」の道標がある。道は右からの広い道と合流して歩道も広くなる。そこに旧東海道の案内があった。広い道の左側歩道を歩き、遍照寺の入り口の道脇の児童公園で軽くパンなどを食した（14時20分、13,902歩）。

道は香象院前を過ぎて横浜岩間郵便局、相鉄天王町駅前案内板の前を過ぎて天王町駅に至る。ここで少し戸惑う。地図を見て、また散策案内図や旧東海道案内など確認して進むと、道は駅下を突き抜けて続いていた（写真9）。商店街を通り、帷子川（帷子橋）を渡る。橘（タチバナ）樹神社に至る。シルクロード天王町の道を直進して行くと、右側に「江戸方見附跡」の案内板があった。道に歩道はあるが、車は離合もできないような狭さとなっている。国道16号を横断、洪福寺（コウフクジ）松原商店街へ入る。ここは完全な車排除の歩行者天国である。無数の人が行き交う。松原商店街歩行者天国の終わったところにまた保土ケ谷周辺散策図があった。歩くとすぐ近くに八王子への道を示す「追分」

写真9　天王町駅下を行く

の道標があった。

道は西区浅間（センゲン）町４丁目に入る。それまでほぼ真っすぐ来た道は浅間町３丁目で右へ曲がり始める。神明下（シンメイシタ）公園を過ぎてまもなく浅間神社参道入口とあり、鳥居があるが神社は見えなかった。道は環状１号に接近しつつ、新横浜通りへ出て左折、すぐ宮谷小学校入口交差点で右折、さらにまた左折、すぐ右折と複雑に曲がって西区南軽井沢に入る(写真10)。住宅街を進み、道は首都高速神奈川２号三ツ沢線高架下に至る。勧行寺の手前に軽井沢公園がある。神奈川区台町を上っていく。上台橋を渡るが下は市道でその下に地下鉄が走る。上台橋は1930（昭和５）年以来の陸橋という（15時17分、18,217歩）。

写真10　南軽井沢

ここからやや急な坂を少し上る。警察の駐車違反取り締まり用のレッカー車が来ていた。該当車の運転手らしき若い男が頭を下げながら走ってきた。ここから下りとなるが、そこに「神奈川台関門跡」の石碑があり、また「袖ヶ浦見晴所」とも刻字されていた。すぐ先の金刀比羅宮にはこの付近に一里塚があったと説明に書かれている(写真11)。道を下り切って国道１号青木橋交差点を横断してJRや京急線路の上にある青木橋を渡る。すぐに宮前商店街へと左折する（写真12)。神奈川宮前郵便局、洲崎大神を経て国道15号へ出て左

写真11　金刀比羅宮

写真12　宮前商店街

折、左側歩道を歩く。滝の橋（滝の川）を渡る。道左奥の神奈川本町には寺院がいくつかあり、幕末には外国領事館のあったところである。結局どこも訪れず、資料センターも見学せず、ひたすら歩き、神奈川署前交差点を経て神奈川二丁目交差点で本日の歩きを終わった（15時52分、21,024歩）。

※距離、歩数はその日のスタート地点からの数値を示す。距離は当時の著者の歩幅をめどに計算している。

各順	地　　点	距離(km)	歩数（歩）	通過時刻（時：分）	所要時間（分）
1	戸塚駅東口入口交差点	0.00	0	11：35	0：00
2	横浜矢部郵便局	0.21	319	11：39	0：04
3	吉田大橋	0.42	650	11：43	0：04
4	「江戸見付跡」標柱	0.81	1,275	11：50	0：07
5	休憩	－	－	11：52	0：02
6	ブリヂストン工場前	0.93	1,464	11：54	0：02
7	五太夫橋	1.07	1,687	11：56	0：02
8	舞岡町49手前左折	1.24	1,949	11：59	0：03
9	「史蹟への小径」石柱	1.44	2,272	12：03	0：04
10	王子神社前交差点	1.96	3,084	12：12	0：09
11	柏尾小学校入口交差点	2.13	3,351	12：14	0：02
12	上柏尾交差点	2.37	3,733	12：17	0：03
13	秋葉大橋直前で橋沿いを右へ	2.47	3,889	12：20	0：03
14	休憩	－	－	12：23	0：03
15	平戸永谷川・赤関橋	2.71	4,277	12：27	0：04
16	外郷橋	2.87	4,522	12：29	0：02
17	東戸塚駅入口交差点	3.07	4,845	12：32	0：03
18	戸塚区平戸町の5差路	3.47	5,473	12：40	0：08
19	環2号への県218号陸橋下	3.65	5,760	12：43	0：03
20	環2号歩道橋へ	3.86	6,095	12：48	0：05
21	「品濃坂」道標	3.99	6,293	12：52	0：04
22	福寿観音・福寿歩道橋	4.27	6,740	12：57	0：05
23	市道十字路	4.48	7,064	13：00	0：03
24	品濃一里塚	4.53	7,153	13：01	0：01
25	品平橋	4.73	7,467	13：05	0：04
26	「焼餅坂」道標	4.90	7,728	13：08	0：03

27	境木地蔵尊前交差点	4.98	7,857	13：09	0：01
28	休憩	−	−	13：12	0：03
29	境木中学校より左へ	5.26	8,307	13：16	0：04
30	権太坂案内（権太坂小学校入り口）	5.98	9,439	13：28	0：12
31	「権太坂」石柱（光陵高校の角）	6.17	9,745	13：32	0：04
32	権太坂陸橋	6.27	9,902	13：34	0：02
33	元町ガード交差点	6.60	10,425	13：39	0：05
34	横浜保土ヶ谷三郵便局	6.80	10,734	13：44	0：05
35	樹源寺	7.03	11,106	13：47	0：03
36	保土ケ谷二丁目交差点	7.31	11,535	13：52	0：05
37	岩崎ガード交差点	7.43	11,735	13：54	0：02
38	休憩	−	−	13：56	0：02
39	上方見附跡	7.59	11,984	13：58	0：02
40	保土ケ谷宿プレート・八幡橋バス停	7.89	12,453	14：03	0：05
41	保土ヶ谷1丁目本陣跡前交差点	8.07	12,744	14：07	0：04
42	JR東海道本線踏切	8.17	12,895	14：09	0：02
43	高札場跡・横浜帷子郵便局	8.32	13,142	14：12	0：03
44	環1号（県201号）の合流	8.51	13,436	14：15	0：03
45	遍照寺の入り口	8.80	13,902	14：20	0：05
46	休憩	−	−	14：26	0：06
47	香象院	8.90	14,047	14：29	0：03
48	横浜岩間郵便局	9.11	14,380	14：32	0：03
49	相鉄天王町駅前案内	9.22	14,565	14：35	0：03
50	橘樹神社	9.42	14,882	14：40	0：05
51	江戸方見附跡（シルクロード天王町）	9.56	15,098	14：42	0：02
52	洪福寺松原商店街（歩行者天国）	9.63	15,202	14：43	0：01
53	洪福寺松原商店街（同終わり）	9.76	15,415	14：47	0：04
54	保土ケ谷周辺散策図	9.87	15,587	14：50	0：03
55	神明下公園	10.34	16,332	14：58	0：08
56	浅間神社参道入口の看板	10.57	16,688	15：01	0：03
57	宮谷小学校入口交差点	10.74	16,967	15：04	0：03
58	軽井沢公園	11.20	17,695	15：12	0：08
59	上台橋	11.53	18,217	15：17	0：05
60	神奈川台関門跡	11.83	18,686	15：23	0：06

61	国1号へ左折	12.19	19,246	15：29	0：06
62	青木橋交差点	12.28	19,392	15：32	0：03
63	宮前商店街	12.35	19,498	15：35	0：03
64	神奈川宮前郵便局	12.49	19,724	15：37	0：02
65	国15号へ左折	12.64	19,960	15：40	0：03
66	滝の川・滝の橋	12.84	20,273	15：43	0：03
67	神奈川署前交差点	12.98	20,487	15：46	0：03
68	神奈川二丁目交差点	13.33	21,024	15：52	0：06
2007年4月5日 総距離数13.33km、総歩数21,024歩、総所要時間4時間17分					

横浜市中区吉田大橋（上流方面、花見客が見える）

45日目

平成19年

神奈川ー品川

2007年４月６日金曜日

写真１　神奈川二丁目交差点

朝、品川から東神奈川に向かったが電車を間違え、横浜駅へ。引き返した電車もまた間違えて再び横浜駅へ。結局タクシーを使って出発点の国道15号神奈川二丁目交差点に到着（８時38分、写真１）。

神奈川小学校の前を過ぎる。良泉寺角から京急線の先に笠稈稲荷（カサノギイナリ）神社を望む。出田町（イズタ）入口交差点を過ぎて進むと、国道上に「東京27㎞川崎８㎞鶴見５㎞」の案内標識がある。浦島町交差点を経て京浜子安駅入口交差点に至る。歩いて行くと子安通１丁目歩道橋が入江橋交差点にある。入江橋（入江川）ではすぐ左を走る京急線が見える。子安通二丁目交差点で右側へ横断する。正面に神奈川産業道路高架の新子安橋が見えてくる。産業道路に入る子安ランプ入口交差点から左にJR、京急双方の新子安駅がある。遍照院前バス停がある。寺は京急線踏切が入り口のようになっている。すぐの子安通り交差点は国道から右の新日本石油精製所などの工場地帯へ向かう道が接する。次の滝坂踏切入口交差点手

写真２　キリンビール入り口

前には、キリンビールへの子安門がある（写真２）。ここで横浜市神奈川区から鶴見区となる。青く塗られたJR貨物線高架下を過ぎてすぐの右側に「生麦事件碑」があった（９時32分、4,941歩、写真３）。

写真３　生麦事件碑

道はここからすぐのキリンビール見学者用門を過ぎて、生麦一丁目交差点から右へ入る。右側にキリンビール工場が延々続く。歩道は左側にある[※1]ので歩く。「生麦３丁目」と「生麦旧道（旧東海道）」の案内標識がある（写真４）。キリンビール横浜工場正門に至る。後から追い抜いた若い女性と前から来た中年男性２人が共に入っていった。選挙カーが回っている。道はやがて鶴見産業道路に出るので横断、直進する。歩道のない、住宅と商店が続く生麦３丁目の道を歩く。左手の民家塀に「生麦事件発生現場」の説明プレートがあった（写真５）。生麦村の名主の記録であり、「島津三郎様御上リ」の文字で始まる。生麦事件参考館による設置である。先へ進むと左側に「生麦４丁目」と「生麦旧道（旧東海道）」の案内標識があり、そこは道念稲荷（ドウネンイナリ）神社である。生麦５丁目を歩く。右に魚屋が軒を連ねるところに来ると議員二人組が運動員と歩き回っていた。すり抜けてJR鶴見線高架下に至る（10時15分、7,351歩）。ここから鶴見中央５丁目となる。道の舗装はきれいではない。ここも歩道はない。昔のま

写真４　生麦旧道、右キリンビール工場

写真５　「生麦事件発生現場」プレート

まの通りであろうか。下野谷（シタノヤ）町入口交差点で国道15号と交わるが横断して街道を歩く。鶴見中央４丁目に入ると両側に歩道があり、ビルが立ち並ぶ。駅に近づくにつれ、行き交う人も多くなった。

京急鶴見駅の高架下を横断して、東口駅前通りを歩く（写真６）。せきの特効薬で知られた「鶴居堂（カッキョドウ）跡」や東海道の案内がある。正面に鶴見神社参道が見えるところから道は右へ大きく曲がる。鶴見駅東口入口交差点を過ぎて、まもなく左側に鶴見図書館、右側に千代田化工がある。少し上って鶴見川橋（鶴見川）を渡る。下流側左岸の桜が満開だ。橋を渡ったら市場下（イチバシモ）町となる。片側一車線ずつの道で歩道はない。金剛寺を道の左側の入り口から見る。市場西中町に入るとコンビニがあり、若い男女がたむろしていた。そのすぐ先の右側に市場村一里塚があった（写真７）。市場東中町の通りを進むと「いちば銀座」の看板が上にあった。その先の熊野神社を過ぎると市場上（イチバカミ）町となる。この辺りは商店街というより住宅街という感じだ。市場上町交差点で横浜市は終わる（11時19分、11,606歩）。

写真６　東口駅前通り

写真７　市場村一里塚

川崎市に入る。ここは川崎区下並木である。ビルが並ぶ。川崎中学校校門は左側に入ったところにある。JR南武線八丁畷（ハッチョウナワテ）駅高架下に至り、その先の京急踏切を横断、すぐ線路沿いの道へ左折する。芭蕉句碑「麦の別れ」があるところから道は右へ曲がる。ビル群の中を歩くと川崎小学校交差点、すぐの川崎警察署東側入口交差点で市電通り[※2]を横断して進む。小川町のビル街を歩く。小土呂橋（コドロバシ）交差点で新川通りを横断して、左斜めに入る道を進む。

ここは「砂子」と書いて「いさご」と読ませる街だ。砂子二丁目交差点を経て市役所通りの砂子交差点を横断して進む。川崎市役所通郵便局があったので局員に「本町（ホンチョウ）局は」と聞く。「まだ先」と言う。砂子一丁目交差点に旧東海道の石柱と問屋場跡のプレート、東海道の説明板があった（写真8）。

写真8　旧東海道の石柱

その先の「砂子の里資料館」[※3]は休みだった。賑やかな通りを歩いていくと宗三寺があった。説明に飯盛り女が供養されているのだとある。この辺が川崎宿（シュク）の中心だと感じつつ歩く。川崎本町郵便局を過ぎると、左側に「田中本陣と休愚（キュウグ）」の案内プレートがあった（写真9）。休愚は将軍吉宗が重用した田中丘隅だ。有名な『民間省要（ミンカンセイヨウ）』の著者でもある。進んで本町交差点を横断した。角に旧東海道の石柱がある。また川崎宿は他の宿場より後からできたので新宿（シンジュク）というのだと案内プレートにあった。ビル群の中の道を歩く。六郷渡しの案内板がある。そこからいよいよ多摩川へ向かう。橋下の道の写真を撮りたかったが、次々とランナーが来るので通り過ぎるのを待って撮った。国道15号の六郷橋の中間から東京都大田区となる（写真10）。大田区側のらせん階段を下る（12時20分、16,172歩）。

写真9　田中本陣

写真10　六郷橋

国道15号下を通り、六郷土手交差点で北方向へ曲がり、国道に沿って歩く。六郷橋北詰交差点で道は接するがそのまま進むと六郷神社の前で合流する。ここからは国道15号右側歩道を歩く（写真11）。東六郷三丁目交差点、仲六郷三丁目交差点を経て東六郷２丁目の交差点に至る。六郷工科高校がある。プレートにはさらに羽田高等学校・羽田工業高等学校と併記されていた。雑色（ゾウシキ）駅入口、東六郷一丁目、蒲田消防署前と交差点を過ぎる。南蒲田交差点で環八通りを横断する。京急蒲田駅前交差点を過ぎてすぐのところに京急空港線の蒲田踏切が国道15号にある。渋滞解消の高架工事[※4]が急がれるはずだ。すぐに夫婦（メオト）橋（呑川）を渡る。川は緑色だった。東蒲田二丁目交差点角のコンビニで休憩した（13時29分、20,608歩）。

写真11　国道15号を歩く

大田区体育館（＊大田区総合体育館）の前で向かい側に何かがあるのが見えたので歩道橋を渡る。聖蹟蒲田梅屋敷公園である。今度は左側歩道を歩く。梅屋敷駅入口交差点を過ぎて次の交差点のところに貴菅神社があった。大森町駅入口交差点を経て大森警察署前交差点で産業道路（高架）下の国道131号を横断して大森東２丁目の美原（ミハラ）通りへ入る（写真12）。赤レンガの道で、旧東海道の石柱もある。内川橋を越えて進む。大森東一郵便局を過ぎて環七通りを横断、大森本町２丁目を進む。２丁目１に美原不動尊があった（14時18分、24,024歩）。

写真12　大森東2丁目、白線の間が東海道か

大森本町２丁目の道はやがて国道15号へ合流する。平和島口交差点を過ぎる。八幡橋児童遊園には珍しくトイレがある。その先の大森海岸駅前歩道橋

に「日本橋12㎞ 品川４㎞」の案内標識がある。あと１時間かと思う。品川区に入る。右手にしながわ水族館が見えてきた。入り口には警備員が２人いた。私の後から歩いていた親子連れが入っていった。首都高下を鈴ヶ森刑場遺跡へと横断する（写真13）。続いて大経寺がある。南大井２丁目の街道を歩く。左手に濵川神社と鈴ケ森めばえ幼稚園、右手が鈴ヶ森中学校である。右に行けば勝島橋がある、大井競馬場へ続く競馬場通りを横断する。天祖神社があった。ここまでが南大井１丁目である。ここからすぐの濵川橋(立会川)を越えると東大井２丁目となる。濵川橋は泪橋ともいう。そのいわれは、刑場に向かう罪人の親族がここで涙で見送ったからとのことだ。嶺雲寺を過ぎて鮫洲(サメズ)商店街の看板が道をまたぐ形で立つ（15時08分、27,824歩）。

写真13　鈴ヶ森刑場遺跡

東大井の道を歩く。道は両脇に白線があり、レンガ色のアスファルト舗装である。私はその白線の間の道が昔日の道の広さではないかと思った。東大井１丁目から南品川３丁目に入る。そこに「東海道品川宿(シュク)」「青物横丁商店街」と記した高い標柱が道両脇に立っている。ここの道の両脇は白灰色のブロック舗装で、真ん中の部分は赤茶色の舗装である（写真14）。海晏(カイアン)寺、海雲寺、品川寺と進む。品川寺の門のすぐ先に幕府御用宿「釜屋」跡の説明があり、それに土方歳三の写真があった。ジュネーブ平和通りを横断して、南品川２丁目に入る。天妙国寺前を過ぎる。長徳寺入り口の角の標柱に「品川宿場通り南会」とあった。南品川１丁目に入ると南品川一郵便局がある。橋手前の城南信用金庫前にある由来書きを見て、品川橋（目黒川）を渡る（15

写真14　青物横丁商店街

時39分、30,110歩）。

ここから北品川２丁目である。道は工事のつぎはぎだらけの道である。東海道北品川交差点を横断して北品川商店街を歩く。２丁目７の聖蹟公園入り口に品川宿本陣跡の石柱があった（写真15）。２丁目６には道から入る筋に「竹屋横町」「黒門横町」などの説明がある。法禅寺への道入り口を過ぎて善福寺への道入り口に至る。そこに旅籠屋「相模屋」の説明板と石柱があった。

写真15　品川宿本陣跡

道は少し上りとなる。さわやか信用金庫、北品川郵便局を過ぎる。さらに進んでいくと右側に「問答河岸跡」とある。説明によると東海寺の沢庵と将軍家光がここで問答したのだという。京急踏切を越える。「屋つやまはし」（八ツ山橋）がある。下はJR各線である。橋を渡って八ツ山橋交差点を右折して港区に入る。JR品川駅へ向かう。多勢の人の中を歩いて品川駅高輪口交番近くの歩道橋下に至る（写真16）。今日の街道歩きはここで終わる（16時10分、32,387歩）。

最後に高輪藩邸跡へ向かう。藩邸跡は駅前のホテルパシフィック東京（写真17）から西へ、高輪森の公園、品川税務署と国民生活センター、グランド

写真16　品川駅前歩道橋より芝方面を望む

写真17　高輪藩邸跡地の一つ、ホテルパシフィック東京

プリンスホテル新高輪（元・新高輪プリンスホテル）へと続く広大な範囲である。この日は柘榴（ザクロ）坂を上り、グランドプリンスホテル新高輪まで行った。

次の日には周辺の景色を見たり、建物の中に入り込んだ。そして桜舞い散るすばらしい庭園に感動しつつ、昔日の姿を思い浮かべた。

※1　その後、左右に歩道ができている。
※2　名称は「市電通り」だが、市電自体は1969（昭和44）年に廃止された。
※3　2016（平成28）年に閉館している。
※4　2012（平成24）年に高架化された。

※距離、歩数はその日のスタート地点からの数値を示す。距離は当時の著者の歩幅をめどに計算している。

各順	地　　点	距離(km)	歩数（歩）	通過時刻（時：分）	所要時間（分）
1	神奈川二丁目交差点	0.00	0	8：38	0：00
2	神奈川小学校前	0.22	340	8：41	0：03
3	良泉寺	0.48	754	8：45	0：04
4	「東京27km川崎8km鶴見5km」の案内標識	0.80	1,256	8：52	0：07
5	浦島町交差点	0.95	1,488	8：55	0：03
6	京浜子安駅入口交差点	1.36	2,146	9：01	0：06
7	子安通一丁目歩道橋	1.60	2,522	9：05	0：04
8	入江川・入江橋	1.68	2,640	9：07	0：02
9	子安通二丁目交差点	1.90	2,999	9：10	0：03
10	神奈川産業道路高架下	2.18	3,443	9：15	0：05
11	子安ランプ入口交差点	2.32	3,653	9：17	0：02
12	遍照院前バス停	2.63	4,150	9：22	0：05
13	新日本石油精製所	2.69	4,243	9：23	0：01
14	滝坂踏切入口交差点	2.93	4,623	9：28	0：05
15	JR貨物線高架下	3.08	4,857	9：31	0：03
16	生麦事件碑	3.13	4,941	9：32	0：01
17	休憩	－	－	9：47	0：15
18	「生麦旧道（旧東海道）」案内標識	3.29	5,195	9：50	0：03
19	キリンビール横浜工場正門	3.41	5,380	9：52	0：02
20	鶴見産業道路（横断）	3.65	5,760	9：56	0：04
21	生麦事件発生現場プレート	3.87	6,109	10：01	0：05

22	道念稲荷神社	4.12	6,498	10：06	0：05
23	JR鶴見線高架下	4.66	7,351	10：15	0：09
24	休憩	–	–	10：17	0：02
25	下野谷町入口交差点（国15号横断）	4.88	7,698	10：20	0：03
26	京急鶴見駅	5.54	8,745	10：30	0：10
27	休憩	–	–	10：42	0：12
28	鶴見神社参道	5.79	9,139	10：47	0：05
29	鶴見駅東口入口交差点	5.87	9,264	10：49	0：02
30	鶴見図書館・千代田化工	6.06	9,574	10：53	0：04
31	鶴見川・鶴見川橋	6.30	9,948	10：57	0：04
32	金剛寺の入り口	6.51	10,271	11：02	0：05
33	市場村一里塚	6.79	10,723	11：08	0：06
34	「いちば銀座」看板下	6.99	11,034	11：12	0：04
35	熊野神社	7.06	11,146	11：14	0：02
36	市場上町交差点	7.35	11,606	11：19	0：05
37	川崎中学校校門	7.55	11,919	11：23	0：04
38	JR南武線八丁畷駅高架下	7.64	12,067	11：26	0：03
39	京急踏切（横断）	7.72	12,188	11：28	0：02
40	川崎小学校交差点	8.03	12,687	11：33	0：05
41	川崎警察署東側入口交差点	8.11	12,801	11：35	0：02
42	小土呂橋交差点	8.59	13,563	11：45	0：10
43	砂子二丁目交差点	8.70	13,742	11：47	0：02
44	川崎市役所通郵便局	8.95	14,132	11：53	0：06
45	砂子一丁目交差点	8.99	14,201	11：55	0：02
46	宗三寺	9.12	14,398	11：58	0：03
47	田中本陣	9.35	14,760	12：02	0：04
48	「旧東海道」石柱（本町交差点角）	9.49	14,987	12：05	0：03
49	六郷渡しの案内板	9.69	15,306	12：08	0：03
50	休憩	–	–	12：11	0：03
51	大田区側らせん階段下る	10.24	16,172	12：20	0：09
52	六郷土手交差点	10.30	16,270	12：22	0：02
53	六郷橋北詰交差点	10.55	16,654	12：27	0：05
54	休憩	–	–	12：48	0：21
55	六郷神社（国15号合流）	10.76	17,000	12：51	0：03

56	仲六郷三丁目交差点	11.06	17,466	12：56	0：05
57	六郷工科高校	11.30	17,842	12：59	0：03
58	雑色駅入口交差点	11.47	18,116	13：02	0：03
59	東六郷一丁目交差点	11.83	18,687	13：07	0：05
60	蒲田消防署前交差点	12.21	19,284	13：13	0：06
61	環八通り（横断）	12.52	19,770	13：18	0：05
62	京急蒲田駅前交差点	12.64	19,963	13：20	0：02
63	京急蒲田第一踏切	12.77	20,163	13：23	0：03
64	呑川・夫婦橋	12.89	20,358	13：25	0：02
65	東蒲田二丁目交差点	13.05	20,608	13：29	0：04
66	休憩	－	－	13：37	0：08
67	聖蹟蒲田梅屋敷公園	13.33	21,058	13：42	0：05
68	貴菅神社	13.89	21,938	13：49	0：07
69	大森町駅入口交差点	14.22	22,452	13：59	0：10
70	大森警察署前交差点	14.48	22,865	14：05	0：06
71	内川橋	14.64	23,126	14：08	0：03
72	大森東一郵便局	14.79	23,366	14：11	0：03
73	都318号（環7号）横断	14.90	23,534	14：14	0：03
74	美原不動尊	15.21	24,024	14：18	0：04
75	旧東海道石柱	15.28	24,128	14：21	0：03
76	国15号合流	15.35	24,252	14：23	0：02
77	平和島口交差点	15.44	24,389	14：25	0：02
78	八幡橋児童遊園	15.76	24,895	14：30	0：05
79	鈴ヶ森刑場遺跡	16.32	25,774	14：40	0：10
80	濵川神社	16.48	26,037	14：45	0：05
81	勝島橋・大井競馬場への道	16.90	26,701	14：54	0：09
82	天祖神社	16.98	26,816	14：56	0：02
83	嶺雲寺	17.34	27,382	15：03	0：07
84	鮫洲商店街	17.62	27,824	15：08	0：05
85	青物横丁商店街	18.05	28,505	15：16	0：08
86	海晏寺への道入り口	18.10	28,598	15：18	0：02
87	海雲寺	18.25	28,824	15：21	0：03
88	品川寺	18.30	28,912	15：23	0：02
89	ジュネーブ平和通り	18.44	29,124	15：26	0：03

90	南品川1丁目に入る	18.85	29,768	15：34	0：08
91	目黒川・品川橋	19.06	30,110	15：39	0：05
92	東海道北品川交差点	19.20	30,323	15：42	0：03
93	法禅寺入り口	19.44	30,705	15：50	0：08
94	北品川郵便局	19.79	31,253	15：57	0：07
95	京急踏切	19.93	31,477	16：00	0：03
96	屋つやまはし	20.03	31,645	16：03	0：03
97	八ツ山橋交差点	20.10	31,753	16：04	0：01
98	JR品川駅	20.50	32,387	16：10	0：06
2007年4月6日 総距離数20.50km、総歩数32,387歩、総所要時間7時間32分					

46日目

平成19年

品川ー芝ー日本橋

2007年４月７日土曜日

JR品川駅高輪口交番近くの歩道橋下に立つ。８時08分。今日で長い旅は終わる。

土曜日の早朝なので車は少ないようだ。だがスーツ姿の会社員は結構歩いている。次の高輪歩道橋には「国道15号・第一京浜」と書かれ、また「日本橋６㎞　銀座４㎞」の案内標識があった。高輪二丁目交差点を経て泉岳寺交差点に至る。ここで左側へ交差点を渡り、泉岳寺方面を望む。進む道の右側に泉岳寺駅前郵便局があった。高輪大木戸跡交差点にはトラックなど工事関係者の車が止まっている。昔の石垣がそのまま残るという大木戸跡（国指定史跡）は分からなかったが、写真には写っていたようだ（写真１）。

写真１　正面奥の木のところが大木戸

港区三田３丁目を歩く。左側歩道を歩く。成覚寺、三田歩道橋、高輪郵便局、御田八幡神社がある。札の辻交差点に札の辻歩道橋があるので上って写真を撮る。交差点を渡って進む。田町駅西口交差点

写真２　田町駅周辺は田町藩邸跡

写真3　左右共に芝藩邸の跡地

が近づく。田町藩邸跡には駅を挟んでビル群が林立する（写真2）。芝五丁目交差点の向かい側横断歩道近くに江戸開城の西郷・勝の会見の碑があった。この交差点を左折し、いったん街道から離れる。旅の最大目的地の芝藩邸跡へ向かう。地下鉄三田駅入り口を過ぎた先は日比谷通り（都道409号）を挟んで芝藩邸跡である（写真3）。右側に東京女子学園、長谷工コーポレーション、戸板女子短期大学、左側にNECビル、中央三井信託（＊三井住友信託銀行）、セレスティンホテル（＊セレスティン東京芝）ほか。芝3丁目交差点を中心とする広大な範囲である。古地図情報では2万1000坪余。ちなみに田町藩邸は6000坪余、高輪藩邸は1万4000坪余である。私は向かい側のセレスティンホテル正面に当たる戸板女子短期大学前の位置を旅の最終点（藩邸跡）とした（9時06分、3,659歩、写真4）。

写真4　セレスティンホテル正面

引き返して芝五丁目交差点に戻る。手前に港区案内地図があるので確認する。ここから左折して東海道（国道15号）を歩く。芝四丁目交差点で道は左へ曲がる。つまり北へ向かうことになる。さわやか信用金庫前を歩く。芝一丁目交差点、次の交差点を横断すると芝歩道橋がある。「日本橋4㎞銀座2㎞」とある。ここを渡って今度は

写真5　金杉橋と古川。上は首都高都心環状線

右側歩道を歩く。金杉橋は上は首都高都心環状線が走るが、下は古川があり、観光遊覧船や漁船が係留されていた（写真５）。ふと「釣りバカ日誌」のいつもの場面を思い起こした。浜松町二丁目交差点、大門交差点、浜松町一丁目交差点、東新橋歩道橋を過ぎて新橋五丁目交差点に至る。次の交差点を横断してJR高架下を通って進もうとしたら、工事中で少し遠回りさせられた。道も間違えそうになった。まもなく「ゆりかもめ」の新橋駅の下にある新橋駅前交差点に至る。

その先の交差点から新橋郵便局前を通り過ぎ、東京高速道路をくぐるとすぐ中央区、銀座八丁目交差点である。銀座七丁目、銀座六丁目と交差点を進む。銀座は一区画を２分から３分で過ぎる。過ぎるところに必ず真鍮製のプレートで表示がある。６丁目の松坂屋前に、中国からの観光客らしき人達が大勢いた。彼らの間を縫って急ぐ。銀座四丁目交差点の角に地価評価でよく出てくる店があった（写真６）。私が服部時計店と記憶しているところだ。その向かい側が三越である。銀座三丁目交差点の角には松屋があった。銀座二丁目、銀座一丁目と交差点を過ぎて「銀座」と名の付く交差点は銀座通り口交差点で終わる（10時21分、9,248歩）。

写真６　テレビなどでよく見る名物ビル

ここから東京高速道路下を行くと中央区京橋３丁目となる。そこに「煉瓦銀座之碑」と京橋の由来の二つの銅版プレートがあった。また警察博物館なるものもあった。京橋１丁目に欄干の上を飾る「擬宝珠（ギボシ）」の説明があった。それによると、日本橋・京橋・新橋のみ設置が許されたそうだ。鍛冶橋通り、八重洲通りを横断すると日本

写真７　日本橋東半分

橋３丁目である。急に人が少なくなった。土曜日のビジネス街だからであろう。「日本橋通り」（中央通り）を進み、高島屋を過ぎる。その隣が山本山だ。日本橋交差点を横断して、日本橋に立つ（10時41分、10,852歩、写真７）。

写真８　日本国道路元標

日本橋を渡って、今度は左側に渡って日本国道路元標などを見る。里程標には「鹿児島市一、四六九粁」とあった（写真８）。

※距離、歩数はその日のスタート地点からの数値を示す。距離は当時の著者の歩幅をめどに計算している。

各順	地　　点	距離（km）	歩数（歩）	通過時刻（時：分）	所要時間（分）
1	JR品川駅高輪口交番・陸橋	0.00	0	8：08	0：00
2	高輪歩道橋	0.24	376	8：14	0：06
3	高輪二丁目交差点	0.42	658	8：17	0：03
4	泉岳寺交差点	0.73	1,149	8：26	0：09
5	泉岳寺駅前郵便局	0.84	1,321	8：28	0：02
6	高輪大木戸跡交差点	1.03	1,627	8：32	0：04
7	成覚寺	1.12	1,768	8：34	0：02
8	高輪郵便局	1.21	1,903	8：36	0：02
9	御田八幡神社	1.32	2,071	8：39	0：03
10	札の辻交差点・札の辻歩道橋	1.59	2,501	8：45	0：06
11	休憩	－	－	8：50	0：05
12	田町駅西口交差点	1.90	2,987	8：55	0：05
13	芝五丁目交差点	2.10	3,179	8：57	0：02
14	地下鉄三田駅	2.19	3,325	9：00	0：03
15	芝三丁目交差点	2.30	3,500	9：04	0：04
16	セレスティンホテル（引き返す）	2.40	3,659	9：06	0：02
17	港区案内地図	2.73	4,177	9：14	0：08
18	芝四丁目交差点	3.04	4,674	9：20	0：06
19	芝歩道橋（日本橋4km）	3.29	5,070	9：25	0：05

20	金杉橋	3.48	5,369	9：30	0：05
21	浜松町二丁目交差点	3.63	5,601	9：34	0：04
22	大門交差点	3.83	5,920	9：37	0：03
23	浜松町一丁目交差点	4.19	6,493	9：45	0：08
24	東新橋歩道橋	4.36	6,754	9：48	0：03
25	新橋五丁目交差点	4.51	6,986	9：51	0：03
26	ゆりかもめ新橋駅下	4.78	7,416	9：57	0：06
27	新橋交差点	4.89	7,590	10：00	0：03
28	新橋郵便局	4.97	7,722	10：02	0：02
29	銀座六丁目交差点	5.25	8,155	10：06	0：04
30	銀座五丁目交差点	5.36	8,333	10：09	0：03
31	銀座四丁目交差点	5.48	8,518	10：11	0：02
32	銀座三丁目交差点	5.59	8,692	10：13	0：02
33	銀座二丁目交差点	5.71	8,887	10：16	0：03
34	銀座一丁目交差点	5.82	9,060	10：18	0：02
35	銀座通り口交差点	5.94	9,248	10：21	0：03
36	鍛冶橋通り（横断）	6.10	9,509	10：25	0：04
37	八重洲通り	6.45	10,049	10：31	0：06
38	日本橋通り（中央通り）	6.61	10,306	10：35	0：04
39	髙島屋	6.67	10,412	10：37	0：02
40	日本橋交差点	6.80	10,611	10：39	0：02
41	日本橋	6.95	10,852	10：41	0：02
2007年4月7日　総距離数6.95km、総歩数10,852歩、総所要時間2時間33分					

芝薩摩藩邸付近（2007年時点）。手前の人々は学校関係者（この日は入学式だった）

あとがき

私の旅は2000年５月５日（金曜日）に始まり、2007年４月７日（土曜日）に完結した。それをまとめると、総歩数125万歩、休憩を含む総時間は276時間である。

この旅で一番悔いがあるとすれば、情報が少なく、十分な知識・情報を持たないまま歩いた日向街道の旅だ。2006年に再度歩くなどの補完する旅を追加はしたが、十分とは言えない。なお、並行して九州路も少し歩いた。日奈久まで歩いたが、三太郎峠越えは赤松太郎越えだけ済ませている。

それにしても平成の世は、市町村合併の嵐が吹き、また道も川・橋も、私が目印として記した店や会社も、今日では変容をしているものもある。さらに、記録をしながら、写真を撮りながらの一人旅では、心身共に疲れ、幾多のミス等もあった。それゆえに今回の拙著編集過程でラグーナ出版編集部には過大な負担をかけたと反省し、心よりお詫びし、深謝する次第である。

私の旅の記録は、平成の一記録（歴史）、旅の記録の一形式（本文・表・写真）とご理解いただき、同好の皆様の旅のお供になれば甚だ幸いと思う。

諸氏の健康と安全を願いつつ

2023年１月吉日

上野堯史

私の旅のアイテム

■著者紹介

上野堯史（うえの・たかふみ）

1942年生まれ
鹿児島県立甲南高等学校卒
熊本大学法文学部史学科国史学専攻卒
1965年県立川辺高等学校教諭となり、以後鹿屋・甲陵・大島・国分の各高等学校に勤める
1992年県立武岡台養護学校教諭となる
1998年県立鹿児島聾学校教諭となる
2002年同校退職
2003年10月～2004年３月鹿児島高専非常勤講師

●共同執筆
「薩軍城山帰還路調査」（薩軍城山帰還路調査会編、南方新社、2010年）

●単独執筆
「鹿児島士人名抄録」（高城書房、2006年）
「薩摩藩の参覲交替」（ラグーナ出版、2019年）

平成参勤交代の旅

2023年１月21日　第１刷発行

著　者　上野堯史
発行者　川畑善博
発行所　株式会社 ラグーナ出版
〒892-0847 鹿児島市西千石町3-26-3F
電話 099-219-9750　FAX 099-219-9701
URL　https://lagunapublishing.co.jp
e-mail　info@lagunapublishing.co.jp

印刷・製本　有限会社創文社印刷

定価はカバーに表示しています
落丁・乱丁はお取り替えします

ISBN978-4-910372-10-5 C0026